중국어
교육의 이해

백종인 · 장윤선 공저

신아사

머리말

중국은 지리적으로 가까울 뿐 아니라 역사적으로나 문화적으로 우리와는 밀접한 관계를 맺어온 나라이다. 현재 중국의 경제적 파워는 미국과 더불어 G2의 한 축을 형성할 만큼 그 위상이 높으며, 중국은 이러한 자국의 경제력을 앞세워 전 세계 각 영역에서 대단한 영향력을 발휘하고 있다. 특히 전 세계 곳곳에 '공자학원'을 설치하여 중국어에 대한 학습열을 제고시키며, 중국어 붐을 일으키고 있다. 우리나라에도 몇 개의 거점대학을 중심으로 공자학원을 설치하여 중국어 학습자에게 최적의 환경을 조성하고 있다. 대학뿐 아니라 국내의 사교육 시장에서도 중국어의 열기는 매우 높다. 국내의 중국어 학원 시장 그 규모가 영어 다음으로 높을 정도로 중국어는 이제 영어에 버금갈 정도로 많은 사람들에게 그야말로 핫한 언어로 부상하고 있다. 이처럼 중국어에 대한 수요는 나날이 증가하고 있는 추세이다. 더구나 중국어는 이제는 대학의 전공분야로서 대학의 교과과정에만 국한되어 있지 않다. 몇 년 전부터 중국어는 당당히 중등교육 과정에도 편입되었으며, 일부 사립 초등학교뿐 아니라 심지어 유치원에서도 중국어는 교과의 한 부분을 형성하고 있다.

중국의 국가 파워 브랜드의 진작과 더불어 중국어 수요가 나날이 많아짐에 따라 단순 회화부터 중국문화, 중국어 통·번역에 이르기까지 학습자의 관심 영역이 점차 전문적으로 변화하고 있다. 이에 중국어 교육에 종사하는 필자로서는 어떻게 하면 중국어를 학습자에게 체계적으로 효과적으로 전달할 수 있을지에 관해 고민하게 되었다. 본 교재는 필자가 다년간에 걸쳐 중국어를 가르친 경험을 토대로 학습자에게 중국어에 대한 기본지식, 배경문화, 효과적인 중국어 학습법 등을 목표로 집필하였다. 본 교재가 비록 완전하진 않지만 이번을 계기로 중국어 학습자에게 길잡이 역할이 되길 바라며, 이를 기초로 앞으로도 필자를 비롯한 교육자들의 수많은 후속 편찬 작업이 이뤄지길 개인적으로 바란다.

본 교재의 내용 구성을 간략하게 살펴보면 다음과 같다. 본 교재는 모두 12장으로 구성되어 있다. 1장에서는 대표적인 주요 교수법 이론과 제2외국어에 대한 교수법 이론에 대해 개괄적으로 짚어보았다. 아울러 중국어의 기본적인 특징에 대해서 서술하였다. 2장부터 본격적으로 중국어에 대한 내용을 전개하고 있는데, 우선 2장에서는 발음부분, 3장은 중국어 어휘, 4장은 중국어 어법, 5장은 한자쓰기에 관해서 서술했다. 6장은 중국어 작문 교육에 대해서 서술했으며, 7장은 효과적인 듣기 방법, 8장은 읽기를 중심으로 효과적이고 체계적인 중국어 읽기 교육법에 대해서 서술했다. 특히 듣기와 읽기 과정은 학교에서 단독으로 개설되기보다는 종합적인 수업설계의 일부분으로 다루는 경우가 많아, 그 목적, 중점, 방법 등을 중심으로 서술했다. 9장은 중국어 교육의 가장 핵심이라고 할 수 있는 말하기 교육에 관해서 서술했다. 특히 이 장에서는 말하기를 평가할 수 있는 관련 논문의 일부 내용을 소개해서, 효과적이고 체계적인 말하기 교육과 학습의 편의를 제고했다. 10장은 중국 문화에 대한 전반적인 내용을 담았다. 중국 문화 교육은 중국어 교육과 학습에서 자칫 부수적인 파트로 간과하기 쉽다. 그러나 모든 외국어 교육에 있어서 단순히 외국어 구사만이 전부가 아니다. 언어라는 것이 그 나라의 지역, 민족, 정서 등의 문화적인 요소가 포함된 일종의 문화적 결정체라는 것을 인식한다면 외국어 교육에 있어서 해당 언어의 문화에 대한 이해가 바탕이 되어야만 보다 수준 높고 풍부한 언어를 구사할 수 있다. 따라서 10장에서는 중국 문화를 살펴볼 수 있는 영화라는 시청각매체를 통해서 중국 문화에 대한 다채로운 이해를 제고시키는데 역점을 두었다. 마지막으로 11장에서는 중국어 교사를 위한 효율적인 학습지도안 작성법에 대해 서술했고, 12장에서는 대표적인 학습지도안 예시로서 교안 한 편을 소개해서 중국어 교사들의 이해와 편의를 돕고자 했다.

집필을 끝내고 수차례에 걸친 교정을 보면서 여전히 많이 부족하다는 것을 느낀다. 이 부분은 필자가 앞으로 후속 작업을 통해서 보완하고자 한다. 이번 집필이 한 알의 밀알이 되어 앞으로도 수많은 후학 및 동료 교육자들의 풍성한 연구 성과에 바탕이 될 수 있길 기원하며, 본 교재를 만드는 과정에서 많은 도움을 주신 여러 분들께 지면을 빌려 감사의 인사를 드리는 바이다.

2014년 1월 15일

백종인

차 례

제 1장 중국어 교육론 개설

제 2장 중국어 발음 교육

제 3장 중국어 어휘 교육

제 4장 중국어 어법 교육

제 5장 한자 쓰기 교육

제 6장 중국어 작문 교육

제 7장 중국어 듣기 교육

제 8장 중국어 읽기 교육

제 9장 중국어 말하기 교육

제 10장 문화 교육

제 11장 학습지도안과 연구수업

제 12장 우수교안 소개

중국어 교육의 이해

제 1장 중국어 교육론 개설
제 2장 중국어 발음 교육
제 3장 중국어 어휘 교육
제 4장 중국어 어법 교육
제 5장 한자 쓰기 교육
제 6장 중국어 작문 교육
제 7장 중국어 듣기 교육
제 8장 중국어 읽기 교육
제 9장 중국어 말하기 교육
제10장 문화 교육
제11장 학습지도안과 연구수업
제12장 우수교안 소개

제1장 중국어 교육론 개설

1. 주요 교수법 이론[1)]

교육이란 "특정한 교육환경 속에서 특정한 교육내용을 가지고 교사와 학생이 상호작용을 해 나가는 과정"이라고 정의할 수 있다. 따라서 교육의 4대 구성요소는 교사, 학생, 내용, 환경이다. 이 구성요소 가운데 무엇을 강조하는가에 따라 다양한 교수학습이론이 생겨났다. 주된 교수학습이론으로는 실증주의, 구성주의, 비판이론이 있다.

1.1. 실증주의

1960년대 이전에 나타난 교수학습이론이다. 실증주의는 행동주의적이며 절대적 진리관을 가지고 있다. 따라서 교수자 중심의 수업을 하며 학습자는 수동적인 입장이다. 교육목표를 인지적(cognitive), 정의(情意)적(affective), 운동기능적(psycho-motor) 영역으로 구분하여 위계적으로 체계화하려 노력을 기울였다. 또한 환원론에 입각하여 과제분석을 하며, 교육의 과학적이고 체계적인 접근을 위해 프로그램 학습을 진행했다. 실증주의자들은 방법론적 본보기로서 실험설계(experimen-

---

1) 한국대학교육협의회 고등교육연수원 교재 2010-33-882 참조.

tal design) 혹은 준실험설계(quasi-experimental design)를 생각했다. 실증주의의 장점은 다음과 같다.

① 기존의 연구전통과 일치한다.
② 연구결과가 실천 및 정책에 곧바로 시사점을 준다.
③ 연구의 적용 시 효과가 있다.

반면 실증주의의 단점으로는 다음과 같은 문제점을 들 수 있다.

① 연구목표 그 자체의 측면에서만 성공적이다.
② 너무 경험적이고 비이론적 경향을 띤다.
③ 왜 효과적인지를 설명하지 못한다.

1.2. 휴지기

1970년대 이전 시기를 휴지기라고 부른다. 1970년대에 접어들면서 실증주의적 패러다임의 열기가 점차 식어가면서 다음과 같은 방면으로 관심의 방향이 전환되기 시작한다.

① 보편적 원리와 종합적 형태의 추구, 불변적 요소의 추적, 고정된 분류체계 등으로부터 수업이 이루어지고 있는 현장의 양태 쪽으로 관심이 옮겨 간다.
② 인류학자들을 중심으로 인간의 발달이 자연의 결과인가 문화의 결과인가를 탐구하면서 문화의 중요성이 부각된다.
③ 소외계층에 대한 관심이 고조된다.
④ 복잡성(Complexity)에 대한 포용이 생긴다.
⑤ 흑인인권운동, 월남전과 같은 사회 정의에 대해 관심을 기울이게 된다. Silberman, C.E.은 “가장 큰 교육적 문제는 교육의 효율성

증대보다 어떻게 하면 인간적인 사회를 만들어내고 유지하느냐에 있다."고 주장하기에 이른다.

⑥ 기존의 교육행태에 대한 비판이 제기된다. 브라질 출신 교육자 P. Freire(1971)는 그의 저서 『Pedagogy of the Oppressed(억압 받는 자의 교육학)』에서 "학생들은 교사에 의해 말한 내용들을 기계적으로 기억하도록 요구받고 있다. 더 나쁜 것은 학생들을 교사에 의해 채워질 저장소로, 그릇으로 바꾸고 있다는 점이다. 그 그릇을 더 가득 채울수록 교사는 더 훌륭한 교사가 된다. 그 그릇이 채워질 수 있게 더 양순해질수록 그 학생은 더 훌륭한 학생이 된다."고 비판했다.

1.3. 구성주의

구성주의에서 주장하는 주된 내용은 다음과 같다.

① 실재(reality)란 조각조각으로 발견되어지기를 기다리는 단일의 물리적 실체가 아니라 오히려 전체적으로 연구되어야 할 복수로 구성된 실재이다.

② "Knower"와 "the Known" 간에는 분리된 것이 아니라 서로가 영향을 주며 상호작용하는 관계에 있다.

③ 연구의 목적이 보편적, 탈맥락적 일반화나 법칙을 생산하는 데에 있다기보다는 개별사례를 기술하기 위한 작업 가설형태로 독특한 지식체계를 개발하는 데 있다.

④ 세상은 인과관계로 설명될 수 있다기보다는 모든 본질이 상호간에 동시적 형성 상태에 있기 때문에 원인과 결과로 구분하는 것이 불가능하다.

위에서 보듯 구성주의는 상대적 진리관 즉 복수 진리관에 입각하여 의미(meaning)란 인간에 의해 지워지는 것으로, 인간과 독립적으로 세계 속에 존재하는 것이 아니라고 주장한다. 능동적이고 적극적인 학습자관념을 가지고 있기에 학습의 주체가 바로 학습자가 된다. 또한 전달하는 지식은 맥락, 사전경험, 도식(Schema), 신념 등에 의존한다.

학습과제 부분을 살펴보면 구성주의를 주장하는 학자들은 복잡한 학습과제는 복잡한 채 그대로 학습시켜야 한다고 주장한다. 즉 학습자가 어떠한 제약도 받지 않고, 자신의 사전경험과 조건에 비추어 지식을 구성하도록 해야 한다는 것이 이들의 입장이다. 또한 현상에 대한 이해와 의미를 개인이 구성하되, 그것은 사회적으로 형상되는 것이라고 생각한다. 그리고 개인이 구성한 지식은 사회적으로 받아들여져야 의미가 있으며, 현상에 대한 개인의 해석이 사회의 일반적인 정신에 일치하는 한 자유롭게 현상에 대한 해석이 가능하다고 주장한다.

구성주의의 주요 교수학습이론으로는 상황학습이론(Situated Learning), 문제중심학습(Problem-Based Learning), 목표중심시나리오(Goal-Based Scenario), 인지적 도제 이론(Cognitive Apprenticeship Theory), 인지적 유연성 이론 (Cognitive Flexibility Theory) 등이 있다.

1.4. 비판이론

독일의 Bernstein은 학교에서 다루고 있는 지식들을 어떻게 선정하고, 분류하고, 분배하고 평가하느냐는 곧 권력의 분포와 사회통제의 원리들을 반영한다고 주장했다. 그는 교육적 지식이 세 가지 메시지 체제를 통해 실현된다고 생각했는데, 이 세 가지 메시지는 교육과정(타당한 지식), 교수법(지식의 타당한 전달수단), 평가(가르쳐진 것으로서 지식의 타당한 실현)이다. 이는 결과적으로 교육이 정치권력의 재생산 및 분배와 밀접하게 관련되어 있음을 부각시켰다.

비판이론은 Karl Marx와 Antonio Gramsci의 역사적 유물론에 뿌리를 두고 있다. 이는 다시 Jurgen Habermas, Poerre Bourdieu, Paulo Freire 등의 저서를 통해 다듬어졌다.

억압과 이에 대한 제거의 조건을 마련하기 위해 사용된 주요 단어로는 해방, 탈바꿈, 양심화, 혁명 등이 있다. 이들 학파는 혁신된 교육과정과 교수방법이 없이는 학교와 대학이 사회적 재건의제들을 다룰 수 없다고 생각했다. 이들의 교수 이론으로는 해석적, 해체적, 그리고 재건적 과제들로 이루어져 있다. 여기에서 해체(deconstruction)란 현행의 제도적 배치의 불의(不义)를 폭로하는 것이다. 여기에는 교육문장의 구조를 풀어헤치는 것이 포함된다. 이는 이를 통한 진짜 수혜자를 밝혀내고, 또 사회정의에 입각한 기본원리들에 근거하여 새롭게 구성된 사회질서를 받아들이도록 하기 위함이다.

비판적 교수이론에서는 행동주의에 근거한 옛 질서나, 새롭게 다듬어진 과학적 모형에 근거한 새로운 질서 모두를 반대한다. 이들은 특히 지식이 생산되는 권력 관계에 초점을 두고 있다.

수업기법과 관련해서 비판적 교수이론에서는 새로운 지식사회학을 어떻게 적용할 것인가보다는 혁명적인 정치적 언어의 개발에 더 중점을 두었다. 또한 교사들의 일상적인 실천을 더 가깝게 들여다 보기 시작했고, 나아가 교육적 해방의 실행자로서 교사들이 더 깊숙이 끼어들어야 한다고 끊임없이 주장했다. 교육의 불평등, 불의를 가장 가까이서 보고 실천하고 있는 사람이 바로 교사이며, 따라서 비판이론에서는 연구하기에 가장 좋은 위치에 있는 사람이 교사 자신이라고 여겼다. 교사들이 다른 사람들의 아이디어에 복종하기보다 스스로가 교사지식을 창조하고, 이에 대해 책임을 져야 한다고 비판이론가들은 주장한다. 아울러 교사와 학생 간의 관계는 "Knower"와 "Would-be-Knower"로서 상호작용적으로 연결되어 있기에 공동으로 사회적 변혁을 증진해야 한다고 여긴다.

결국 비판이론가들의 목표는 해방이며 일단 해방이 되면 예전의 주변집단은 새로운 주변집단을 만들어 낼 것이라고 이들은 주장한다. 비판이론의 방법론으로는 대화와 담론이 의식화와 역사적으로 형성된 제약으로부터 벗어나는 것에 있으며, 내용과 사회가 불평등을 강요하고 있다고 주장한다.

1.5. 교수이론 비교

지금까지 살펴본 실증주의, 구성주의, 비판이론을 도표로 정리해 비교해 보면 다음과 같다.

	실증주의 (Positivism)	구성주의 (Constructivism)	비판이론 (Critical theory)
진리관	단일진리 객관적, 이분법적 내용적 지식 강조	복수진리 주관적, fuzzy 개별적 성장 강조	진리는 존재하나 극복되어야 할 것. 역사적 실재의 상황적 구조로 구성 해방적 사고 강조
교사와 학생 간의 관계	교사주도적 expert-novice relationship	학생주도적 수평적 관계	상호작용적 교사는 상위의 knower지만 학생 고무자
	지식은 주어진 것 객관적 평가(선다형, 제한된 반응문항) well–structured	지식은 구성되는 것 주관적 평가(개별화 평가) : portfolios, presentations, ill-structured	지식은 접근 가능한 것 객관적, 주관적, 대안적 평가

	planned, organized and consistent	emergent, active and individual	planned, trasformative and emancipatory
지식에 대한 관점	교수효과를 높이기 위해 설계된 법칙과 같은 일반화	특정 맥락에서 의미를 드러내기 위해 설계된 경우	선호하는 가치가 실현되는 것을 막고 있는 것들을 밝히기 위해 설계된 다양한 형태의 지식
value	value neutral	value relative	value centered
지식과 실천과의 관계	direct	indirect	embedded
연구의 목적	rule approach	schemata approach	emancipatory approach

2. 주요 제 2외국어 교수법 소개[2)]

외국어 교수법도 마땅히 교재편찬, 수업과 과외활동, 평가 등 총체적인 설계가 필요하다. 그러나 여기에서는 주로 수업 시간에 이루어지는 교육 방법에 대해 소개하고자 한다. 외국어 교수법의 종류는 상당히 많다. 그러나 이곳에 소개되는 교수법은 해외에서 가장 널리 알려진 교수법 몇 가지만 예로 들고자 한다.

2.1. 문법 · 번역식 교수법(The Grammar-Translation Method)

문법·번역식 교수법은 역사적으로 가장 오래된 교수법이라고 할 수 있다. 18세기 말에 성행했으며, 주로 그리스와 라틴어 등의 전통적인 언어를 학습하는 데 사용되었다. 이 때문에 고전적 교수법(Classical Method)이라고도 불린다. 이후 이 교수법은 계속 개선이 되면서 20세

2) Diane Larsen-Freeman, Techniques and Principles in Language Teaching, Oxford, 2000, 『对外汉语教学法』(陈枫, 中华书局 2008) 15~28쪽 참조.

기 중엽에 들어서서 근대 번역법으로 발전하였다. 문법·번역 교수법을 학구적 스타일의 교수법이라고도 부르는데, 이는 어느 정도 모국어에 대한 지식이 있고 논리적인 사고를 할 수 있는 학생을 대상으로 하기 때문이다. 따라서 주로 고등학생이나 대학생들이 교육의 대상자가 된다. 이 교수법은 모어에 대한 지식을 바탕으로 문법을 설명하거나 번역을 위주로 학습이 진행되며, 학생들이 언어의 규칙을 이해하고 이를 자기 것으로 만드는 것을 중시한다. 이 교수법의 목적은 학생들의 머릿속에 언어능력과 언어와 관련된 지식을 형성시켜 주어, 이후에 활용할 수 있도록 기초를 마련해 주는 것이다.

이 교수법의 주된 특징은 다음과 같다.

① 학습 활동의 가장 주된 내용은 어법지식의 전수에 있다.
② 본문은 어법을 분석하는 재료로 쓰인다.
③ 수업에서 차지하는 비중이 가장 큰 것은 어휘 교육이며 특히 어법적 의미를 강조한다. 예를 들어, 선생님이 "봄"이라는 단어를 가르친 후에 학생에게 "봄은 무슨 단어인가?"라고 물으면 학생이 "명사"라고 대답해야 한다고 생각한다.
④ 단어의 조합 규칙과 단어의 형태와 변화 및 복잡한 어법 현상에 대해 비교적 상세한 해설을 한다.
⑤ 수업 중 말이나 글로 많은 양의 번역 연습을 하며, 모어에서 목적어로 연습하거나, 목적어에서 모어로 연습하면서 학생들이 두 언어의 어법 규칙을 이해했는지 확인한다.

이 교수법은 학생이 추상적인 어법 규칙에 대해 이해하는 부분에 비중을 많이 두기 때문에 수업 과정에서 기본적으로 학생의 모어 위주로 수업을 진행한다.

이 교수법의 가장 보편적인 수업 방식은 먼저 어휘의 발음과 쓰는 법을 가르치면서 체계적으로 어법을 설명한다. 어법 규칙을 설명한 후에는 다시 예문을 들어 번역을 하면서 연습을 시키고, 학생들이 잘못 번역한 부분을 분석하여 학생들이 어법 지식을 이해하는 데 중점을 둔다.

2.2. 직접식 교수법(The Direct Method)

문법·번역식 교수법과 마찬가지로 직접식 교수법도 오래된 교수법의 하나이다. 그러나 이 교수법의 원리는 오랜 세월 동안 외국어 교사들의 손에서 활용되어 왔다. 본 교수법에는 가장 기본적인 규칙이 하나 있다. 이는 절대 번역을 허락하지 않는다는 것이다. 사실 본 교수법의 이름이 "Direct"라고 붙은 이유도 해당 언어에 대해 직접 해당 언어로 표현한다는 의미로 붙은 것이다. 실제 수업의 예를 들어보기로 한다.

교사는 앞에 커다란 지도를 걸어 둔다. 본 수업의 주제는 "看地图。"이다. 교사는 학생들에게 해당 교과서의 페이지를 열고 보라고 한다. 학생들에게 한 명씩 돌아가면서 본문을 읽게 하고, 교사는 해당 내용을 지도에 가리킨다. 모든 학생들이 본문을 다 읽고 나면 학생들이 질문을 할 수 있다. 학생들이 모르는 단어들을 질문하면 교사는 칠판이나 행동 혹은 교실의 사물을 활용하여 설명한다. 모든 질문이 끝나면 이번에는 교사가 학생들에게 질문을 한다. 예를 들면, "你们现在看的是美国地图吗?"라고 질문하면 보통 학생들은 "不是。"라고 대답한다. 이 때 교사는 완전한 문장으로 대답할 것을 요구한다. 그러면 학생들은 "不是。我们现在看的不是美国地图。"라고 대답한다. 다시 교사는 질문을 이어 간다. "我们现在看的是中国地图吗?" 학생들은 "是。我们现在看中国地图。"라고 대답한다. 이처럼 반복되는 내용을 그대로 외국어로 모방하며 학습하는 방법이다.

본 교수법은 아래와 같은 특징이 있다.

① 중간에 모어를 거치지 않고 직접 외국어 대 외국어로 교류한다.
② 회화를 기초로 말하기 교육의 입문 단계에서 주로 활용한다.
③ 문장을 기본 단위로 교육한다. 단어 학습을 홀시한다는 의미가 아니라 문장을 통하여 단어를 학습하도록 한다.
④ 교사의 표현을 그대로 모방하여 학습한다.

2.3. 청화식 교수법(The Audio-Lingual Method)

이 교수법은 문법·번역식 교수법과 상대되는 개념으로 위의 직접식 교수법과 유사한 점이 있다. 이 교수법은 대체로 20세기 40년대 중기에 시작되었다. 제2차 세계대전 당시 미국은 외국어에 능통한 인재가 필요하자 많은 외국어 속성반을 개설했다. 외국어를 읽고 해석할 수 있을 뿐 아니라 시급한 회화 능력의 인재를 길러낼 필요성 때문이었다. 60년대에 이르러 청화식 교수법은 최고조에 이르렀고 그 주된 사상과 내용은 David Nunan(1964)의 〈Language Teaching : A Scientific Approach〉(McGraw-Hill)에 나타난다. 이 교수법은 언어 학습에 대해 습관을 기르는 과정으로 보고, 이러한 습관들은 모두 반복된 훈련에 의해 길러진다고 보았다. 따라서 모방, 기억, 대체, 반복 등의 연습방식을 강조한다.

이 교수법의 특징은 회화 방식에 있으며, 교실 수업의 중심을 구문의 연습에 두고 있다. 학생들이 학습한 내용을 자기 것으로 만들게 하기 위해 수업 시간에 다룰 어휘와 구형의 수를 엄격하게 통제한다. 구형의 구조는 난이도에 따라 순서를 정하고, 대화를 나열하며, 반복적으로 연습한다. 어법은 거의 설명하지 않으며, 어휘는 문장을 연습하면서 학습하도록 한다. 예를 들어, 교사는 먼저 칠판에 다음과 같은 문장을 적는다. "我能不能喝(水/牛奶/可乐)。" 그리고 교사가 "水"라고 말하면, 학생들은 "我能不能喝水。"라고 대답한다. 교사가 "牛奶"라고 말하면 학생들은 "我能不能喝牛奶。"라고 대답한다. 교사는 이러한 수업에 있어 수업의 전반적인 진행을 담당해야 하므로 상당히 중요한 역할을 한다. 이 교수법에서는 듣기, 말하기, 읽기, 쓰기의 순서대로 학습 활동을 진행하지만, 실제로는 듣기와 말하기에 더 편중되어 있다.

Lado가 제시한 발음 학습 훈련 요령에 따른다면 청화식 교수법에 의한 수업은 아래 순서대로 진행된다.

(1) 시범 : 교사가 배울 문장이나 단어를 먼저 말한다.
(2) 모방 : 학생들은 교사가 말한 문장이나 단어를 따라 읽는다.
(3) 강조 : 교사는 학생들에게 2~3번 연습시키며 문장이나 단어를 익히도록 한다.
(4) 비교 : 교사는 학생들을 한 명씩 지목하여 읽히면서 잘못된 발음을 교정해 주면서 교사의 발음과 비교할 수 있도록 한다.
(5) 훈련 : 교사는 여러 연습방법을 동원하여 학생들이 배운 내용을 익히도록 한다.

듣기와 말하기 교수법은 일종의 피동적인 교수법이라고 할 수 있다. 즉, 항상 교사가 학습과정을 이끌고 통제해야 수업이 이루어진다고 할 수 있다. 이 교수법은 비교적 완전한 형태의 체제를 갖추고 있으며, 언어학습에 막대한 영향을 끼쳤다. 지금까지도 일부 형태는 언어학습에서 자주 볼 수 있다. 그러나 너무도 많은 고리타분한 형태의 반복 연습이 오히려 학생들의 흥미를 떨어뜨릴 수 있다는 단점이 있다.

2.4. 기능적 접근법(Functional Approach)

기능적 접근법은 언어의 교제 능력에 중점을 두고 언어의 활용을 중시하는 교수법이다. 이 교수법은 여러 학파와 방법, 특히 사회교제법(the social communicative style)과 정보교제법(the information communicative style) 등을 종합하여 만들어졌다. 사회교제법과 정보교제법은 모두 20세기 70년대 초 유럽에서 발생했다. 초기에는 유럽 각 국가 간의 교류를 위해 만들어진 교수법이다. 사회교제법은 사람과 사람 사이의 언어교류능력을 중시한다. 또 정보교제법은 언어의 사유교류능력을 중시한다. 두 방식 모두 어법지식이나 듣고 말하기 능력은 중요시하지 않고, 언어로 생각을 교류하는 능력을 중시한다. 따라서 교사는 단지 수업시간에 진행자의 역할을 수행할 뿐이다.

이 두 종류의 교제법을 기초로 탄생한 기능적 접근법은 유럽에서 발생했으나 미국에서 성행했다. 그 대표적인 것이 미국 뉴욕 교육부가 80년대에 8년에 걸쳐 편집한 〈현대 언어 교류 요강〉이다. 이 안에는 기능적 접근법의 주요 내용이 포함되어 있다. 그 내용을 한 마디로 요약하자면 다음과 같다. 언어를 학습하는 목적은 학생이 배우고자 하는 언어의 사회문화 속에서 현지 언어로 교류할 수 있는 능력을 키우는 것이다. 이 목적을 이루기 위해 기능적 접근법에서는 듣기, 말하기, 읽기, 쓰기 외에 문화 항목을 첨가했다. 어떤 장면을 설정하고 언어를 학습하는 과정에서 학생들은 서로 "교제"라는 임무를 완수해야 한다. 또한 학생들은 이러한 임무를 수행하는 과정에서 서로 다른 신분, 몸짓,

풍속, 습관마다 각기 다른 언어적인 문화가 담겨져 있다는 것을 이해해야 한다.

기능적 접근법의 특징은 학생들이 단순히 혼자서 단어와 문장을 억지로 암기하는 것을 바라지 않고, 또 학생들이 말하는 문장이 오류가 없는 완전한 문장이기를 기대하지 않는다. 단지 자기의 역할에 따라 상대방과 호흡을 맞추며 연습하거나, 게임을 통하여 언어의 교제 능력을 이해하도록 하는 것이 주된 목적이다. 따라서 교실 수업은 학생들이 중심이 되며 학생들이 임무를 완수하는 것이 목적이다. 교사는 단지 학생들에게 장면을 설정하고 화제를 이끌어주는 역할을 할 뿐이다. 예를 들어, 듣기 연습을 한다면 학생들에게 실제 방송을 틀어주거나, 노래 또는 텔레비전이나 영화를 보여줄 수 있다. 이 과정에서 영화의 일부 대화 가운데 영화의 오디오 부분을 없애고, 이 대화를 학생들이 영화의 장면에 맞게 서로 대화하는 연습을 할 수 있다. 최근에 유행하는 교제법(communicative approach), 주제법(theme/content-based method), 임무법(task-basd method)이 모두 이 교수법의 범위 안에 포함된다.

2.5. 이해중심의 교수법(Comprehension-Based Approach)

(1) 의의 및 특징

학생이 새로운 정보와 개념을 이해하도록 구조와 지원을 제공하는 자료와 활동들을 주의 깊게 고안한 교수법이다.

① 어떤 개념이나 문제해결 전략을 설명하기 위해서 충분한 예들을 제공한다.

② 주의를 집중시키고 정보처리를 촉진시키는 단계별 전략, 혹은 폭넓고 총체적인 질문 및 지침을 포함한 숙달된 수행모델을 제공

한다.

③ 의사를 결정하는 방법과 이유를 설명한다.

④ 학생이 활동을 지속하도록 긍정적인 피드백을 자주 제공한다.

⑤ 활동에 관심을 가지고 참여하는 적절한 연습 기회를 제공한다.

(2) 내용 강화법

학생들이 정보를 더 잘 조직화하고 이해하고 기억할 수 있도록 하기 위하여, 교사가 중요한 교과 내용을 잘 전달할 수 있도록 사용하는 폭넓은 기법들에 대한 명칭이다.

1) 안내노트 - 중요한 사실, 개념 및 관계성을 기록하도록 표준 단서와 특정 여백을 남겨두어 학생에게 강의를 안내하도록 하는 교사제작 인쇄물

2) 그래픽 구성 - 그래픽을 이용해 연결된 내용이나 정보가 포함된 단어들을 시공간적으로 배열(개념 체계도)

3) 기억증진 전략

① 문자전략 - 머리글자, 어구 만들기

② 핵심어 전략 - 친숙한 정보를 가지고 새롭고 친숙하지 않은 단어와 연결시킬 때 유용

③ 말뚝어법 - 기억되는 정보를 순서적으로 번호를 매길 때 숫자에 대한 운율적 단어들을 사용

④ 학습전략 - 과제를 학습하는 개인의 접근 방식, 계획, 수행, 평가 등을 포함

2.6. 전신 반응 교수법(Total Physical Response)

(1) 의의 및 특징

전신 반응 교수법은 1950년대에 창안한 교수법으로서 언어학습을 신체의 움직임과 연관하여 효과를 보고자 하는 방법이다. 이 교수법은 다양한 언어 이론 및 학습 이론들을 바탕으로 한다. 외국어 학습의 원리를 어린이의 모국어 습득 과정과 같다고 보아 언어 학습에서 이해 기능을 먼저 지도하고 표현 기능을 후에 발달시켜야 한다고 보는 이해 중심 접근방법과 연관되어 있다.

강도 높은 자극을 빈번하게 주입함으로써 기억의 효과를 높인다는 측면에서는 기억의 "흔적 이론"이라는 심리학적 근거를 바탕으로 하고 있다. 아울러 언어 학습에서 학습자의 정의적 요소를 고려한다는 측면에서는 인본주의적 교육관과 언어 학습 신체 운동과 연관시켜서 학습의 효과를 높이고자 했던 Palmer(1959)의 전통과도 관련이 되어 있다.

기본 말하기 능력을 위한 교수법이고, 학습자가 자연스럽게 이해할 수 있도록 심리적인 부담을 주지 않는 학습을 강조한다.

(2) 원 리

모국어를 배우는 과정에서 어린 아이들은 언어를 계속 받아들이고 있지만 말로 표현하지는 못하는 침묵기가 상당 기간 존재한다.

아직 말을 하지 못하는 어린 아기에게 엄마가 "宝宝, 看看妈妈! "라고 이야기하면 아이는 그 의미를 이해하지 못하면서 소리가 나는 쪽으로 고개를 돌린다. 그 때 엄마는 "宝宝在看我! "라고 외치게 되는데,

Asher박사는 이것을 "언어-신체 대화(a language-body conversation)"라고 정의했다. 이 같은 대화가 몇 개월 동안 계속되면서 아이는 모국어의 패턴과 소리를 내재화시키게 되고, 유창하게 말을 하기 이전에 먼저 자신이 들은 것에 대해 신체적인 반응을 보인다. 어린아이가 모국어를 내재화하는 이 같은 과정을 언어 교수법에 적용시킨 것이 바로 전신 반응 교수법이다.

교사가 학생들이 이해할 수 있는 수준의 목표 언어를 사용하여 지시 명령을 하고, 학생들은 이에 대해 말이 아니라 행동으로 반응을 보이게 함으로써 목표 언어를 습득할 수 있게 한다. 전신 반응 교수법은 외국어 학습자에게 말하기를 하도록 요구하지 않고, 먼저 듣기 훈련을 시켜 청취이해 능력이 어느 정도 길러졌을 때 말하기 훈련을 시키기 때문에 학습자는 발화해야 한다는 스트레스를 심하게 받지 않는다.

(3) 수업절차

1) 교사가 간단한 명령을 내리면서 행동을 보인다.
2) 서너 명의 아동을 지명하여 앞으로 나오게 한 후 교사가 함께 행동한다.
3) 전체 아동을 대상으로 명령을 하면 아동들은 행동한다.
4) 속도를 빠르게 하여 명령을 내린다.
5) 명령의 순서를 바꾸거나 새로운 어휘를 넣어 명령을 내리고 행동하게 한다.
6) 명령을 이용한 게임을 한다.
7) 명령을 내리는 자와 행동을 하는 자의 역할을 바꾸어 행동을 한다.

2.7. 그 밖의 제2외국어 교수법

■ 의사소통 교수법 (Communicative Approach)

- 언어 교수법의 목적은 학습자들에게 목표언어로 의사소통하는 능력을 기르는 것이다.
- 역할극이나 연극을 통해 목표언어를 다른 사회 환경에 적응시킨다.
- 외국어의 구조에 대한 정확한 지식보다는 의사소통을 위한 유창성(fluency)을 강조한다.
- 의사소통 중심 교수법은 의사소통능력의 향상에 큰 중점을 두고 있다.
- 외국인과 1 :1 전화로 외국어 회화 배우기 등이 예다.

■ 상황적 언어 교수법(Situational Language Teaching)

- 구어가 일차적이다. 모든 언어교재는 말로 연습하고 난 다음 글로 제시한다.
- 읽기와 쓰기는 구어적 기반이 닦인 후에 가르친다.
- 어휘나 문법의 새로운 요소를 소개하고 상황적으로 훈련시킨다.

■ 인지적 교수법(Cognitive Approach)

- 의사소통능력 즉, 언어를 사용할 수 있는 능력을 강조한다.
- 언어습득을 규칙의 형성으로 이해하고 습관의 형성으로 이해하지 않는다.
- 문법을 연역적으로 설명하는 것을 선호한다.
- 이해, 특히 청취이해의 중요성을 강조한다.
- 모국어의 사용과 번역을 허용한다.

■ 정의적-인간적 교수법 (Affective-Humanistic Approach)

- (개별학생과 교사 등의) 개개인과 그 감정에 많은 관심을 기울인다.
- 학습자에게 의미가 있는 의사소통을 강조한다.
- 수업분위기가 교재나 방법보다 중요하다.
- 외국어를 배우는 것은 자아성취의 경험으로 간주한다.

■ 과업 중심 언어 교수법(Task-based Language Teaching)

- 학습 결과보다는 학습 과정을 중시한다.
- 학습자가 분명한 목적이 있는 활동과 과업을 수행하면서 실제 의사소통과 의미에 역점을 두어 외국어를 배운다.
- 학습자들은 짝 활동, 소집단 활동 등에 참여하여 자신이 사용하는 외국어가 어떻게 의미를 전달하고, 과업을 수행하는 데 어떻게 도움이 되는가를 스스로 검색해야 한다.
- 교사는 언어 형식을 설명하여 가르치는 것이 아니라 과업을 준비하고 제공하는 역할을 한다.
- 이 교수법에 사용하는 교재로는 과업중심의 교과서, 신문, TV, 인터넷 등이다.

■ 다중지능 언어 교수법(Multiple Intelligence-based Language Teaching)

- 언어의 이해와 표현 능력이 인간의 다양한 지능과 관련이 있다고 보아 다양한 지능을 이용하여 외국어를 학습하도록 유도하는 교수법이다.
- 언어의 학습이나 의사소통 능력의 습득은 언어적 지능만이 아니라 강세와 억양에 관련되는 음악적 지능, 대인적 지능 등과도 관련이 있다고 간주한다.

- 자신의 신체적 동작을 통제하고 물체를 솜씨 있게 다루는 재능인 신체운동 감각적 지능을 이용하여 여러 가지 체험을 해 봄으로써 언어를 학습하도록 한다.

3. 중국어의 특징[3)]

3.1. 중국어의 명칭과 함의

중국에서 중국어를 가리키는 말로는 "汉语", "中国话", "普通话", "国语", "만다린(Mandarine)" 등이 있다. "汉语" 안에는 고대의 갑골문(甲骨文), 서면어(书面语), 시사(诗词)나 초기 소설의 백화, 지금의 표준어와 방언(方言) 등 여러 가지 뜻을 내포하고 있다. 그러나 지금은 한족(汉族)들이 쓰는 언어라는 뜻에서 발전하여 지금 중국어의 의미로 쓰이고 있다. "中国话"는 중국인이 쓰는 말이고, "普通话"는 바로 표준어라는 의미로 쓰이고 있다. "国语"는 주로 대만 사람들이 중국어란 의미로 사용하며, 외국인들은 "만다린(Mandarine)"이라고 부른다.

중국어의 역사는 대체로 기원전 2000년 상대(商朝)로 거슬러 올라간다. 당시에 거북의 껍질이나 소뼈 등에 새긴 갑골문이 유일한 문헌이다. 갑골문이 이미 어느 정도의 어법을 가지고 있는 완전한 문장이었던 것으로 미루어 보아 문자의 발생은 더욱 오래 전으로 사료된다. 중국어는 주대(周朝, 기원전 11세기~3세기)에 종이나 솥에 새겨진 금문(金文)에 이르러 더욱 풍부해졌다. 춘추전국(春秋战国) 시기의 『논어(论语)』나 『맹자(孟子)』와 같은 서면어는 사실 당시의 구어(口语)와

3) 邵敬敏 主编,『现代汉语通论』(上海教育出版社, 2001) 참조.

별반 차이가 없었을 것이다. 서면어와 구어의 차이는 한대(汉朝, 기원전 206~220)부터 시작되었다. 방언 또한 오래 전부터 있었을 것이다. '양웅(杨雄, 기원전 53~18)'이 『방언(方言)』이라는 책에서 처음 방언이라는 말을 사용했으나 방언에 관한 자료는 턱없이 부족한 편이다. 이로 미루어 중국에서는 오래 전부터 민족 공통어(通语)가 존재했음을 알 수 있다. 어느 언어든 시간이 흐름에 따라 변한다. 중국어도 마찬가지다. 그러나 중국어는 다른 언어와는 다르게 어느 정도 통일된 모습을 보이고 있다. 중국어는 방언이 큰 차이를 보임에도 불구하고 서면어는 의미가 서로 통하며 시간, 공간적인 차이도 거의 보이지 않는다. 그러므로 물론 발음은 변했지만 3000년 전의 중국어도 지금까지 전해오고 있다. 중국어에는 그만큼 역사적인 모든 것들이 내포되어 있고, 문화, 전통 심지어 중국인의 말 한 마디에까지 깃들어 있으므로 이러한 연원을 모른다면 단지 겉모습만 알고 실제 담겨 있는 더 깊고 오묘한 맛을 느끼지 못할 것이다.

3.2. 표준어와 방언

중국은 전체 인구의 94%를 차지하는 한족(汉族)과 나머지 6%의 55개 소수민족(少数民族)으로 이루어진 다민족국가(多民族国家)로 그 주류를 이루는 한족이 사용하는 언어인 한어가 발전되어 표준어(普通话)가 되었다. 한어(汉语) 외에 그들 나름대로의 언어인 "藏语", "蒙语", "维吾尔语", "壮语", "苗语" 등 수십 종의 언어가 있다. 중국은 일찍이 한대(汉代)부터 한민족 공통어에 대한 인식이 있었으며, 표준 어음체계를 확립하려는 노력을 전개해 왔다.

그래서 명대(明代) 이후에는 과거(科举)를 볼 때 기준이 되는 표준어로 "관화(官话)"라는 명칭이 있었고, 현대 중국어는 바로 이 북방관화를 바탕으로 표준어가 형성되었다. 1949년 중국정부가 성립된 후에 베이징(北京) 말을 표준음으로 하고 북방어(北方语)를 기초어휘로 하며, 전형적인 현대 구어문(现代白话)에 의한 작품을 문법적인 기준으로 한 표준어가 제정되었다. 이를 오늘날 중국에서는 "普通话"라 부르고 있다. 이렇게 표준어를 정한 이유는 북방관화가 다른 방언에 비해 자모(字母)가 적어 배우기 쉽고, 베이징이 금· 원대(金· 元代) 이후부터 정치와 문화의 중심지였으며, 금· 원· 명· 청대(金· 元· 明· 清代)를 거쳐 지금까지 약 800여 년 동안 수도였으므로 그 영향력이 컸으며, 명· 청(明·清) 때부터 뛰어난 백화(白话-구어체)문학작품들이 대부분 베이징 말에 가까운 어투를 사용하여 많은 사람들에게 전파되었기 때문이다. 만다린(Mandarine)이라 하는 것은 원래 북방방언(北方方言)을 지칭하는 말이지만 오늘날에는 그것을 기초로 하여 제정된 표준중국어(标准中国语)의 개념으로 통용된다. 지금까지 우리가 학습하고자 하는 중국어가 곧 "普通话"이자 만다린인 것이다.

중국어에서 사투리 즉, 방언이라는 말은 앞에서도 언급했듯이 한대(汉代)부터 나타난다. 중국은 땅덩어리가 넓은 만큼 다양한 방언을 가지고 있으며, 각 방언 체계와 표준어와의 차이가 너무 커서 서로 말이 통하지 않을 정도이다.

현재 중국의 방언은 크게 7개로 나누고 있다. 각 방언별 지역과 특징을 살펴보면 다음과 같다.

① 북방방언지구(北方方言区) : 북경어를 중심으로 현재 표준어의 기초를 이루는 방언으로 그 분포지역으로는 장강(长江) 이북의 한민족(汉民族) 거주지역, 장강의 남쪽과 진강(镇江)의 북쪽, 호

북성(湖北省), 사천성(四川省), 운남성(云南省), 귀주성(贵州省), 호남성(湖南省)의 서북부 일대이고, 사용 인구는 7억 이상으로 총 인구의 약 75%가 이를 사용하고 있다. 입성이 없고, "儿化" 현상이 심하다는 특징을 가지고 있다.

② 오방언지구(吴方言区) : 상해(上海)를 중심으로 강소성(江苏省)의 일부와 절강성(浙江省) 등지에 분포되어 있는 방언으로 사용 인구는 약 7000만 명이다.

③ 상방언지구(湘方言区) : 장사(长沙) 말이 대표적이며, 호남성(湖南省) 지역의 방언으로 사용 인구는 약 600만 명이다.

④ 공방언지구(赣方言区) : 남창(南昌) 말이 대표적이며, 강서성(江西省) 지역의 방언으로 사용 인구는 약 3,000만 명이다.

⑤ 객가방언(客家方言区) : 광동매현(广东梅县) 말이 대표적이며, 사용 인구는 약 3,700만 명으로 주로 광동성(广东省), 광서성(广西省), 복건성(福建省), 강서성(江西省) 일부에서 사용된다.

⑥ 월방언지구(粤方言区) : 광동어(广东语)라고도 하며, 광주(广州) 말이 대표적이다. 사용 인구는 약 4,000만으로 광동(广东)과 광서(广西)에서 주로 사용된다.

⑦ 민방언지구(闽方言区) : 민남(闽南)과 민북(闽北)으로 나뉘며, 민남(闽南)은 하문(厦门) 말이 대표적이다. 사용 인구는 약 2,200만으로 주로 복건성(福建省)의 남부, 광동(广东)의 동부, 해남도(海南岛) 일부, 대만(台湾)의 대부분에서 사용된다. 민북(闽北)은 복주(福州) 말이 대표적이며 사용 인구는 약 1,100만, 복건성(福建省) 일부와 대만(台湾)의 일부에서 사용된다.

표준어와 방언에 대해서 우리가 알아두어야 할 것은 중국어를 공부하면서 가장 많은 의구심을 갖는 부분이 방언이다. 중국의 방언은 우리가 상상하는 것 이상으로 방언과 방언 사이에 격차가 커서 서로 알아듣지 못할 정도이다. 지금 배우는 표준어로 과연 다른 지역 사람들과 대화를 할 수 있을까 하는 의문을 많이 제기한다. 그러나 중국에서는 표준어 보급을 위해 많은 노력을 기울이고 있고, 초등학교 교육에서부터 표준어를 쓰도록 규정하고 있어 일부 노년층과 농촌지역 일부 교육수준이 낮은 사람들을 제외하고는 모두 표준어로 대화가 가능하다.

그렇다면 우리가 주의해야 할 점은 북방사람들이 말하는 표준어와 기타 방언지역 사람들이 말하는 표준어가 큰 차이점을 보인다는 것이다. 그 이유는 바로 자기 방언의 특징이 표준어에 섞여서 나타나기 때문이다. 여기에는 어휘, 발음체계, 어법상의 특징이 모두 나타날 수 있다. 이 가운데 어법상의 차이가 가장 적은데, 양사의 차이, 허사의 차이, 어순의 차이 등이 있다. 어휘 방면에서 예를 들면 표준어의 "蚊子(모기)"가 상방언(湘方言)에서는 모기와 파리를 가리키고, 표준어의 "肥"가 월방언(粤方言)에서는 "肥"와 "胖"을 가리키는 것 등이 있다. 발음 방면에서는 무한(武汉)말처럼 'n-', 'l-'을 구분하지 못하는 것이 그 예이다. 상해(上海)의 오방언(吴方言)에서는 비음운미(鼻音韵尾)인 '-n'과 '–ng'을 구분하지 못하는데, 이는 그들끼리 얘기하는 방언뿐 아니라 표준어를 말할 때도 이런 현상이 나타난다.

3.3. 현대 중국어의 특징

(1) 중국어는 단음절어(monosyllabic language)이다.

단음절어란 말은 의미의 단위가 하나의 음절이란 말이다. 중국어는 글자 한 자가 의미의 단위이며, 하나의 음절을 가지고 있다. 물론 여기에는 예외로 두 글자가 모여서 하나의 의미를 전달하는 연면사(连绵词 : 쌍성 혹은 첩운을 이루는 2음절어가 본래 글자의 뜻과는 상관없이 다른 의미를 가지는 단어)가 있기는 하지만 이는 극히 소수이다. 현대 중국어에 와서는 어휘구조가 2음절로 바뀌는 경향을 보인다. "国"대신 "国家(국가)"가, "目"대신 "眼睛(눈)"이, "耳"대신 "耳朵(귀)"가 쓰이며, 구 또한 종종 2음절 단어로 간략하게 바뀌고 있다. 예를 들어 :

北京大学(북경대학) — 北大
记者协会(기자협회) — 记协
人民代表大会(인민대표자회의) — 人大

그렇기는 하지만 여전히 한 글자 즉 한 음절이 하나의 의미를 담고 있다는 단음절어라는 특징에는 변함이 없다.

(2) 현대 중국어는 단어의 형태 변화가 없는 고립어(isolating language)이다.

중국어는 형태변화가 없다. 즉 인칭, 성별, 수량, 시간 등에 따라 동사의 형태도 변화하지 않는다.

我是韩国人。 我们是韩国人。 他是韩国人。 她是韩国人。

我去年开始学习汉语。 我现在开始学习汉语。 我明年开始学习汉语。

(3) 중국어에서는 허사(虚词)의 역할이 매우 중요하다.

예를 들어 "打得好"(잘 쳤다)와 "打的好"(친 것이 잘 되었다)는 글자 하나만 다르지만 그 의미는 완전히 다르다. 전자는 술어보어(述补) 구조이며 후자는 주어술어(主述) 구조이다. 중국어의 동태(动态) 역시 허사가 있어야 완성된다. 예를 들어 :

① 吃了一顿饭。 (밥을 먹었다)
② 吃着饭。 (밥을 먹고 있다)
③ 吃过饭。 (밥을 먹은 적이 있다)

위의 세 문장은 동사 뒤에 구조조사 "了", "着", "过"가 각기 다르게 붙음으로써 의미가 완전히 달라졌다. ①의 "吃了"는 완성 또는 실현을 나타내고, ②의 "吃着"는 진행을, ③의 "吃过"는 경험을 나타낸다.

(4) 중국어에는 양사가 매우 풍부하다.

수사와 양사가 결합할 때 일반적으로 수사 뒤에 양사를 붙여야 하며 서로 다른 명사는 서로 다른 양사를 갖는다. 예를 들면

一张桌子(탁자 하나), 一把椅子(의자 하나), 两只鸡(닭 두 마리),
一个鸡蛋(달걀 하나), 十块钱(십 위엔), 一条裤子(바지 한 벌)

양사는 문법적인 역할뿐 아니라 수사와 명사를 연결시키는 역할을 한다. 또 수사작용을 하기도 하는데, 서로 다른 양사는 때때로 다른 수식효과를 갖는다. 비교해 보면,

① 一朵白云　　　　　② 一片白云

"朵"와 "片"은 "양"의 다름을 나타낼 뿐 아니라 다른 연상 작용을 갖는다. "朵"가 사람들에게 "꽃"을 연상하게 하는 반면, "片"은 이러한 연상 작용이 없이 단순한 한 조각의 구름을 나타낸다.

(5) 불완전한 문장이 많다.

실제 중국어 문장 가운데 완전한 주술목(主述目) 문장은 9% 정도에 불과하다. 즉 중국어에는 많은 무주어(无主语) 문장 또는 불완전 주술목(主述目) 문장이 존재한다.

① 下雨了。　(비가 내렸다.)

② A：去过上海吗?　(상해에 가 봤나요?)

B：去过。　(가 봤습니다.)

③ 低着头走得很快, 进村, 回家, 反手关门。

(고개를 숙이고 아주 빠른 걸음으로, 마을에 들어서서, 집으로 돌아와 문을 닫았다.)

①은 무주어 문장의 하나이며, ②는 문구에 주어가 없고, 대답은 주어뿐 아니라 목적어도 없다. ③의 네 개의 구는 모두 주어가 없다.

중국어에는 많은 무주어 문장이 존재할 뿐만 아니라 술어동사가 없는 문장도 있다. 예를 들면,

① 今天星期日。(오늘은 일요일이다.)

② 他二十岁。　(그는 스무 살이다.)

③ 那孩子黑眼睛, 高鼻梁, 真漂亮。

(그 아이는 눈이 검고, 코가 높아, 참 예쁘다.)

이 문장들은 분명히 술어동사가 없지만 모두 맞는 문장들이다. 만약 영어로 번역한다면 모두 반드시 일반동사 또는 be동사를 써야만 한다.

(6) 성조언어(tone language)이다.

중국어는 동음이의어(同音异义语)가 많다. 그러므로 의미 분별을 위해 성조는 아주 중요한 역할을 한다.

중국의 유명한 언어학자인 조원임(赵元任)은 중국어의 동음이의어의 극단을 보여주는 글을 쓴 적이 있다.

> <施氏食狮史>
> 石室诗士施氏, 嗜狮, 誓食十狮。施氏时时适市视狮。十时, 适十狮适市。是时, 适施氏适市。施氏视十狮, 恃矢势, 使是十狮逝世。氏拾是十狮尸, 适石室。石室湿, 氏使侍拭石室。石室拭, 氏始试食是十狮。食时, 始识是十狮, 实十石狮尸。

조원임은 위와 같은 극단적인 예를 보여주면서 중국어는 한자로 표현해야 정확한 뜻을 전달할 수 있다는 것을 알려 주었다. 이와 같이 같은 발음을 가지고 있는 글자가 많으므로 중국어에서 성조의 역할이 얼마나 중요한지 알 수 있다.

(7) 복보음(复辅音)이 없다.

현대 중국어에는 음절의 시작이든 끝이든 보음이 연이어서 나올 수 없다. (상고 중국어에는 복보음이 존재했다는 설이 유력하다) 그래서 음절의 구조가 간결하고 구분이 분명하다.

(8) 원음(元音)이 많이 쓰인다.

특히 원음(元音)으로 끝나는 음절이 상당히 많아서(실제로 -n, -ng 외에는 보음으로 끝나는 음절이 없다) 발음이 부드럽다.

(9) 어순의 역할이 중요하다.

어순이 어법을 나타내는 주요한 수단이 된다. 예를 들어, "花红"(꽃이 붉다), "脸白"(얼굴이 희다), "树大"(나무가 크다)는 주술구조로 "红", "白", "大"는 각각 "花", "脸", "树"의 성질을 나타내며 이들을 설명한다. 그러나 "红花", "白脸", "大树"는 수식구조로써 "红", "白", "大"가 "花", "脸", "树"의 성질을 나타내며 이를 꾸며준다.

① 어순에 따라 구조가 달라진다. 语法研究。研究语法。
② 어순에 따라 정도가 달라진다. 这人很不诚实。这人不很诚实。
③ 허사에 의해 의미가 달라진다. 我不喝牛奶。我不喝牛奶了。
④ 허사에 의해 시제가 달라진다. 她来了。她来过。

제2장 중국어 발음 교육

1. 중국어 발음에 관련된 이야기[4)]

(1) 이가 하얀 아가씨와 누런 아가씨

이가 하얀 아가씨와 누런 아가씨가 있었다. 어떤 사람이 이가 누런 아가씨에게 성을 묻자 입을 오므리면서 "姓顾(고씨)"라고 대답하고, 나이를 묻자 "二十五(스물다섯)"라고 대답하고, 띠를 묻자 "属虎(호랑이 띠)"라고 하고, 어디서 일하는지 묻자 "俱乐部(클럽)"라고 대답했다. 이 사람은 다시 이가 하얀 아가씨에게 똑같은 질문을 하자, 이가 하얀 아가씨는 입을 가지런히 벌리면서 성은 "姓秦(진씨)", 나이는 "二十一(스물하나)", 띠는 "属鸡(닭띠)", 직업은 "演戏(배우)"라고 대답했다고 한다.

먼저 이가 누런 아가씨가 대답한 중국어 발음을 들어보면 소리가 모두 "u" 계열로 입술을 오므리는 소리에 속하기 때문에, 자신의 보기 싫은 누런 이를 보이지 않고도 대답할 수 있었다. 또 이가 하얀 아가씨가 한 대답은 소리가 모두 "i" 계열로 이를 가지런하게 보이며 발음하는 소리에 속하기 때문에 자신의 매력인 하얀 이를 드러내며 대답할 수 있었다. 이 두 사람의 대답이 사실인지는 모르지만 어떤 발음이 자

4) 출처 :『妙语奇诗巧联解趣』于海洲, 中国文史出版社 2002.

신의 단점을 감추고, 또 어떤 발음이 자신의 장점을 부각시킬 수 있는지 잘 알고 있는 것만은 틀림없는 것 같다.

전통 중국어에서는 이 같은 특징을 4가지 유형으로 나누었는데, 개구호(开口呼), 제치호(齐齿呼), 합구호(合口呼), 촬구호(撮口呼)가 그것이다. 제치호는 운모(韵母)에 "i" 발음이 들어간 것이고, 합구호는 운모에 "u" 발음이 들어간 것이며, 촬구호는 운모에 "ü" 발음이 들어간 것이다. 개구호는 앞의 세 종류 외의 모든 발음이 여기에 속한다.

(2) 이름이 "말고기"라고 불렸던 사람

중국어는 표음문자가 아니어서 글자를 보고 발음을 알 수는 없다. 게다가 한자는 그 수가 너무 많아 고등교육을 받은 중국인조차도 모르는 글자가 많다. 이 때문에 글자를 잘못 읽는 경우가 자주 있다. 특히 사람 이름을 잘못 읽으면 정말 큰 실례이므로, 모르는 글자는 반드시 찾아보고 정확하게 읽어 줘야 한다. 중국어에서 어떤 글자는 성에 쓰이면 발음이 달라지는 글자도 있으므로 이 또한 조심해야 한다. 다음은 중국에서 실제 있었던 이야기이다.

중국에서 연속극 서유기(西游记)를 찍은 "马芮(mǎruì)"란 한 유명한 연예인이 있었다. 어느 날 병원에 갔더니 자신의 이름을 의사는 "马内", 검사원은 "马苗", 약사는 "马丙", 간호사는 "马肉"라고 불렀다고 한다. 그는 결국 화가 나서 자신의 이름을 "马德华"로 바꿨다고 한다. "芮"자는 자주 쓰이지 않는 어려운 글자여서 사람들이 모양만 대충 보고 비슷한 글자로 바꿔 읽은 것인데, 바꿔 부른 이름들이 모두 제멋대로이다. 특히 간호사가 부른 "马肉"는 너무 심했다. 어떻게 사람이름이 "马肉"일 수 있는지 생각도 한 번 안 해 봤나? "马肉"면 "말고기"란 뜻 아닌가!

(3) 낙제할 수밖에 없어

중국어에는 비음운미(鼻音韵尾)인 "-n"과 "-ng" 외에는 받침이 없다. 그래서 중국어가 매력적인 소리를 내게 되는데 여기에 높낮이가 있는 성조(声调)가 더해져서 더 아름답게 들린다. 그러나 이런 아름다움에도 대가가 따른다. 그것이 바로 발음은 같은데 뜻은 다른 동음이의어가 많다는 것이다. 사실 성조도 이런 중국어의 결점을 해소하기 위해 나타난 것이지만 이것만으로는 역부족이다. 중국어가 시대를 거듭하면서 1음절에서 2음절로 변해 가는 것은 바로 이러한 결점을 해소하기 위해서이다. 중국어는 발음이 같은 글자로 인해 생겨나는 재미있는 현상이 유난히 많다. 발음이 같은 다른 뜻을 연상하게 되므로 말하기를 꺼리는 단어도 있고, 좋아하는 단어도 생겨나게 되었다. 다음 예를 한 번 보자.

서울로 과거를 보러 가는 선비가 있었는데 하인 한 명을 데리고 가고 있었다. 그런데 선비의 모자가 떨어지자 하인이 "帽子落地了。(모자가 땅에 떨어졌습니다.)"라고 말했다. 그러자 선비는 무척 기분이 상했다. 왜냐하면 "帽子落地了。"에서 "땅에 떨어지다."라는 뜻의 "落地"는 "落第"와 발음이 같다. "落第"는 "과거시험에 낙방하다."라는 뜻으로 과거에 떨어질 불길한 말이었기 때문이다. 그래서 선비는 하인에게 "다음부터 물건이 땅에 떨어진다는 말을 절대로 "落地(땅에 떨어졌다)"라고 하지 말고, 及地(땅에 닿았다)라고 하거라."라고 당부했다. 왜냐하면 "땅에 닿다"는 뜻의 "及地"는 중국어에서 "과거시험에 급제하다"라는 뜻의 "及第"와 발음이 같기 때문에 과거에 급제하기를 바라는 마음에서였다. 그렇게 길을 가다가 선비가 하인에게 "짐이 떨어지지 않게 잘 지고 가거라."라고 이르자 하인이 "걱정 마세요. 무슨 일이 있어도 '及地(땅에 떨어지지)' 하지 않을 겁니다."라고 말했다. 이 말을 들은 선비는 결국 과거시험을 포기했다. 왜냐하면 이 하인의 말은 결국 "어떻게 하더라도 급제하지 못할 거야."라는 말이기 때문이다.

(4) 황제라도 배는 절대 나눠 줄 수 없어

기효남(纪晓岚)은 중국 청대(清代)에 유명한 대신이다. 어느 날 기효남은 건륭(乾隆) 황제와 남행을 하던 길에 배나무를 보고, 배 하나를 따서 혼자 먹어 버렸다. 그러자 건륭황제가 기분 나빠서 "길을 가다가 배를 땄으면 짐이랑 나눠 먹어야지 왜 혼자 먹었는가?"라고 묻자 기효남이 "배를 나눠 먹으면 헤어진다는 뜻이 되는데, 폐하를 모시고 가면서 어떻게 헤어질 수 있습니까?"라고 대답했다. 이 말은 배는 중국어로 "梨"인데 이는 "헤어지다"라는 뜻의 "离"와 발음이 같기 때문에 "배를 나누다"라는 의미의 "分梨"는 "헤어지다"라는 말의 "分离"와 발음이 같기 때문이다. 그래서 중국에서는 배를 나눠 먹지 않고, 주려면 통째로 준다.

다시 계속 길을 가다가 이번에는 기효남이 감나무를 보고는 잘 익은 놈으로 하나 따더니 반을 딱 갈라서 건륭에게 주고 반은 자기가 먹었다. 그러자 건륭황제는 감을 먹으면서 의아해서 "아까 배는 안 주더니 이번에 감은 왜 나눠 주는 건가?"라고 묻자, "감은 일이라는 뜻이 있으니, 폐하를 모시고 가면서 일이 생기면 같이 의논해야죠."라고 대답했다고 한다. 여기에도 발음이 같은 단어 두 개가 나온다. 먼저 "감"은 중국어로 "柿"인데, 이는 일이란 뜻의 "事"와 발음이 같다. 그래서 "감이 있다"는 말은, "일이 있다"는 말이 된다. 또 "먹다, 식사하다"는 중국어로 "餐"인데, 이는 "참여하다"라는 뜻의 "参"과 발음이 같다.

그러므로 감이 있으면 같이 먹는다는 뜻의 "有柿共餐"이란 말은 "일이 있으면 같이 한다."는 뜻의 "有事共参"과 발음이 완전히 똑같다.

앞에서 예를 든 네 가지 이야기는 모두 중국에서 전해 오는 유명한 일화들이다. 이 이야기 속에는 현대 중국어가 가지고 있는 발음의 특징이 잘 드러나 있다. 현대 중국어의 발음은 고대 중국어와 달리 간결해지면서 받침이 사라지고 이를 보충하기 위해 성조가 의미 분별의 역할을 해주고 있다. 따라서 순수한 발음만 놓고 보면 발음은 같지만 글자가 달라 다른 의미를 가지는 경우가 많다. 따라서 이를 보완하기 위해 근본적으로 단음절어였으나 2음절 3음절을 가진 단어가 현대 중국어에서 급격하게 늘어나게 되었다. 그러나 설령 2음절이라 하더라도 이를 나누면 각각의 1음절이 하나의 의미를 가지고 있으므로 근본적인 단음절어의 특징은 여전히 가지고 있는 셈이다.

2. 발음 교육의 기본 원칙

중국어 발음교육이 시작되는 시기는 대체로 중국어 교육 초기가 될 것이다. 어느 외국어든 가장 먼저 시작하는 부분이 발음교육일 수밖에 없다. 발음교육을 시작하면서 학습자는 지금까지 사용해 온 모국어와 다른 체계의 언어를 학습하고 있다는 것을 느끼게 된다. 이때 학습자가 느끼는 외국어의 이질감을 연습을 통하여 자연스럽게 만들어 줄 필요가 있다.

발음 교육을 시작하면서 기본적으로 학습자들에게 알려 주어야 할 내용은 다음과 같다.

첫째, 외국어도 언어이다. 우리들이 모국어를 습득할 때의 상황을 지금은 거의 기억하지 못한다. 그러나 유아시기의 모국어 습득과정을 보면 알 수 있듯이 수없이 많은 시행착오와 연습을 통하여 발음을 익히게 된다. 외국어도 이렇게 얻어진 모국어와 마찬가지의 언어이므로 초기에는 시행착오가 있을 수밖에 없다. 초기의 발음오류와 시행착오도 언어습득의 한 과정에 불과하며, 학습자는 연습을 통하여 이를 극복해야 한다는 점이 중요하다. 듣고도 그대로 따라하지 못하는 것은 어찌 보면 당연하게 생각해야 하는데 성인 학습자들은 이를 받아들이지 않고 부끄러워하거나 자신감을 잃어버리는 경우가 많다. 따라서 발음 교육을 시작하면서 가장 기본적인 요구사항은 발음의 오류를 두려워하지 않는 자세이다.

둘째, 발음체계에 대한 이해가 필요하다. 중국어가 모국어가 아닌 외국어로서 학습하는 학습자들은 중국어의 발음체계가 모국어인 한국어의 발음체계와 어떻게 다른지 알아야 한다. 흔히 영어를 배울 때도 영어 발음 옆에 한글로 발음을 달아놓고 연습하는 경우가 있는데 이는 피해야 할 발음 학습법이다. 한국어와 엄연히 다른 외국어 발음을 비슷한 한국 발음으로 바꾸는 과정에서 이미 발음의 정확성은 떨어지게 된다. 따라서 중국어의 발음체계를 정확하게 이해해야만 하며, 이를 위해 중국어 발음 기호인 한어병음을 먼저 정확하게 익히는 것이 무엇보다 중요하다.

셋째, 반복적인 연습이 중요하다. 분절음에 대한 이해와 연습이 끝나면 문장을 통해 발음 교육을 하게 될 것이며, 이때 항상 정확한 발음에 유념하고 잘 안 되는 발음을 집중적으로 연습해야 한다. 발음 교육은 음소단위에서 시작하여 음절, 단어, 구, 문장, 회화로 넓혀 가는 것이 순서이다. 다소 지루한 시간이 될 수 있지만 음소단위에서 정확한 발음을 익힌 후에 점점 범위를 넓혀 가며, 최종적으로 회화 문장 안에서도 발음 교육은 지속적으로 진행되어야 한다. 음소 교육이 중요하지만 너무 음소 교육에 치우치지 않도록 유의해야 한다. 음소의 정확성에 치우치게 되면 학생들이 흥미를 잃어버릴 수 있으며, 또한 언어의 기능성을 떨어뜨리기 때문이다. 의미전달의 기본 단위는 음절이므로 적당한 시기에 재빨리 음절로 넘어가야 하고, 또 적당한 시기에 단어, 구, 문장으로 넘어가야 한다. 그러나 문장이나 회화 연습으로 넘어왔다고 하더라도 학습자는 항상 정확한 발음에 유념해야 하며, 잘 안 되는 발음과 성조를 집중적으로 연습해야 한다.

이제 우리들은 중국어를 외국어로 받아들이면서 언어습득 과정의 첫 발을 내딛었다. 꾸준한 모방을 통하여 발음을 습득하는 것이 자연스러운 실제 언어습득 과정이라면 중국어의 발음체계를 이해하고 이를 한국어와 비교하여 그 특징을 알아두는 것은 이론적인 언어습득 과정이라고 볼 수 있다. 따라서 언어를 교육하는 입장에서는 이 두 과정을 잘 숙지하고 유념해야 할 것이다.

3. 발음 교육을 위한 기본 이론

3.1. 중국어 발음표기법의 변천 과정

중국어뿐 아니라 영어, 한국어 아니 현존하는 모든 언어는 지금도 조금씩 변화하고 있다. 그래서 과거의 언어가 어떤 모습이었는지 아직 정확하게 알지 못하고, 미래의 언어가 어떤 모습일지도 지금은 예측하기 어렵다. 그러나 그동안 많은 연구를 통하여 언어의 발자취를 찾고자 했고 많은 것이 밝혀졌지만 아직도 과거에 대한 연구는 끊임없이 진행되고 있다. 이는 현재의 언어체계를 이해하는 데 큰 도움이 된다.

중국어의 과거는 어떤 모습이었을까? 우리는 지금 남아 있는 문헌을 통하여 그 일부를 엿볼 수 있다. 가장 오래된 시가인『시경(诗经)』과『초사(楚辞)』에 대한 연구를 통하여 지금으로부터 3,000여 년 전인 중국 주(周)나라 시기의 언어를 살펴볼 수 있게 되었다. 이후 한(汉)나라 때에는 직음법(直音法)을 통하여 중국 한자에 발음을 표기했다. 불교의 전래와 불경의 번역 작업을 통하여 심음(審音)에 대한 이해가 높아지고, 반절(反切)이라는 표기법이 등장하고부터 중국어 발음체계에 대해 더 깊이 이해하게 되었다. 당시 언어학자들의 중국어 발음에 대한 심오한 깨우침을 엿볼 수 있는 책이 바로 중국 성운학의 경전이라고 할 수 있는『운경(韵镜)』이다. 그런데 반절의 단점이 많음에도 불구하고 중국은 근대에 주음부호가 나오기 전까지 반절에 의지하여 발음을 표기할 수밖에 없었다. 주음부호는 그렇게 보면 획기적인 방법이었으며, 이것이 현대중국어에서 한어병음으로 바뀌면서 중국어의 표준어 보급과 세계화에 기여하게 되었다.

3.2. 한어병음방안의 기본 규칙

한어병음방안은 중국문자개혁위원회의 여러 차례의 연구를 거친 후 1957년 10월에 초안을 작성하여 몇 번의 수정을 거쳐 1958년 2월 제1회 전국인민대표대회 제5차 회의에서 통과되어 시행되고 있는 주음방법이다. 고대의 직음법과 반절의 결점을 보완하여 한자의 음을 달고 한자와 표준어를 가르치며, 중국의 지명, 학술용어 표기 등 광범위하게 쓰이고 있다.

아래는 중국에서 한어병음방안을 발표하면서 소개하고 있는 기본 규칙이다.

한어병음방안은 자모표, 성모표, 운모표, 성조부호, 격음부호로 구성되어 있다.

(1) 자모표 중 26개 자모의 명칭이 필요한데 일반적으로는 영문자의 독음과 일치하나 일부 방언에서 "l, n"을 구분하지 못하는 문제가 있어서 "n"을 [nê]라고 부른다.

(2) 원칙상 하나의 자모는 하나의 음소를 나타내지만, 일부 음소는 두 개의 자모로 표시한다. 예) "zh-, ch-, sh-, -ng" 단, 이들을 "ẑ, ĉ, ŝ, ŋ"로 적을 수도 있다. 또 어떤 자모는 여러 음소를 나타내기도 한다.

예) "i" → [i], [ɿ], [ʅ]

(3) 성모의 명칭 또한 일정한 운모를 더하여 부르도록 한다.
예) b(玻), p(坡)

(4) 운모표는 전통적인 "개(开), 제(齐), 합(合), 촬(撮)" 사호(四呼)의 네 줄로 배열한다. 현대 중국 표준어의 운모는 실제 39개이지만 35개만 나열한다.

① "er"은 단지 몇 개의 한자에만 쓰이므로 제외한다.
② "ê"는 단지 "欸"에만 쓰이므로 제외한다.
③ "-i[ɿ]"는 "z, c, s"와만 결합하므로 제외한다.
④ "-i[ʅ]" 역시 "zh, ch, sh, r"와만 결합하므로 제외한다.

(5) 음절 사이를 분명히 하기 위해 "y, w"를 사용한다.
xīnyǐng(新颖), dānwu(耽误)

(6) 이름, 지명, 서명을 표기할 때 아래의 원칙에 따른다.

① 성과 이름을 구분하여 표기하며 각각 대문자로 시작한다.
Lí Míng(黎明)
② 복성은 이어서 쓴다.
Ōuyáng Fēng(欧阳峰)
③ 성조를 생략할 수 있다.
④ 지명은 고유명사와 일반명사를 구분하여 각각 대문자로 쓴다.
泰山 - Tài Shān
⑤ 지명에 붙은 형용사는 지명의 일부분으로 간주하여 쓴다.
大虎山 - Dàhǔ Shān
⑥ 서명(书名)은 단어를 단위로 나누어 쓴다.
『中国语文』 - Zhōngguó Yǔwén

3.3. 중국어의 음절 체계

중국어의 음절(音节)을 알아보기 전에 먼저 음성의 정의를 찾아보면 "사람의 발음기관을 통해 일정한 의미를 전달하는 소리"라고 되어 있다. 음성은 사람이 발음을 하고 이것이 다른 사람에게 전달되어 의미를 알 수 있는 소리로 감지된다는 말이다. 이러한 음성은 물리적으로는 폐에서 나오는 기류가 성대의 진동에 의해 발생되어 음고(音高), 음강(音强), 음장(音长), 음색(音色)의 요소를 갖추고 있다는 특징이 있다. 또 생리적으로는 인체 발음기관인 호흡기관, 후두(喉头), 성대(声带), 구강(口腔), 비강(鼻腔) 등의 작동부위에 따라서 다른 소리를 낸다는 특징이 있다.

현대 중국어의 음절 구조는 다음과 같다.

(C)(V)V{(V)/(C)}　　　(C=consonant, V=vowel)

이는 다시 "(성모) + (개음) + 주요모음 + (운미)"로 표현할 수 있는데 현대 중국어의 음절에서 주요모음이 가장 중요한 요소임을 알 수 있다. 여기에서 주요모음이 될 수 있는 요소에는 "a, e, i, o, u, ü"가 있고, 개음요소로는 "i, ü, u", 운미 요소로는 "i, u"가 있다.

전통적인 성운학에서 말하는 음절 구조는 아래와 같다.

<table>
<tr><td colspan="4">성조</td></tr>
<tr><td rowspan="3">성모</td><td colspan="3">운모</td></tr>
<tr><td rowspan="2">개음</td><td colspan="2">운</td></tr>
<tr><td>주요모음</td><td>운미</td></tr>
</table>

4. 중국어의 성모체계

4.1. 총론

중국어의 성모는 주로 보음(辅音)으로 이루어져 있다. 중국어에는 총 22개의 보음이 있는데 이 가운데 "ng[ŋ]"는 운모로 쓰이므로 중국어에는 총 21개의 성모가 있다.

<table>
<tr><td rowspan="3"></td><td colspan="2">파열음</td><td colspan="2">파찰음</td><td colspan="2">마찰음</td><td>비음</td><td>유음</td></tr>
<tr><td colspan="2">청음</td><td colspan="2">청음</td><td rowspan="2">청음</td><td rowspan="2">탁음</td><td rowspan="2">탁음</td><td rowspan="2">탁음</td></tr>
<tr><td>무기음</td><td>유기음</td><td>무기음</td><td>유기음</td></tr>
<tr><td>쌍순음</td><td>b[p]</td><td>p[p^h]</td><td></td><td></td><td></td><td></td><td>m[m]</td><td></td></tr>
<tr><td>순치음</td><td></td><td></td><td></td><td></td><td>f[f]</td><td></td><td></td><td></td></tr>
<tr><td>설첨중음</td><td>d[t]</td><td>t[t^h]</td><td></td><td></td><td></td><td></td><td>n[n]</td><td>l[l]</td></tr>
<tr><td>설근음</td><td>g[k]</td><td>k[k^h]</td><td></td><td></td><td>h[x]</td><td></td><td></td><td></td></tr>
<tr><td>설면음</td><td></td><td></td><td>j[tɕ]</td><td>q[$tɕ^h$]</td><td>x[ɕ]</td><td></td><td></td><td></td></tr>
<tr><td>설첨전음</td><td></td><td></td><td>z[ts]</td><td>c[ts^h]</td><td>s[s]</td><td></td><td></td><td></td></tr>
<tr><td>설첨후음</td><td></td><td></td><td>zh[tʂ]</td><td>ch[$tʂ^h$]</td><td>sh[ʂ]</td><td>r[ɹ]</td><td></td><td></td></tr>
</table>

* 표준중국어 성모표

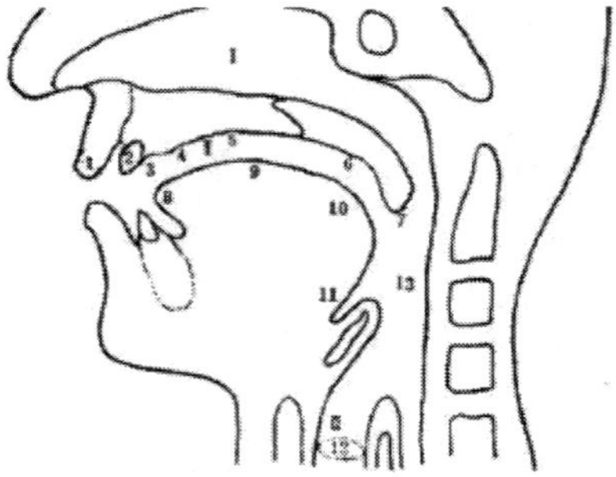

* 발음기관 단면도

1. 윗입술(上唇 : Upper lip)
2. 윗니(上齿 : Upper teeth)
3. 윗잇몸(上齿龈 : Upper teeth ridge)
5. 경구개(硬腭 : Hard palate)
6. 연구개(软腭 : Soft palate)
7. 목젖(悬雍垂 : Uvula)
8. 설첨(舌端 : The tip of the tongue)
11. 인두(咽头 : the pharynx)
12. 성대(声带 : the vocal cords)
13. 후두(喉头 throat)

Ⅰ. 비강(鼻腔 : the nasal cavity)
Ⅱ. 구강(口腔 : the mouth cavity)
Ⅲ. 인강(咽腔 : the cavitas pharyngis)

보음은 보통 조음 위치와 조음 방법에 따라 서로 다른 소리가 나게 된다. 표준중국어에서 보음인 성모는 조음 위치에 따라 "쌍순음, 순치음, 설첨전음, 설첨중음, 설첨후음, 설면음, 설근음"이 있다. 또 조음 방법에 따라 "파열음, 파찰음, 마찰음, 비음, 유음"이 있다. 여기에 성대가 울리지 않는 청음과 성대가 울리는 탁음의 구분이 있으며, 폐에서 나오는 기류가 입 밖으로 거의 나오지 않는 무기음과 입 밖으로 나오는 유기음의 구분이 있다. 그렇다면 조음 위치에 따른 특징과 조음 방법에 따른 특징을 살펴보자.

4.2. 조음 위치에 따른 분류

(1) 쌍순음

쌍순음은 두 입술이 붙었다가 떨어지면서 나는 소리이다.

표준중국어에서 쌍순음에는 “b[p], p[pʰ], m[m]”가 있다. 그렇다면 같은 쌍순음인데 이 세 가지 발음으로 구분되는 이유는 무엇일까? 어떤 요인 때문에 다른 소리로 발음이 되는 것일까? 이것이 바로 조음 방법 때문이다. “b[p]”와 “p[pʰ]”는 파열음이고, “m[m]”은 비음이기 때문에 조음 위치가 같아도 다른 소리로 발음된다. “b[p]”는 단지 두 입술이 붙었다가 떨어지면서 나는 파열음이기 때문에 폐에서 나오는 기류가 두 입술에서만 터지고 밖으로 나오지 않는다. 이런 발음을 무기음이라고 한다. 그러나 조음 위치도 같고 조음 방법도 파열음으로 같지만 “p[pʰ]”는 폐에서 나오는 기류가 두 입술에서 터지면서 밖으로 나오기 때문에 또 다른 소리를 낸다. 이를 유기음이라고 한다. 손바닥을 입 앞에 놓고 이 두 발음을 해보면 손바닥에 기류가 나오는지 확인할 수 있다. 같은 쌍순음이지만 “m[m]”은 비강을 통하여 기류가 나오면서 발음 되므로 앞의 두 발음과 다른 소리를 내게 된다. 이 발음은 코를 막으면 정확히 발음 할 수 없으며, 탁음이므로 성대가 울리게 된다.

b[p] : běibiān(北边), biànbié(辨别)
p[pʰ] : pīngpāng(乒乓), pīpíng(批评)
m[m] : mǎimai(买卖), měimào(美貌)

(2) 순치음

순치음은 아랫입술이 윗니에 살짝 붙었다가 떨어지면서 나는 마찰음이다. 표준중국어에서 순치음에는 "f[f]"가 있다. 한국어에 없는 발음이어서 특히 조심해야 한다. 발음할 때 유의할 점은 아랫입술이 안으로 말려들어가거나 윗니로 아랫입술을 깨물듯이 발음하면 안 된다. 윗니가 아랫입술 안쪽 부분에 살짝 닿으면서 마찰을 일으키는데 이때 너무 오래 발음하지 않도록 해야 한다.

f[f] : fēifán(非凡), fǎnfù(反复)

(3) 설첨중음

설첨중음은 혀끝이 윗니의 잇몸부위와 닿았다가 떨어지면서 나는 소리이다. 표준중국어에서 설첨중음은 "d[t], t[tʰ], n[n], l[l]"이 있다. 먼저 "d[t], t[tʰ]"는 파열음으로 붙었다가 떨어지는 과정에서 나오는 소리이다. 이 두 음의 차이점은 앞의 쌍순음 "b[p], p[pʰ]"의 경우와 같이 무기음과 유기음의 구분이 있다.

d[t] : diàndēng(电灯), dǎdǎo(打倒)
t[tʰ] : tuántǐ(团体), táotài(淘汰)

n[n]는 비음이므로 구강에서 형성된 기류가 비강으로 나가면서 동시에 성대가 울리면서 나오는 탁음이다.

n[n] : niúnǎi(牛奶), nánǚ(男女)

l[l]는 유음으로 혀끝이 윗니 잇몸 바로 뒷부분의 경구개에 닿고 기류

가 혀의 양 옆을 지나는 동시에 성대가 울리면서 나오는 마찰음이다.

l[l] : liáoliàng(嘹亮), liúlǎn(浏览)

(4) 설근음

설근음은 혀 전체가 뒤로 몰리면서 혀뿌리 부위가 연구개에 닿았다가 떨어지면서 나는 음과 두 조음부분에 마찰을 일으키면서 나는 발음이다. 이때 조심해야 할 점은 우리말의 "ㄱ, ㅋ, ㅎ"과 비슷한 발음이라고 생각하여 같은 소리로 발음하면 안 된다. 우리말은 조음 부위가 비교적 앞쪽이면서 성대가 울리는 탁음이다. 그러나 중국어의 설근음은 조음 부위가 더 뒤쪽이면서 성대가 울리지 않는 청음이다. 물론 너무 연구개 뒤쪽에서 소리 내지 않도록 조심해야 한다. "g[k]"와 "k[k^h]"는 무기음과 유기음의 구분이 있다. 이 두 발음은 혀뿌리 부위가 연구개에 닿았다가 떨어지면서 나는 파열음이다. 그러나 "h[x]"는 혀뿌리 부위와 연구개 사이가 좁혀지면서 이 사이를 기류가 비집고 나오면서 소리가 나는 마찰음이다. 이 발음은 앞의 두 발음처럼 혀뿌리 부위를 연구개에 닿았다가 떨어뜨리면서 발음하면 안 된다. 따라서 조음의 위치는 같지만 이 두 계열의 발음을 확실히 구분하여 발음 연습을 해야 한다.

g[k] : gāoguì(高贵), gǎigé(改革)
k[k^h] : kèkǔ(刻苦), kuānkuò(宽阔)
h[x] : hǎohàn(好汉), huīhuáng(辉煌)

(5) 설면음

설면음은 혀의 중간부분이 경구개와 연구개가 만나는 지점에 닿았다가 떨어지면서 기류가 마찰을 일으키는 음과 두 조음부분에 마찰만을 일으키면서 나는 발음이다. "j[tɕ]"와 "q[tɕʰ]"는 혀의 중간부분이 경구개와 연구개가 만나는 지점에 닿았다가 떨어지면서 나는 파찰음이다. 이 두 발음은 무기음과 유기음의 차이가 난다. "x[ɕ]"는 혀의 중간부분이 경구개와 연구개가 만나는 지점에 가까워지고 이 사이를 기류가 지나가면서 마찰하여 나는 발음이다.

j[tɕ] : jiějué(解决), jīngjì(经济)
q[tɕʰ] : qīnqiè(亲切), qǐngqiú(请求)
x[ɕ] : xuéxí(学习), xíngxiàng(形象)

(6) 설첨전음

설첨전음은 혀끝이 윗잇몸에 닿았다가 떨어지면서 나는 파찰음과 혀의 끝부분이 윗잇몸과 가까워지면서 나는 마찰음이 있다. "z[ts]"와 "c[tsʰ]"는 혀끝이 윗잇몸에 닿았다가 떨어지면서 나는 파찰음이다. 이 두 발음은 무기음과 유기음의 차이가 난다. "s[s]"는 혀끝이 윗잇몸에 닿지 않고 서로 가까워지면서 기류가 이 사이를 지나는 마찰에 의해 소리가 나는 발음이다.

z[ts] : zìzūn(自尊), zuìzé(罪责)
c[tsʰ] : cāicè(猜测), céngcì(层次)
s[s] : sīsuǒ(思索), suǒsuì(琐碎)

(7) 설첨후음

설첨후음은 혀끝이 경구개에 닿았다가 떨어지면서 나는 파찰음과 혀의 끝부분이 경구개에 가까워지면서 나는 마찰음이 있다. "zh[tʂ]"와 "ch[tʂ^h]"는 혀끝이 경구개에 닿았다가 떨어지면서 나는 파찰음이다. 이 두 발음은 무기음과 유기음의 차이가 난다. "sh[ʂ]"와 "r[ɹ]"는 혀끝이 경구개에 닿지 않고 서로 가까워지면서 기류가 이 사이를 비집고 지나가면서 나는 마찰음이다. 이 두 발음은 청음과 탁음의 차이가 난다.

zh[tʂ] : zhǔzhāng(主张), zhēnzhèng(真正)
ch[tʂ^h] : chángchéng(长城), chūchǎn(出产)
sh[ʂ] : shìshí(事实), shānshuǐ(山水)
r[ɹ] : réngrán(仍然), ruǎnruò(软弱)

4.3. 조음 방법에 따른 분류

(1) 파열음(塞音)

파열음은 구강 내에서 기류가 막혔다가 터지면서 나는 발음이다. 표준중국어의 파열음 성모는 총 6개로 "b[p], d[t], g[k], p[p^h], t[t^h], k[k^h]"이다. "b[p], d[t], g[k]"는 구강 내부에서 파열하여 나는 무기음이고, "p[p^h], t[t^h], k[k^h]"는 구강 외부로 파열하여 나는 유기음이다.

(2) 파찰음(塞擦音)

파찰음은 파열음과 마찰음의 두 가지 성질을 다 가지는 발음으로 먼저 구강 내에서 기류가 막혔다가 터질 때 마찰하여 나는 발음이다. 표준중국어의 파찰음 성모는 총 6개로 "j[tɕ], z[ts], zh[tʂ], q[tɕʰ], c[tsʰ], ch[tʂʰ]"이다. "j[tɕ], z[ts], zh[tʂ]"는 무기음이고, "q[tɕʰ], c[tsʰ], ch[tʂʰ]"는 유기음이다.

(3) 마찰음(擦音)

마찰음은 기류가 구강 내에 형성된 좁은 구멍을 빠져나오면서 생기는 마찰하여 나는 발음이다. 표준중국어의 마찰음 성모는 총 6개로 "f[f], h[x], x[ɕ], s[s], sh[ʂ], r[ɹ]"이다. 이 가운데 "r[ɹ]"는 성대가 울리는 탁음이고 나머지는 성대가 울리지 않는 청음이다.

(4) 비음(鼻音)

비음은 구강에서 형성된 기류가 비강을 통해서 나오면서 성대가 울리는 탁음이다. 표준중국어의 비음 성모는 총 2개로 "m[m], n[n]"이다.

(5) 유음(流音)

유음은 구강에서 형성된 기류가 경구개와 닿아 있는 혀의 양 옆으로 새어나오면서 성대가 울리는 탁음이다. 표준중국어의 유음 성모에는 "l[l]"가 있다.

5. 중국어의 운모체계

중국어의 운모는 주로 모음으로 이루어져 있으나 모음과 자음이 합해져서 만들어진 것도 있다. 중국어에는 총 39개의 운모가 있다.

① 단운모 (单韵母) : 운모가 하나로 이루어진 것

- 제치음 (齐齿音) : 이를 가지런히 모아서 내는 소리 (i)
- 합구음 (合口音) : 입을 둥글게 모아서 내는 소리 (u)
- 촬구음 (撮口音) : 입술을 오므리고 내는 소리 (ü)
- 개구음 (开口音) : 입을 열어서 내는 소리 (a, o, e, ê)

② 복운모 (复韵母) : 두 개의 단운모가 결합되어 이루어진 것 (ai, ei, ao, ou)

③ 부성운모 (附声韵母) : 비음 "n, ng" 등이 결합한 운모 (an, en, ang, eng)

④ 권설운모 (卷舌韵母) : 혀끝이 연구개로 향하며 소리 나는 운모 (er)

⑤ 결합운모 (结合韵母) : 단운모, 복운모, 부성운모 앞에 "i, u, ü" 중 하나가 더해진 운모

- "i"와 결합한 제치음류(齐齿音类) :
  ya(-ia), ye(-ie), yao(-iao), you(-iu), yan(-ian), yin(-in), yang(-iang), ying(-ing)

- "u"와 결합한 합구음류(合口音类) :
  wa(-ua), wo(-uo), wai(-uai), wei(-ui), wan(-uan), wen(-un), wang(-uang), weng(-ong)

• "ü"와 결합한 촬구음류(撮口音类) :

yue(-ue), yuan(-uan), yun(-un), yong(-iong)

표준중국어 운모표

구조	개구호	제치호	합구호	촬구호	특징
단운모	-i[ɿ][ʅ]	i[i]	u[u]	ü[y]	운미가 없음
	a[ɑ]	ia[iɑ]	ua[uɑ]		
	o[o]		uo[uo]		
	e[ɤ]				
	ê[ɛ]	ie[iɛ]		üe[yɛ]	
권설운모	er[ɚ]				
복운모	ai[ai]		uai[uai]		모음운미
	ei[ei]		uei[uei]		
	ao[ɑu]	iao[iɑu]			
	ou[ou]	iou[iou]			
부성운모	an[an]	ian[iɛn]	uan[uan]	üan[yɛn]	비음운미
	en[ən]	in[in]	uen[uən]	ün[yn]	
	ang[ɑŋ]	iang[iɑŋ]	uang[uɑŋ]		
	eng[əŋ]	ing[iŋ]	ueng[uəŋ]		
	ong[uŋ]	iong[yŋ]			

• 단모음 - a, e, i, o, u, ü

- 여기에서 주의할 단모음은 "o"와 "ü"이다. 특히 조심해야 할 발음은 "o"이다. 이 발음은 영어의 "o"나 우리말의 "오"처럼 발음되지 않고 다양한 발음으로 표현된다. "o"는 순음성모인 "b, p, m, f"와 결합하면 마치 "[ɔ]"에 가까운 발음이 나온다. 또 비음운미인 "-ng[ŋ]"과 결합하면 "[u]"에 가까운 발음이 된다. 따라서 이 발음은 단운모 외에 복운모와 부성운모에서 어떻게 변화하는지 유념하여 발음 연습을 해야 한다.

- 이중모음 ① 개음(i, u, ü) + 주요모음
  ② 주요모음 + 운미(i, u, o)

- 주의할 이중모음은 "ou"이다. 이 발음은 듣기에 따라서 "오우"나 "어우"로 갈라진다. 그러나 정확한 발음은 이 두 발음 어느 한 쪽에도 치우치지 않고 이 두 발음 사이에 있기 때문에 학습자들이 정확하게 발음하기 어렵다.

- 삼중모음 - 개음 + 주요모음 + 모음운미
  총 4개의 예가 있음 : iou(iu), uei(ui), iao, uai

- 주의할 삼중모음은 "iu"와 "ui"이다. 정확한 발음은 "iou"와 "uei"인데, 한어병음에서 "iu"와 "ui"로 표기하기 때문에 이러한 발음 기호의 영향을 받아 중간에 생략된 "o"와 "e" 발음이 탈락되는 경우가 많다. 성조의 영향으로 1성과 2성에서는 이들 발음이 약화되기는 하지만 항상 원래 발음이 "iou"와 "uei"라는 점을 알고 있어야 한다.

6. 중국어의 성조체계

6.1. 성조의 명칭과 발성

① 제 1성 : 높은 음을 변화 없이 길게 끌어 읽는다.
예) 妈 mā, 修 xiū

1성은 높이를 잡는 것이 중요하다. 그런데 높이가 사람마다 달라지면 연습하기 어렵기 때문에 정확한 높이를 잡아주어야 한다. 보통 동요에서 "산토끼 토끼야 어디를 가느냐" 구절을 부른 후 산토끼의 "산" 높이로 잡으면 무난하다.

② 제 2성 : 중간 음에서 높은 음으로 끌어 올려 읽는다.

예) 麻 má, 回 huí

한국 사람들이 가장 어려워하는 성조이다. 그만큼 중음에서 고음으로 올리지 못하고 3성처럼 발음하는 경우가 많다. 이 부분을 학습자에게 가르칠 때 다음과 같은 방법을 활용할 수 있겠다. 일반적으로 우리가 한국어로 대화할 때를 떠올려 보자. 상대방이 나의 행동을 이해하지 못하면 우리들은 상대방에게 "왜"라고 묻는 경우가 있다. "왜 이게 어때서?", "왜 이게 무슨 문제지?"라고 말할 때 "왜"를 우리는 마치 2성과 비슷하게 발음하기도 한다. 이런 느낌을 살려서 중국어의 2성을 이해한다면 쉽게 따라할 수 있다.

③ 제 3성 : 중저음에서 낮은 음으로 내려갔다가 중간 높은 음으로 끌어올려 읽는다.

예) 马 mǎ, 角 jiǎo

3성은 단독으로 연습할 때는 큰 문제가 없는 경우가 많다. 주로 다른 성조와 조합되어 반3성이나 2성으로 변하는 부분을 각 상황별로 따로 연습하는 것이 더 중요하다.

④ 제 4성 : 높은 음에서 낮은 음으로 내리꽂듯 읽는다.

예) 骂 mà, 快 kuài

학습자들은 4성의 발음처럼 높은 곳에서 순간적으로 낮은 음으로 떨어뜨리는 데 익숙하지 않다. 우리들이 어디에 갑자기 부딪치면 순간적으로 "아!" 하고 소리치는 경우가 있다. 물론 사람에 따라 "아야!"라고도 하겠지만 학습자에게 이런 실제 생활과 관련 있는 상황을 상기시켜 연습할 수도 있겠다.

6.2. 성조의 표기 위치

① 성조는 기본적으로 운모 "a, e, o, i, u" 위에 붙는다.
② 운모가 여럿인 경우 "a, e〉o〉i, u" 순으로 표기한다.
③ "i"와 "u"가 함께 있는 경우 "iú, uǐ"와 같이 뒤에 표기한다.
④ "i"에 성조를 표기하는 경우 "ī, ǐ"와 같이 "i"의 윗점을 없애고 그 위에 표기한다.

6.3. 경성

본래의 성조를 잃고 짧고 약하게 발음되는 음절이며 일반적으로 성조를 표시하지 않는다.

① 동음이 중첩될 때 : gēge (哥哥) kànkan (看看)
② 뜻이 같거나 반대되는 두 글자가 한 단어를 이루는 경우 : dàolu (道路) mǎimai (买卖)
③ 접미사 : shítou (石头) yǐzi(椅子)
④ 조사 : láile (来了) hǎoba(好吧)
⑤ 방향보어 : huílai (回来) xiàqu (下去)
⑥ 일부 방위사 : dōngbian (东边) jiāli (家里)

6.4. 성조 변화

① 3성 + 3성 = 2성 + 3성 : hěn hǎo(很好)
② 3성 + 1, 2, 4, 경성 = 반3성 + 1, 2, 4, 경성 : wǒ lái(我来)
③ 一 yī + 1, 2, 3성 = 一 yì4성으로 변화 : yìpíng(一瓶)
④ 一 yī + 4성 = 一 yí2성으로 변화 : yíjiàn(一件)
⑤ 七 qī, 八 bā + 4성 = 七 qí/ 八 bá 2성으로 변화 : qíge (七个)
⑥ 不 bù + 4성 = 不 bú 2성으로 변화 : bú yào(不要)

7. 발음 교육 방법

발음 교육에는 전통적으로 두 가지 서로 다른 교육 방안이 있다. 하나는 음소(音素) 교육으로 성모, 운모, 성조를 따로 떼어서 정확한 발음을 연습한 후 다시 병음(拼音)하여 발음 연습을 하는 방법이다. 다른 하나는 어류(语流) 교육으로 문장을 공부하면서 발음을 익히는 방법이다. 어떤 방법이 더 효과적인가는 논쟁의 여지가 있다. 그러나 결국 추구하고자 하는 목적은 정확한 발음을 위한 교육이다. 본인은 이 두 교육 방안을 서로 절충하는 안이 바람직하다고 본다. 먼저 음소 교육을 최대한 단기간에 끝내고, 어류 교육으로 들어가서 다시 문장 안에서 음소 교육을 실시하는 방법이다. 이렇게 되면 음소의 정확성에 소홀해질 수 있으나 학생들이 지루해 하지 않게 된다. 또 발음을 비교적 빨리 배우는 학생과 조금 더딘 학생을 문장 안에서 음소 교육을 다시 실시하면 발음이 빠른 학생은 문장에 더 비중을 두고 발음교육을 실시할 수 있다. 반면 발음이 더딘 학생은 발음에 더 비중을 둘 수 있는 여러 장점이 있다.

발음 교육을 진행하면서 사용할 수 있는 몇 가지 교육 방법을 예로 든다면 다음과 같다.

(1) 선택과 집중

정확한 발음 방법을 알려준 후 일반적으로 한국 학생들이 발음하기 쉬운 부분보다 발음하기 어려운 부분을 중점적으로 강조하여 반복 학습하도록 한다.

중국어의 발음에서 학생들이 어려워하는 부분을 알고 이를 중점적으로 교육하는 방법이 효율적인데, 중국어의 발음에서 학생들이 어려워하는 부분은 다음과 같다.

① 성모에서 "zh, ch, sh"와 "z, c, s"의 구분, "l"과 "r"의 구분

"zh, ch, sh"와 "z, c, s"이 두 계열이 어려워서 너무 강조하다 보면 그 전에 쉽게 잘했던 "j, q, x"를 "z, c, s"에 가깝게 발음해버리기도 한다.

② 운모에서 "o"와 "ü"

이들 발음은 단운모에서는 잘 하더라도 복운모와 부성운모에서는 제대로 발음하지 못하는 경우가 많다.

③ 성조에서 2성과 4성

1성과 3성은 단독으로 연습할 때 어려워하는 학습자가 많지 않으나 2성을 연습하면서 2성과 3성을 구분하기 어렵게 발음하거나 4성이 완전하게 표현되지 않는 학습자들이 많다.

④ 성조에서 3성의 변화와 반3성

3성은 단독으로 발음할 때 "2-1-4"의 높낮이 변화를 잘 발음하지만 단어나 문장에서 조합되면 3성은 거의 반3성으로 발음되는 경우가 많다. 이러한 반3성을 문장 안에서 제대로 발음하지 않으면 외국인이 중국어를 말하는 특유의 어색한 발음이 된다.

(2) 단순과 복잡

단독발음과 종합발음을 결합하여 단기 집중 훈련과 장기 심화 교육을 혼합하여 구성해야 한다. 따라서 음소의 단독 발음과 단어 또는 문장에서의 종합적인 발음을 같이 병행하여 훈련해야 한다. 그리고 발음 교육은 단기간 집중적으로 훈련한 후 다시 장기간의 교정을 거쳐 정확한 발음이 되도록 구성을 짜야 한다.

(3) 조합된 성조 교육

먼저 단음절에 대한 성조 교육을 한 후 2음절의 성조를 익히는 것이 중요하다. 2음절의 각 성조 사이의 조합된 예들을 경성과 변조에 유의하며 학습하도록 한다. 이후 더 많이 조합된 음절을 연습한 후 문장으로 넘어가야 한다.

1+1	咖啡	1+2	帮忙	1+3	东北	1+4	衣物	1+0	哥哥
2+1	南方	2+2	楼房	2+3	结果	2+4	红豆	2+0	来吧
3+1	北方	3+2	本来	3+3	语法	3+4	有趣	3+0	好吧
4+1	办公	4+2	大侠	4+3	汉语	4+4	太大	4+0	妹妹

(4) 사자성어를 활용하여 성모, 운모의 조합 및 성조의 변화를 익힐 수 있다.

安全可靠　山穷水尽　温柔美丽　山明水秀　英雄好汉　非常感谢
番茄炒蛋　袖手旁观　痛改前非　刻骨铭心　笑里藏刀　覆水难收
班门弄斧　别有天地　天长地久　千言万语　神通广大　美中不足
倾盆大雨　罪有应得

(5) 속담, 격언 등과 같은 관용구도 발음과 성조를 연습하는 데 좋은 재료이다.

一寸光阴一寸金, 寸金难买寸光阴
冬吃萝卜夏吃姜, 不劳医生开药方
人逢喜事精神爽, 月到中秋分外明
白酒红人面, 黄金黑人心

(6) 모국어와 비슷한 발음은 서로 비교하여 다른 점을 인식시키도록 한다.

(7) 이론 교육을 기초로 반복적인 모방교육을 실시하며, 테이프 등의 각종 자료를 활용한 반복 학습과 의미가 있는 단어 학습을 병행하여 실시한다.

발음에 대한 기초 이론 교육이 끝난 후 발음 학습 초기에는 교사가 먼저 읽은 후 학생이 따라 읽는 것을 주로 하고, 학생 단독으로 학습하는 기간에는 각종 음성자료를 활용하여 학생 스스로 반복학습을 한다. 학생은 자신의 녹음된 발음을 들어보고 발음 오류를 교정해 나가도록 한다.

(8) 동요와 잰말놀이를 통한 발음교육

동요라고 하면 학생들이 "이 나이에 무슨 동요를 해"라고 생각할지 모르지만 동요는 가사가 단순하고 리듬이 흥겹기 때문에 학생들이 의외로 흥미를 가지고 잘 따라한다. 또 잰말놀이도 발음교육에는 더할 나위 없이 좋은 재료이다. 성모와 운모가 비슷한 말들이 번갈아 나오기도 하고, 또 같은 발음에 성조가 다른 말들이 나오는 등 여러 종류가 있으므로 잘 고른다면 훌륭한 수업재료가 될 수 있다.

鞋子和茄子
一个孩子拿双鞋子, 看见茄子放下鞋子, 捡起茄子忘了鞋子。

稀奇真稀奇
稀奇稀奇真稀奇, 麻雀踩死老母鸡, 蚂蚁身长三尺七, 老头儿七十牙齿才出齐。

男旅客女旅客
男旅客的上衣有纽扣, 女旅客的帽子有小绿球; 男旅客走进了酒楼, 女旅客涌入了人流。

四是四十是十
四是四, 十是十, 十四是十四, 四十是四十, 四不是十, 十不是四, 别把四十当十四, 也别把十四当四十。

(9) 꾸준히 발음을 교정해 주어야 한다.

발음은 초기에 정확하게 바로잡아주지 않으면 오류가 화석화되어 나중에는 고치기 힘들다. 그러므로 학생들이 혼자 학습하는 경우 반드시 테이프 등의 멀티미디어 보조 자료를 활용하여 모방 훈련을 하도록 해야 하며, 꾸준히 발음을 교정해 주어야 한다.

(10) 발음 테이프, 인터넷, CD 등을 활용할 수 있다.

발음교육은 혼자서도 정확한 발음을 듣고 따라할 수 있는 여러 다양한 멀티미디어 교재를 적극 활용할 수 있다.

부록 :

중국어 발음표

운모 \ 성모	b	p	m	f	d	t	n	l	g	k	h
a	ba	pa	ma	fa	da	ta	na	la	ga	ka	ha
o	bo	po	mo	fo							
e			me		de	te	ne	le	ge	ke	he
i	bi	pi	mi		di	ti	ni	li			
u	bu	pu	mu	fu	du	tu	nu	lu	gu	ku	hu
ü							nü	lü			
ai	bai	pai	mai		dai	tai	nai	lai	gai	kai	hai
ei	bei	pei	mei	fei	dei		nei	lei	gei	kei	hei
ao	bao	pao	mao		dao	tao	nao	lao	gao	kao	hao
ou		pou	mou	fou	dou	tou	nou	lou	gou	kou	hou
an	ban	pan	man	fan	dan	tan	nan	lan	gan	kan	han
en	ben	pen	men	fen		ten	nen		gen	ken	hen
ang	bang	pang	mang	fang	dang	tang	nang	lang	gang	kang	hang
eng	beng	peng	meng	feng	deng	teng	neng	leng	geng	keng	heng
ong					dong	tong	nong	long	gong	kong	hong
ia					dia			lia			
iao	biao	piao	miao		diao	tiao	niao	liao			
ie	bie	pie	mie		die	tie	nie	lie			
iou(iu)			miu		diu		niu	liu			
ian	bian	pian	mian		dian	tian	nian	lian			
in	bin	pin	min				nin	lin			
iang							niang	liang			
ing	bing	ping	ming		ding	ting	ning	ling			
iong											
u(ü)e							nüe	lüe			
u(ü)an											
u(ü)n											
ua									gua	kua	hua
uo					duo	tuo	nuo	luo	guo	kuo	huo
uai									guai	kuai	huai
uei(ui)					dui	tui			gui	kui	hui
uan					duan	tuan	nuan	luan	guan	kuan	huan
uen(un)					dun	tun	nun	lun	gun	kun	hun
uang									gunag	kuang	huang

성모 / 운모	j	q	x	z	c	s	zh	ch	sh	r	y	w
a				za	ca	sa	zha	cha	sha		ya	wa
o											yo	wo
e				ze	ce	se	zhe	che	she	re	ye	
i	ji	qi	xi	zi	ci	si	zhi	chi	shi	ri	yi	
u				zu	cu	su	zhu	chu	shu	ru		wu
ü	ju	qu	xu								yu	
ai				zai	cai	sai	zhai	chai	shai			wai
ei				zei			zhei		shei			wei
ao				zao	cao	sao	zhao	chao	shao	rao	yao	
ou				zou	cou	sou	zhou	chou	shou	rou	you	
an				zan	can	san	zhan	chan	shan	ran	yan	wan
en				zen	cen	sen	zhen	chen	shen	ren		wen
ang				zang	cang	sang	zhang	chang	shang	rang	yang	wang
eng				zeng	ceng	seng	zheng	cheng	sheng	reng		weng
ong				zong	cong	song	zhong	chong		rong	yong	
ia	jia	qia	xia									
iao	jiao	qiao	xiao									
ie	jie	qie	xie									
iou(iu)	jiu	qiu	xiu									
ian	jian	qian	xian									
in	jin	qin	xin								yin	
iang	jiang	qiang	xiang									
ing	jing	qing	xing								ying	
iong	jiong	qiong	xiong									
u(ü)e	jue	que	xue								yue	
u(ü)an	juan	quan	xuan								yuan	
u(ü)n	jun	qun	xun								yun	
ua							zhua	chua	shua	rua		
uo				zuo	cuo	suo	zhuo	chuo	shuo	ruo		
uai							zhuai	chuai	shuai			
uei(ui)				zui	cui	sui	zhui	chui	shui	rui		
uan				zuan	cuan	suan	zhuan	chuan	shuan	ruan		
uen(un)				zun	cun	sun	zhun	chun	shun	run		
uang							zhuang	chuang	shuang			

제3장 중국어 어휘 교육

1. 중국어의 어휘에 관련된 이야기

(1) 내 아내는 노파(老婆)

중국에서 아내를 부르는 호칭은 정말 다양하다. "媳妇, 夫人, 妻子, 內人, 老婆, 爱人" 등등. 이 가운데 가장 통속적인 말은 "老婆"인데, 아내를 이처럼 부르는 데는 다음과 같은 전설이 있다.

맥애신(麦爱新)이란 사람이 자신의 아내가 늙고, 볼품이 없어지자, 첩을 들일 생각에 다음과 같은 대련의 첫 구절을 적었다.

荷败莲残，落叶归根成老藕。

그러자 아내는 곧 아래와 같이 다음 구절을 적었다.

禾黄稻熟，吹糠见米现新粮。

이 대련을 자세히 보면 정말 교묘하게 대구를 이루고 있다. 먼저 첫 글자 "荷"와 "禾"의 발음이 같다. 그리고 마지막 구절의 "老藕"는 "오래 묵은 연"이라는 뜻인데, 이 연(藕)은 예로부터 연인들을 가리키는 말로 많이 쓰였다. 연은 부러져도 줄기 속의 심은 끊어지지 않는 것을 보고, 떨어지지 않는 연인 사이를 비유하여 표현했다. 또한 "藕"는

"偶"와 발음이 같아 "老藕"는 "老偶"의 뜻이 담겨 있다. 이와 대구를 이루는 "新粮" 또한 이와 같은 구조로 되어 있다. "老"와 "新"이 대구를 이루고, 의미상 첫 구절은 연꽃에서 연으로 변해 가고 이는 곧 배우자를 의미하는데, 다음 구절도 벼에서 양식으로 변하고 이는 곧 아내를 의미한다. 즉, "藕"처럼 "粮"도 "娘"과 발음이 비슷하기 때문에 "新粮"은 "新娘"의 뜻을 담고 있다.

아내의 글을 본 맥아신은 "정말 절묘한 구절이구나!"라며 첩을 들이려는 자신의 생각을 후회했다. 그런 모습을 본 아내가 이번엔 먼저 다음과 같은 첫 구절을 썼다.

老公十分公道。

그러자 맥아신도 아래와 같이 다음 구절을 썼다.

老婆一片婆心。

이 대구도 교묘하게 첫 구절은 "老公"의 "公"자가 다시 첫 단어로 "公道"에 쓰였고, 다음 구절은 "老婆"의 "婆"자가 다시 첫 단어로 "婆心"에 쓰이면서 의미도 서로 대구가 된다.

이로부터 "老婆"는 아내와 백년해로하겠다는 뜻으로 아내라는 말로 쓰이게 되었다. 우리말로는 "늙은이"라는 뜻의 "노파(老婆)"가 중국에선 아내라는 뜻으로 쓰이고 있는 것이다.

(2) 인색(吝嗇)한 두 사람

우리 한자어에서 "인색(吝嗇)하다"는 구두쇠라는 뜻이다. 이 단어의 어원을 찾아 보면 예전에 인(吝) 선생과 색(嗇) 선생이라는 사람이 있었다고 한다. 둘 다 당시 지독한 구두쇠로 소문이 났는데 어느 날 우연히 만나 서로 이야기하다 보니 서로 말이 잘 통하여 집으로 가는 길에 동행하며 즐겁게 이야기했다고 한다. 헤어지면서 서로 아쉬워 추석에 서로 만났던 곳에서 인 선생은 술을 준비하고, 색 선생은 안주를 준비하여 술 한 잔 마시면서 달구경도 하자고 약속했다. 그런데 약속한 추석이 되자 구두쇠로 유명한 두 사람은 약속이나 한 듯 둘 다 빈손으로 나타났다. 서로 빈손인 것을 확인하고 둘은 깜짝 놀랐다. 이내 술을 준비하기로 한 인 선생이 두 손으로 동그란 잔 모양을 만들면서 말을 꺼냈다.

月光如水, 水如清酒。 请啬先生开怀畅饮。

그러자 색 선생도 이에 질세라 두 손가락을 젓가락처럼 펼치면서 대답했다.

池中游鱼, 鱼便是菜。 请吝先生大饱口福。

그러자 서로 "술 좋다", "산해진미가 따로 없다"라며 허공에 손가락질을 하며 마시고 먹는 시늉을 했다고 한다. 지나가는 사람이 이 둘을 알아보고 다음과 같은 말을 남겼다.

今天二位仁兄佳节聚宴, 喝的是吝啬酒, 吃的是吝啬菜, 活着是吝啬人, 死了是吝啬鬼, 吝啬相伴, 永不分离。

이때부터 구두쇠라는 뜻의 "吝啬"가 서로 영원히 떨어지지 않고 같이 붙어 쓰게 되었다고 한다.

2. 중국어의 기본 어휘 수

중국어의 어휘교육에서 먼저 기본 어휘가 단계별로 어떻게 구성되어 있는지 이해해야 한다. 7차 교육과정에서의 기본 어휘 수는 400낱말 내외로 규정하고 어휘표에 496개의 어휘를 제시하고 있다.

현재 2010년부터 개정된 신 HSK에서 제시하고 있는 어휘 수는 다음과 같다.[5)]

등급	어휘량	누적 어휘량	기존 HSK	기존 HSK 어휘량
신 HSK 2급	300	300	입문	
신 HSK 3급	600	900	입문	
신 HSK 4급	200	1100	기초	3000
신 HSK 5급	900	2000	초중등	5000
신 HSK 6급	3000	5000	고등	8000

현재 바뀐 HSK에서는 기존의 HSK보다 어휘량이 감소하였다. 이는 회화 시험을 따로 신설하는 등 말하기를 강조하는 추세임을 뜻하는 것이다.

그렇다면 중국어를 모국어로 사용하는 중국인들은 얼마나 많은 어휘를 알고 있을까? 중국에서는 현대중국어의 어휘를 3단계로 나누고 있다. 가장 첫 단계는 상용어휘로 3,000개가 지정되어 있다. 이 상용어휘는 현재 중국에서 사용되고 있는 어휘의 약 86%에 해당된다고 한다. 두 번째 단계는 기초어휘로 5,000개가 지정되어 있다. 이는 상용어휘 3,000개에 차상용어휘 2,000개를 더한 것으로 현재 중국에서 사용

5) HSK 한국 사무국 홈페이지 참조.

되고 있는 어휘의 약 91%에 해당된다고 한다. 세 번째 단계는 8,000개로 상용어휘 3,000개에 차상용어휘 2,000개 그리고 통용어휘 3,000개를 더한 것이다. 여기까지 알면 일반 출판물의 95%를 읽을 수 있다고 한다. 이는 기존 HSK의 고등 수준에서 요구하고 있는 어휘 수이다.

3. 중국어 어휘 교육을 위한 기본 이론

3.1. 중국어 어휘의 구조

(1) 형태소(语素)

발음의 구조를 이해하기 위해 음절이라는 용어가 쓰였다. 단어나 어휘의 구조를 이해하기 위해서는 형태소라는 용어를 알아야 한다. 형태소란 발음과 의미가 결합된 가장 작은 단위이다. 일반적으로 중국어에서는 하나의 음절이 하나의 형태소라고 생각하면 된다. 그러나 예외에 해당하는 예들을 알아두어야 한다. 연면어, 외래어는 두 개 이상의 음절이 하나의 형태소인 다음절 형태소이다. 또 "画儿" 같이 접미사로 "儿"이 붙은 단어는 두 개의 형태소이나 음절은 한 개다. 그리고 단어는 이와 같은 형태소가 결합된 것을 말하며, 어휘란 단어, 속어, 관용어, 헐후어 등을 포함한 말이다.

다음 문장을 보자.

李白是中国古代著名的诗人。 (이백은 중국 고대의 유명한 시인이다.)

이 문장은 형태소가 10개이다.

李白 是 中国 古 代 著 名 的 诗 人

이를 다시 단어로 나눈다면 7개가 된다.

李白 是 中国 古代 著名 的 诗人

(2) 단순어

단어는 단순어와 합성어로 나눌 수 있다. 단순어는 하나의 형태소로 이루어진 단어를 말하는데, 여기에는 1음절 단순어와 다음절 단순어가 있다. 1음절 단순어는 "山, 水, 八, 人, 那, 和, 的, 做, 美, 吗" 등과 같이 하나의 음절이 하나의 형태소인 단어를 말하며 중국어 대부분의 단순어는 여기에 속한다. 다음절 단순어는 2음절 혹은 그 이상의 음절이 하나의 의미를 전달하며, 각 음절은 단독으로 뜻을 전달하지 못하는 단순어를 말한다. 여기에는 연면어, 음역어, 첩음어, 의성사 등이 있다.

① 연면어(连绵词) : 연면어란 고대 중국어에서부터 이어 내려온 2음절 단순어를 말한다. 두 음절의 특징에 따라 다음 세 종류가 있다.

㉠ 쌍성(双声)연면어 :

蜘蛛 秋千 琉璃 吩咐 忐忑 仿佛 淋漓 惆怅 伶俐 恍惚 玲珑 鸳鸯 仓猝

㉡ 첩운(叠韵)연면어 :

骆驼 啰嗦 糊涂 玫瑰 徘徊 唠叨 腼腆 从容 蟑螂 叮咛 汹涌 烂漫 逍遥 霹雳

㉢ 기타 연면어 :

马虎 窟窿 芙蓉 蝴蝶 蝙蝠 垃圾 疙瘩 憔悴

이들은 분야별로 다양하게 분포되어 있다. 가장 대표적인 식물과 동물만 봐도 아래와 같은 연면어들이 상당수 차지하고 있다.

【植物类】 蘑菇 茉莉 芙蓉 枇杷 橄榄 葡萄 石榴 柠檬
蔷薇 玫瑰 咖啡 枸杞 牡丹
【动物类】 蝌蚪 蚂蚁 蟋蟀 鹦鹉 蜘蛛 鸳鸯 骆驼 貔貅
杜鹃 蜻蜓 蟑螂 蛤蟆 凤凰 麒麟 蝴蝶 狐狸
蝙蝠 螳螂 蚯蚓 熊猫 猩猩 孔雀

② 음역어 : 음역어란 외래어를 원래의 발음과 유사한 글자로 조합한 단어이다. 가장 대표적인 예로
코카콜라-可口可乐, 커피-咖啡, 소파-沙发, KFC-肯德基,
스타벅스-星巴克, 샌드위치-三明治 등이 있다.

③ 첩음어 : 첩음어란 같은 음절을 중첩하여 만든 단어이다.
惺惺 : 총명하다
猩猩 : 오랑우탄
姗姗 : 걸음걸이가 느릿느릿 한가로운 모양
彬彬 : 소박하지도 화려하지도 않은 적절한 모양

④ 의성사(象声词) : 여러 자연의 소리를 표현하는 단어이다.
바람소리 : 呼呼, 萧萧
빗소리 : 滴嗒, 滴沥, 哗啦(哗啦啦)
물소리 : 咕嘟, 滴答, 咕噜
곤충소리 : 唧
사람이 내는 소리 : 噗, 扑哧, 喃喃, 咯咯, 咕嘟, 咕噜, 哈, 呵呵, 嘿嘿
금속소리 : 当, 铛, 丁当(叮当), 丁咚
자동차소리 : 呜, 嗖, 嘟

그 밖의 여러 소리 : 嗵, 丁丁, 嗡, 汪, 扑哧, 咔, 喀哒, 嚓, 哧哧, 叽里咕噜

(3) 합성어

합성어란 두 개 또는 그 이상의 형태소로 이루어진 단어를 말한다. 여기에는 복합어, 중첩어, 파생어가 있다.

① 복합어

복합어는 다시 연합식, 수식식, 주술식, 술목식, 술보식의 구조로 나눌 수 있다.

㉠ 연합식(병렬식) : 앞부분과 뒷부분이 서로 대등한 관계로 이루어져 있다.

- 서로 같거나 비슷한 의미의 결합 :

朋友 声音 沟渠 疾病 房屋 田地 诗词 干净 江湖
智慧 道路 离别 答应 依靠 如同 爱好 伟大 孤独
寒冷 美丽 富裕

- 서로 반대되는 의미의 결합 :

早晚 动静 东西 来往 出入 长短 高低 利害 伸缩
开关 远近 进退 上下 左右 彼此 贫富 多少 大小
买卖 呼吸 生死

- 서로 관련 있는 의미의 결합(이 경우 원래 형태소의 의미와는 다르게 쓰이는 경우가 많다.) :

骨肉 手足 眉目 风雨 口齿 江山 手脚 口舌 心血
皮毛 江湖

- 어느 한 의미가 사라진 구조 :

忘记 国家 人物 窗户 甘苦 好歹 是非

㉡ 수식식 : 앞부분이 뒷부분을 수식하거나 제한하는 구조로 되어 있다.

火车 雪白 皮鞋 山芋 农药 火红 轮船 客机 象牙 鹿茸

牛角 黑板 烤鸭 一面 三角 四方 微笑 热恋 深入 酷热 冰冷

ⓒ 주술식 : 앞부분이 주어 역할을 하고, 뒷부분이 술어의 역할을 하는데, 이 때 앞의 형태소는 대부분 사물이고 뒤의 형태소는 이 사물의 동작, 행위, 성질, 상태를 나타낸다.

海啸 心寒 地震 面熟 年轻 国营 自愿 军用 胆怯

ⓔ 술목식 : 앞부분은 어떤 동작이나 행위를 나타내고, 뒷부분은 앞부분의 동작이나 행위가 지배하거나 관련되는 대상을 나타낸다.

司机 投资 贷款 画画 动脑 冒险 知己 动员 起草
提价 落水 开刀 拉锯 施工 干事 注意 放心 管家

ⓜ 술보식 : 앞부분은 어떤 동작이나 행위를 나타내고, 뒷부분은 동작이나 행위의 결과 또는 방향을 보충 설명한다.

说明 清醒 增加 扩大 推翻 打倒 放大 改正 提高 缩小

② 중첩어

AA형 : 爸爸 妈妈 爷爷 星星 仅仅 常常 刚刚 偏偏 渐渐 明明

AAB형 : 呱呱叫 麻麻亮 娘娘腔 飘飘然 泡泡糖 毛毛雨 团团转

AABB형 : 平平安安 明明白白 清清白白 原原本本 随随便便
拉拉扯扯 昏昏沉沉 清清楚楚 世世代代 简简单单
平平淡淡 浩浩荡荡 地地道道 大大方方 嘻嘻哈哈
吃吃喝喝 前前后后 含含糊糊 家家戶戶 摇摇晃晃

AABC형 : 苦苦哀求 牢牢把握 咄咄逼人 喋喋不休 格格不入
恋恋不舍 闷闷不乐 念念不忘 滔滔不绝 孜孜不倦
鼎鼎大名 哈哈大笑 落落大方

ABB형 : 乐呵呵 乐悠悠 乐滋滋 乐陶陶 乱哄哄 乱蓬蓬
亮晶晶 傻乎乎 光溜溜 光秃秃 光闪闪 兴冲冲
冷冰冰 响当当 喜冲冲 喜洋洋 喜滋滋 喜盈盈
圆滚滚 天苍苍 孤零零 密麻麻 干巴巴 怒冲冲

ABCC형 : 大腹便便 文质彬彬 生气勃勃 兴致勃勃 雄心勃勃
野心勃勃 白发苍苍 死气沉沉 怒气冲冲 衣冠楚楚
来去匆匆 信誓旦旦 大名鼎鼎

ABAC형 : 挨家挨户 百战百胜 百发百中 半工半读 暴饮暴食
本乡本土 不折不扣 不卑不亢 不管不顾 不慌不忙
不骄不躁 不亢不卑 不明不白

③ 파생어

어근과 접사가 결합하여 이루어진 합성어를 말하며 접두사 + 어근, 어근 + 접미사 두 종류로 나눌 수 있다.

㉠ 접두사 + 어근

阿~: 阿姨 阿哥 阿婆　　老~: 老虎 老师 老鼠 老百姓
第~: 第三 第五 第一百零一　　初~: 初一 初二 初五

㉡ 어근 + 접미사

~子 : 骗子 日子 鞋子　　~儿 : 事儿 花儿 盖儿
~头 : 甛头 奔头 苗头　　~者 : 作者 记者 弱者
~家 : 作家 画家 专家　　~化 : 简化 美化 现代化
~性 : 酸性 可能性 科学性

(4) 이합어

합성어 가운데 일부 복합어는 중간에 다른 성분이 들어올 수 있는데 이 같은 특징을 가지는 단어를 이합어라고 부른다.

① 이합어는 다음 3가지 유형이 있다.

㉠ 동사성 형태소 + 명사성 형태소

见面 毕业 旅行 帮忙 聊天 丢脸 请客 吃惊 抽烟 吹牛 报仇 参军 请假 照相 结婚 离婚 录音 睡觉 辞职 道歉 罢工 化装 生气 发火 操心 散步

㉡ 동사성 형태소 + 형용사성 형태소

着凉 保密 发愁 认错 乘凉

㉢ 동사성 형태소 + 동사성 형태소

受骗 受惊 造反 吃亏

② 이합어의 특징

㉠ 着, 了, 过가 들어올 수 있다.

说了话 说着话 说过话 理了发 理着发 理过发
生了气 生着气 生过气

㉡ 시량보어 성분이 들어올 수 있다.

说了半天话 理过三次发

㉢ 관형격 성분이 들어올 수 있다.

说了一些话 生我的气

㉣ 그 밖의 특징 : 복합방향보어가 올 때 목적어 성분의 위치

说起话来 抬起头来 回过头来

3.2. 중국어 어휘의 종류

(1) 성어(成语)

중국 사람들이 오랜 세월 동안 써 오면서 그 형식이 고정화된 말을 성어라고 하는데, 성어는 빼놓을 수 없는 중국 언어의 큰 특징 중 하나이다. 같은 뜻으로 하는 말이라도 성어를 사용하면 더욱 생동감 있으면서 간결하여 뜻이 분명해진다. 성어의 수량은 상당한데, 『중국성어대사전(中国成语大辞典)』(上海辞书出版社 1987년)만 봐도 약 18,000여 개의 성어를 수록하고 있다. 성어의 유래를 살펴보면 대체로 다음 몇 가지로 나눌 수 있다.

① 우언(寓言)이나 신화(神话), 전설(传说)

중국 고대의 전적(典籍)에는 수많은 우언이나 신화, 전설들이 있는데, 이런 이야기에 근거하여 만들어진 성어들이 여기에 속한다. 예들 들면 :

㉠ 狐假虎威 : 『전국책 · 초책(战国策 · 楚策)』에 나오는 우언으로 여우가 호랑이의 위엄을 빌리다. 남의 권세를 빌려 위세 부림을 비유하였다.

어느 날 호랑이한테 잡아먹힐 위기에 처한 여우가 이렇게 말했다. "네가 나를 잡아먹으면 너는 나를 모든 짐승의 우두머리로 정하신 천제의 명을 어기는 것이 되어 천벌을 받게 된다. 만약 내 말을 못 믿겠다면 당장 내 뒤를 따라와 봐. 나를 보고 달아나지 않는 짐승은 단 한 마리도 없을 테니까." 그래서 호랑이는 여우를 따라가 보았더니 과연 여우의 말대로 만나는 짐승마다 놀라 달아나는 것이었습니다. 사실 짐승들을 달아나게 한 것은 여우 뒤에 있는 호랑이였는데도 호랑이 자신은 그걸 전혀 깨닫지 못했다.

ⓛ **愚公移山** :『열자·탕문편(列子·汤问篇)』에 실려 있는 우언으로 우공(愚公)이 산을 옮긴다. 남들은 어리석게 여기나 한 가지 일을 소신 있게 하면 목적을 달성할 수 있음을 비유하였다. 즉 어떤 일이라도 끊임없이 노력하면 반드시 이루어진다는 뜻이다.

먼 옛날 태행산(太行山)과 왕옥산(王玉山) 사이의 좁은 땅에 우공(愚公)이라는 90세 노인이 살고 있었다. 그런데 사방 700리에 높이가 만 길이나 되는 두 개의 큰 산이 집 앞뒤를 가로막고 있어 왕래에 장애가 되었다. 그래서 어느 날 우공은 가족을 모아 놓고 의논을 했다.

"우리 가족이 저 두 산을 깎아 없애고, 예주(豫州)와 한수(汉水) 남쪽까지 곧장 길을 내고 싶은데 너희들 생각은 어떠냐?"

모두 찬성했으나 그의 아내만은 무리라며 반대했다.

"아니, 늙은 당신의 힘으로 어떻게 저 산을 깎아 없앤단 말이에요? 또 파낸 흙은 어디다 버리고요?"

"발해(渤海)에 갖다 버릴 거요."

이튿날 아침부터 우공은 세 아들과 손자들을 데리고 돌을 깨고 흙을 파서 삼태기로 발해까지 갖다 버리기 시작했다. 한 번 갔다 돌아오는데 꼬박 1년이 걸렸다. 어느 날 지수라는 사람이 "죽을 날이 멀지 않은 노인이 정말 망녕"이라며 비웃자 우공은 태연히 말했다.

"내가 죽으면 아들이 하고, 아들은 또 손자를 낳고 손자는 또 …. 이렇게 자자손손 계속하면 우리 가족은 점점 많아지고 저 두 산은 점점 줄어들어 언젠가는 평평해질 날이 오겠지."

두 산을 지키는 사신(蛇神)은 처음에는 별일 아니라고 안심하다가 이 말을 듣고 깜짝 놀랐다. 산이 없어지면 큰일이라고 생각한 사신은 옥황상제에게 호소했다. 그러자 우공의 끈기에 감동한 옥황상제는 역신(力神) 과아의 두 아들에게 명하여 각각 두 산을 업어 태행산은 삭동(朔东) 땅에, 왕옥산은 옹남(雍南) 땅에 옮겨 놓게 했다. 그래서 두 산이 있었던 기주(冀州)와 한수(汉水) 남쪽에는 현재 작은 언덕조차 없다고 한다.

㉢ 守株待兎 : 『한비자 · 오두(韩非子 · 五蠹)』에 나오는 우언으로 그루터기를 지켜 토끼를 기다린다. 즉, 고지식하고 융통성이 없어 구습과 전례만 고집한다는 뜻이다.

송(宋)나라에 어떤 농부가 밭을 갈고 있었다. 갑자기 토끼 한 마리가 뛰어오다가 밭 가운데 있는 그루터기에 부딪쳐 목이 부러져 죽는 것을 보았다. 덕분에 토끼 한 마리를 공짜로 얻은 농부는 농사일보다 토끼를 잡으면 더 수지가 맞겠다고 생각하고는 농사일은 집어치우고 매일 밭두둑에 앉아 그루터기를 지키며 토끼가 오기만 기다렸다. 그러나 토끼는 그곳에 두 번 다시 나타나지 않았으며, 농부는 송나라의 웃음거리가 되었다.

② 역사적인 이야기

아주 유명한 역사적인 사건을 계기로 만들어진 성어가 여기에 속한다.

㉠ **望梅止渴** :『세설신어(世说新语)』에 기록된 일화로 매실의 시디신 것을 상상해 침을 만들어 갈증을 풀다. 연상에 의해 일시적으로 욕망을 억제시킨다는 뜻이다. 위(魏)나라의 조조(曹操) 군대가 행군을 하고 있었다. 때는 한여름이어서 무더운 날씨에 장병들은 몹시 지쳐 있었다. 게다가 갈증으로 목이 타는데 마실 물은 떨어진 지 오래다. 그래도 참고 얼마를 더 행군했지만 그것도 한계가 있었다. 이제는 한 발짝도 나아가지 못할 만큼 전군이 지치고 목말라 했다. 일대의 지리에 밝은 부하에게 물어 봐도 샘은 한참 더 가야 있다고 했다. 조조는 당황하지 않을 수 없었다. 조조는 문득 절묘한 계책을 생각해 내고는 큰 소리로 외쳤다.

"모두들 힘을 내라. 조금만 더 참아라. 여기서 가까운 곳에 매화나무 숲이 있다. 거기엔 가지가 휘도록 매실이 주렁주렁 달려 있다고 한다. 거기 가서 우리 모두 갈증을 풀어 보자."

매실이란 말을 듣자마자 모든 장병들의 입안은 침으로 흥건해졌다. 그 시디신 매실을 연상하고도 침이 나오지 않을 수 없었던 것이다. 이렇게 하여 기운을 되찾은 장병들은 무더위에 땀을 뻘뻘 흘리면서도 진군을 할 수 있었다.

㉡ **四面楚歌** :『사기 · 항우본기(史记 · 项羽本纪)』에 기록된 이야기로, "사면에서 들려오는 초나라 노래"란 뜻이다. 몹시 어려운 일을 당하여 극복할 방법이 전혀 없는 곤경을 말한다.

진(秦)나라를 무너뜨린 항우(项羽)와 유방(刘邦)은 홍구(鸿沟)를 경계로 천하를 양분, 강화하고 5년 간에 걸친 패권 다툼을 멈췄다(B.C. 203). 힘에만 의존하다가 범증(范增) 같은 유일한 모신까지 잃고 밀리기 시작한 항우의 휴전 제의를 유방이 받아들인 것이다.

항우는 곧 초나라의 도읍인 팽성(彭城)을 향해 철군 길에 올랐는데, 서쪽의 한중(汉中)으로 철수하려던 유방은 참모 장량(张良), 진평(阵平)의 진언에 따라 말머리를 돌려 항우를 추격했다.

해하(垓下)에서 한신(韩信)이 지휘하는 한나라 대군에게 겹겹이 포위된 초나라는 사기가 말이 아니었다. 한밤중에 사방에서 초나라 노래 소리가 들려오자 심신이 지칠대로 지친 초나라 군사들은 전의를 잃고 그리운 고향의 노랫소리에 눈물을 흘리며 다투어 도망쳤다. 항복한 초나라 군사들로 하여금 초나라 노래를 부르게 한 장량의 작전이었던 것이다.

항우는 깜짝 놀라 남은 800여 기(骑)를 이끌고 포위망을 탈출하여 혼자 적군 속으로 뛰어들어 수백 명을 벤 뒤 오강(乌江)까지 달려갔다. 그러나 항우는 군대를 다 잃고 혼자 돌아가는 것이 부끄러워 스스로 목을 쳐 자결하고 말았다(B.C. 202). 그 때 그의 나이는 31세였다.

③ 고대 문인들의 작품

중국 고대의 유명한 시가나 문장에서 유래한 성어가 여기에 속한다.

㉠ 温故知新 : 『논어 · 위정편(论语 · 为政篇)』에 나오는 말로 옛 것을 익히고 그것으로 미루어 새 것을 안다는 뜻이다. 원문인 "温故而知新, 可以为师矣。(옛 것을 익히어 새 것을 알면 이로써 남의 스승이 될 수 있느니라)"에서 유래한 성어이다.

㉡ 水落石出 : "물이 빠지고 나니 돌이 드러난다"란 뜻이다. 어떤 사건의 숨겨진 진상이 완전히 드러난다는 의미이다. 이는 송(宋)나라 구양수(欧阳修)의 『취옹정기(醉翁亭记)』에 나오는 말로 원문인 "野芳发而幽香, 佳木秀而繁阴, 风霜高洁, 水落而石出者, 山间之四时也。(들꽃이 피어서 향기가 그윽하고, 좋은 나무가 수려하게 자라 그늘이 무성하고, 바람이 높고 서리는 깨끗하며, 물이 줄어 돌이 드러나는 것이 산속의 사계절이다.)"에서 유래한 성어이다.

중국 성어는 다음과 같은 특징을 가지고 있다.

① 정형화된 형태

중국 성어의 대부분이 4음절 즉, 네 글자로 이루어져 있다.

朝三暮四, 苦尽甘来, 画蛇添足, 井底之蛙

여기에서 뜻이 비슷하다고 하여 어느 한 글자라도 다른 글자로 바꿀 수 없고, 심지어 음절의 순서도 바꿀 수 없다. 즉 "朝三暮四"를 "昼三暮四" 혹은 "朝四暮三" 등으로 바꿀 수 없다. 순서를 바꾸거나 다른 글자를 써서 같은 뜻으로 해석되더라도 전통적으로 전해오는 정해진 글자와 순서대로 써야 한다. 왜냐하면 성어에는 각 글자마다 반드시 그 글자를 써야만 하는 내력이 있기 때문이다.

② 함축된 의미

성어는 글자 자체의 의미가 아닌 다른 의미를 함축하고 있다.
"井底之蛙" 우물 안의 개구리는 견문이 좁은 사람을 이르는 말이고, "天衣无缝" 하늘의 옷은 재봉을 하지 않았다는 어떤 사물이나 사건이 완벽한 것을 이르는 말이다. 그러므로 성어는 글자 그대로의 뜻으로 해석해서는 도저히 이해할 수 없고, 반드시 그 안에 함축된 본래의 뜻을 알고 있어야 한다.

(2) 관용어

관용어는 고정된 형태의 구, 즉 숙어를 가리킨다. 관용어와 성어를 구별하는 특징은 다음과 같다.

① 관용어는 성어와 마찬가지로 고정된 형태를 지니고 있지만 성어보다 자유롭다.
② 음절에서 성어는 4음절이 많지만 관용어는 3음절이 많다.
③ 성어는 서면어에 속하지만 관용어는 구어체에 속한다.

马后炮　走后门　吃鸭蛋　碰钉子　泼冷水
八九不离十　不管三七二十一　生米煮成熟饭

(3) 속어(谚语)

속어는 주로 민간에서 전해 오는 통속적이면서 의미심장한 말이다. 내용적으로는 주로 철학과 도덕을 강조하는 교육적인 색채가 강하다. 형식적으로는 입에서 입으로 전해지기 쉽고 기억하기 쉽도록 어구가 잘 정돈되어 있고, 생동감이 넘친다.

예들 들면 "此地无银三百两"이란 말이 있다. 이는 "뻔한 거짓말을 하다. 숨기려고 노력하지만 오히려 쉽게 들통난다."는 뜻이다. 이 말은 다음과 같은 민간고사에서 유래했다.

옛날에 자신이 무척 똑똑하다고 자부하는 장삼(张三)이라는 사람이

살았다. 장사를 해서 은 300냥을 벌었는데, 집에서 돈을 쌓아 놓고 걱정에 빠졌다. 결국 돈을 집에 보관하는 것이 안심이 안 되어 밤에 뜰에 나가서 은 300냥을 파묻었다. 그래도 안심이 안 되어 그곳에 "此地无银三百两(이곳에는 은 300냥이 없음)"이라고 팻말을 적어 놓았다. 옆집에 살고 있는 왕이(王二)는 장삼이 밤에 돌아다니는 것을 수상하게 여기고 그곳을 가 보았더니 "此地无银三百两"라는 팻말이 있는 것을 보고 땅에 묻힌 은 300냥을 모두 가져왔다. 그런데 집에 와서 곰곰이 생각해 보니 장삼이 가장 먼저 자신을 의심할 것이 겁나서 "隔壁王二不曾偷(옆집 왕이가 훔치지 않았음)"라고 써 붙이고는 안심했다고 한다.

다음은 중국에서 자주 쓰이는 속어들이다.

种瓜得瓜, 种豆得豆　留得青山在, 不怕没柴烧
众人拾柴火焰高　身在曹营心在汉
瘦死的骆驼比马大　只许州官放火不许老百姓点灯
千里送鹅毛, 礼轻意重　情人眼里出西施
跑得了和尚跑不了庙　善有善报, 恶有恶报, 不是不报, 时候未到
鱼找鱼, 虾找虾, 乌龟找王八

(4) 헐후어(歇后语)

헐후어는 "끝 잘린 말"이라고도 한다. 형식은 앞말과 뒷말의 대구를 이루고 있는데, 일반적으로 대화를 하는 과정에서 앞말만 말하고 뒷말은 서로 알기 때문에 말을 하지 않아서 "헐후어"라고 부른다. 숙어의 일종으로 대부분이 해학적이고 형상적인 어구로 구성되어 있어 생동감 있고 재미가 있다. 헐후어는 크게 두 가지로 나눌 수 있다.

첫째는 비유형(比喻类)으로 앞부분이 비유이고 뒷부분은 해석이다. 의미상 답을 알 수 있는 단순한 형태이다.

예를 들면

"关门做皇帝 - 自尊自大(문 닫고 황제 행세 – 저 혼자 잘났다고 한다)"
"老鼠过街 - 人人喊打(쥐가 길을 건너면 – 모두 때리라고 소리친다)"

대체로 앞부분의 말만 보고도 쉽게 뒷말을 유추해 낼 수 있다.

둘째는 해음형(谐音类)으로 발음이 같은 글자를 이용한 형태이다. 이 형태가 고대의 은어처럼 발음이 같아서 다른 의미가 연상되는 "중의(重意)"의 표현법을 응용한 형태이다.

예를 들면, "老九的弟弟(아홉째의 동생)"이라고 한다면 아홉째의 동생은 당연히 열째일 것이다. 이는 중국어로 "老十"인데, "고지식하다"는 말의 "老实"와 발음이 같다. 따라서 하고 싶은 말은 "老实"이다.

"孔夫子搬家(공자가 이사하면)" 공자가 이사한다고 생각해 보자. 이삿짐이 모두 책밖에 없다. 그렇다면 답은 "尽是书(모두 책이다)"이다. 그런데 여기서 책이란 말인 "书"와 지다는 뜻의 "输"가 발음이 같아 결국 표현하고자 하는 본뜻은 "尽是输(어떻게 해도 진다)"라는 말이 된다. 또 예를 들어 보면, "猪鼻子插葱(돼지 코에 파 꼽기)" 돼지 코에 파를 찔러 넣으면 코가 길어진다. 그래서 다음 말은 바로 "装象(코끼리인 체하다)"으로 돼지가 코에 파를 꼽고 코끼리인 체한다는 말이다. 그런데 재미있는 것은 원래는 돼지가 코끼리 흉내를 낸다는 뜻에서 "象"과 "像"은 발음이 같아 서로 통하므로 결국 하고 싶은 말은 "装像" 즉, "비슷하게 꾸미다"라는 말이 된다.

이와 같은 헐후어는 중국어에서 발음의 특징을 이용한 은어의 하나로 두 가지 의의를 가지고 있다. 하나는 표현의 생동감이고, 다른 하나는 표현의 해학성이다.

같은 뜻을 나타내는 성어와 한번 비교해 보자.

성어	헐후어
一目了然	独眼龙看书
解甲归田	乌龟变黄鳝
痴心妄想	癞蛤蟆想吃天鹅肉
不同凡响	神仙放屁

먼저 "一目了然"의 의미는 "한눈에 훤히 알아보다"이다. 여기에서 "一目"는 "한눈"이지 "한 눈(외눈)"이 아니다. 그런데 헐후어에서는 이 둘이 서로 통하는 것에 착안하여 "独眼龙看书"라고 표현했다. 즉, "외눈박이 용이 책을 본다"는 뜻이다. "一目"이니까 "独眼"이라고 한 것은 그렇다 해도 왜 "용이 책을 본다"라고 표현했을까. 용은 영험한 동물이니까 용은 굳이 책을 보지 않아도 알 수 있는 능력이 있지만 굳이 책까지 들여다 봤으니 얼마나 정확하게 알아봤을까? 그래서 "独眼龙看书"라고 해도 "한눈에 훤히 알아보다"라는 뜻을 충분히 유추해 낼 수 있다.

"解甲归田"은 직역하자면 "갑옷을 벗고 전원으로 돌아가다"로 "군복무를 끝내고 고향으로 돌아와 농사 짓다"라는 의미이다. 여기에서 "解甲"는 "갑옷을 벗다"라는 뜻인데 "甲"에 거북이의 등껍데기라는 의미가 있다는 것에 착안하여 헐후어에서는 "乌龟变黄鳝"이라고 표현했다. 즉, "거북이가 드렁허리로 변하다"라는 뜻으로 드렁허리는 장어처럼 생긴 민물고기이다. 거북이가 드렁허리처럼 변했으니 입고 있던 갑옷을 벗어야 할 것 아닌가. 그렇다면 왜 하필 드렁허리일까? 다른 비슷한 놈들도 많을 텐데. 바로 "归田"을 표현하기 위해서이다. 드렁허리는 일반적으로 논과 같은 흙탕물에 살기 때문에 바로 전원이 연상된다.

"痴心妄想"은 허황된 망상을 한다는 뜻이다. "癞蛤蟆想吃天鹅肉"

는 직역하자면 “두꺼비가 백조 고기를 먹고 싶어 하다”이다. 두꺼비가 아무리 날아다니는 놈들을 잡아먹는다 하더라도 백조 고기를 먹고 싶어 하는 것은 그야말로 허황된 망상이다. 그런데 왜 두꺼비이고 백조일까? 이 해답은 “痴心”에 있다. “痴心”은 맹목적인 사랑의 감정을 말한다. 이 표현은 주로 신분이나 주변 환경이 안 좋은 남자가 신분이나 환경이 높은 여자와 혼인하고자 하는 경우에 많이 쓴다. 두꺼비는 볼품없고 못생긴 동물의 대명사이고 백조는 품위 있고 우아한 동물의 대명사이다. 두꺼비 같은 남자가 백조 같은 여자와 결혼하려고 한다. 이렇게 이해한다면 얼마나 의미 있는 비유인지 알 수 있을 것이다.

“不同凡响”은 “실력이 남다르다”라는 뜻이다. 그런데 헐후어에서는 “神仙放屁” 즉, “신선이 방귀를 뀌다”라고 표현했다. 신선이 하는 짓이야 다 남다르겠지만 왜 하필 방귀에 비유했을까? 이는 “凡响”을 표현하기 위해서이다. “凡响”은 “평범한 소리”이다. 그래서 “不同凡响”은 직역하자면 “소리가 남다르다”라는 뜻이다. 신선이 방귀를 뀌면 그 소리는 분명 일반 사람들 소리와는 다를 것이라는 생각이 충분히 생동감 있고 해학적이다.

그 밖의 예 :

飞机上挂水壶 - 高水瓶(高水平)
哑巴吃黄莲 - 有苦说不出
雨后送伞 - 假人情
狗拿耗子 - 多管闲事
狗咬吕洞宾 - 不识好人心
水冲了龙王庙 - 自家人不认识自家人
猪八戒照镜子 - 里外不是人
孙猴子的脸 - 说变就变

3.3. 중국어 어휘의 응용

(1) "三"과 "五"

중국의 신화나 전설에서는 "三"이란 숫자가 자주 등장한다. 얼굴이 셋 달린 신, 다리가 셋인 까마귀, 우(禹)임금이 세 번이나 집 앞을 지나도 들어갈 겨를이 없었다는 등. "五"도 마찬가지이다. 여와가 오색 자갈로 하늘을 메웠다고 하고, "五云乡"이 있고, "五云车"도 있다. 그래서 중국 사람들은 "三"과 "五"라는 숫자가 신비감을 준다고 생각했으며, 이는 실제 생활에도 이어져 어떤 일에도 이들 숫자와 연관시켰다. 맹모삼천지교(孟母三迁之教), 술을 권할 때도 세 번, "三香(梅花, 水仙, 兰)", 독서에서 "三到(眼到, 手到, 心到)", 여러 번 생각하라는 말의 "三思" 등이 있다.

(2) 숙어의 응용

성어나 속어 등과 같은 숙어를 응용하면 전달하고자 하는 의미가 더욱 분명하고 문장이 간결해지며 살아 숨 쉬는 듯 생동감 있게 된다.

예를 들어 "너 그런 식으로 하면 일만 많아지고 얻는 건 별로 없어." 라는 말을 하기 위해 "你这样做, 只能工作很繁忙, 其收获不多。"라고 할 것 없이 "你这样做, 事倍功半。"이라고 하면 된다.

또 숙어를 사용하면 문장이 단조롭지 않고, 재미있게 변한다.

예를 들어 어떤 사람이 "그거 별거 아냐. 난 1시간이면 다 할 수 있어."라고 허풍을 떨면 "别说大话(큰소리치지 마)"라고 하는 것보다 "吹牛(허풍떨고 있네)"라고 말하는 게 더 웃기고 재미있으며 생동감 넘치는 표현법이다.

아래 사진과 같이 광고에도 많이 응용한다. 원래는 "英雄所见略同(뛰어난 사람들의 견해는 다 비슷하다.)"이라는 말이다. 여기에서 "견해"를 나타내는 "见"을 "饮"으로 살짝 바꾸자 "뛰어난 사람들이 마시는 것은 다 비슷하다."라는 광고카피가 되어버렸다.

숙어는 잘 사용하면 이보다 더 좋을 수 없지만 숙어만의 본래 의미를 확실히 모르고 사용하면 잘못 말해서 웃음거리가 되기 쉽다. 따라서 숙어를 활용할 때 특별히 조심해야 한다. 실제 필자가 라디오 방송을 들었던 내용이 아직도 떠오른다. 라디오 진행자가 수시로 들어오는 문자를 소개하면서 "옆집에 계신 할머니께서 전을 했다고 가져다 주셨는데 너무 고마웠어요."라는 내용을 소개하더니 대뜸 "근묵자흑(近墨者黑)이라고 맘씨 좋으신 할머니 옆에 사시니까 좋은 일 많으시네요."라고 했다. 성어를 잘못 사용한 대표적인 예이다. 또 유식함을 자랑하기 위해 성어를 남용하는 것도 문제가 있다. 예전에 중국 친구들과 술자리에서 갑자기 그날 처음 알게 된 한 친구가 내게 술잔을 권하면서 했던 말이 아직도 기억난다. "我现在已经骑虎难下了, 你我一见如故, 借花献佛, 敬你一杯." 술 한 잔 권하면서 성어를 세 개나 썼다. 물론 모두 상황에 맞는 말이지만 듣기 거북했던 기억이 난다.

4. 중국어 어휘 교육 방법

(1) 어휘교육은 어법교육과 연관시켜야 한다

어법교육은 어휘교육과 연관시켜야 한다. 결국 이 두 가지 요소는 서로 불가분의 관계를 가지고 있다고 할 수 있다. 어휘교육이 단순한 명사의 어휘량만 늘리는 것이 아니라 여러 어법적 기능을 가지고 있는 조사, 개사, 부사 등도 포함하기 때문이다.

그러나 어휘교육이 어법교육과 같은 성격을 지니고 있는 것은 아니다. 어법교육은 고정된 틀을 배우고 나면 이를 응용하여 여러 가지 다른 표현이 생성될 수 있지만 어휘교육은 단어 하나 하나의 용법을 따로 가르쳐야 한다.

(2) 어휘의 단계별 학습 계획이 필요하다

어휘교육의 특징은 자주 쓰이는 어휘를 먼저 학습한 후에 점점 그 범위를 확대시켜야 한다는 것이다. 1992년에 제정된 HSK 어휘표를 보면 갑급 어휘가 1,033개, 을급 어휘가 2,018개이다. 그리고 1999년에 제정된 중국어 상용 어휘는 1급 어휘 1,000개, 2급 어휘 1,800개로 모두 2,800개이다. 모두 단계별로 가장 자주 쓰이는 1,000여 개의 어휘를 학습한 후에 이를 바탕으로 다음 단계인 2,000여 개의 어휘를 학습하도록 이끌고 있다.

(3) 어휘마다 충분한 예문을 든 개념 학습이 중요하다

어휘 교육은 예문이 반드시 필요하다. 예문이 없는 단어는 불완전한 개념으로 그 단어가 사용되게 될 상황이 주어지지 않으므로 정확한 의미를 파악할 수 없게 된다.

외국어를 모국어와 비교한다면 명사를 제외하면 대부분의 개념과 용법이 모국어와 완전하게 일치하지 않는다. 예를 들면 우리말로 "보다"라고 풀이할 수 있는 어휘가 중국어에는 "看, 见, 观, 望, 览" 등이 있는데 각각 서로 의미 차이가 있다. 다시 말해서 중국어 어휘를 학습하면서 "知道"와 "认识"가 모두 "알다"라고 풀이하고 있지만 이 둘이 사용되는 상황은 다르다는 것이다. 또 한 예를 들어보면 "以为"와 "认为"는 모두 한국어로 "~라고 여기다"이나 이 둘을 사용하는 상황은 다르다. 이러한 어휘를 정확하게 구분해서 쓸 줄 알아야 어휘교육이 잘 되었다고 할 수 있다. 따라서 이러한 어휘를 교육할 때에는 충분한 예를 들어 사용되는 상황을 정확하게 인식할 수 있는 개념 학습이 필요하다.

(4) 문화적 요소가 개입된 어휘의 교육

문화적 요소가 개입된 어휘란 그 나라의 문화를 알려주는 어휘를 뜻한다. 우리말을 예로 든다면 "농악, 태권도, 설날, 불고기, 떡볶이, 막걸리" 등으로 그 나라의 전통문화와 관계있는 어휘들이다. 이런 어휘들은 중국어에서도 많이 찾아볼 수 있다. "京剧, 太极拳, 中秋节, 考鸭, 白酒"이러한 어휘들은 그 문화적인 배경을 자세히 설명해 주는 것이 필요하다.

이는 숙어만 봐도 쉽게 알 수 있다. 중국 도교에서 말하는 팔대신선을 알고 있고, "吕洞宾"을 알아야 "狗咬吕洞宾"을 이해할 수 있으며, 사람들이 왜 "龙王庙"를 세웠는지 알아야 "大水冲了龙王庙"의 의미를 이해할 수 있으며, 『서유기(西游记)』를 알아야 "猪八戒照镜子, 孙猴子的脸"에서 말하는 해학을 이해할 수 있다.

(5) 어휘의 연결이 중요

하나의 어휘를 보면 떠오르는 것들을 모아서 같이 학습하는 어휘의 연결이 중요하다. 예를 들면 비슷한 말, 반대말, 혹은 같은 종류의 말들을 묶어서 학습하면 어휘량을 쉽게 늘릴 수 있다. 예를 들면, "집에 있는 물건 10개를 써 보세요. 좋아하는 과일 5개를 말해 보세요. 다음 과일과 색깔을 연결해 보세요."와 같은 형태로 조합하여 학습할 수 있다.

또 다른 예를 든다면, "火车票"라는 단어를 배웠다면 이를 "飞机票, 车票, 地铁票, 电影票" 등으로 연결시킬 수 있고, "电"이 나왔다면 "电灯, 电脑, 电风扇, 电子邮件" 등으로 연결시켜서 어휘 수를 늘릴 수 있다. 이 외에도 비슷한 말, 반대말 등 어휘는 다양하게 연결시켜 종합적으로 학습할 수 있다.

(6) 다양한 자료를 활용한 어휘 교육

단어카드는 정말 활용도가 높은 교육 보조 재료이다. 다양한 카드를 활용하여 여러 가지 학습 모델을 만들어 실제 교육에 적용할 수 있다.

(7) 한국의 한자어가 개입하면 안 된다

앞서 발음교육을 할 때에도 모국어의 발음이 외국어 학습에 개입되면 안 된다는 말을 했다. 단어 교육도 마찬가지이다. 같은 한자문화권인 한국에서도 한자를 쓰고 있지만 우리나라 한자와 중국의 한자가 완전히 같은 것은 아니다. 먼저 형태상으로는 중국은 간체자를 사용하고, 우리나라는 번체자를 사용하고 있다. 뜻도 많이 변해서 우리나라의 "달릴 주(走)" 자가 중국에서 지금은 "걷다"라는 뜻이다. 어떤 단어는 순서가 바뀐 경우도 있는데 우리나라에서는 "소개(绍介)"라고 쓰지만 중국에서는 "개소(介绍)"라고 쓴다. 학습 초기에 한문과 한자에 대한 지식이 도움이 될 수 있지만 중국어를 학습하면서 이에 대한 의존도가 높아지면 오히려 학습에 장애가 될 수도 있다.

중국과 한국이 서로 다른 의미로 쓰고 있는 단어를 알아보기로 하자.

	중 국	한 국
个别	각각의	각별하다
奇特	기묘하다	기특하다
涉外	외교에 관련되다	섭외
小子	사내아이	소자
入手	시작하다	손에 넣다
丈夫	남편	사내, 장부
着想	생각이 미치다	착상
妻子	아내	처자
出品	제품을 제조해 내다[생산하다]	(작품을) 내다
何等	얼마나, 어쩌면 그토록	아무런, 하등의
何必	꼭 ~할 필요가 있는가	하필
或是	…이거나 (또는) …이다	혹시
多少	몇 개	다소
非常	매우	비상
事情	일	사정
所有	모두	소유
水平	수준	수평
演出	연기하다	연출
接着	(손으로) 받다	접착
学院	단과대학	학원
清楚	명확하다	청초하다

이와 같이 다르게 쓰고 있는 데는 몇 가지 이유가 있겠지만 그 중 가장 큰 이유는 한자가 전해 오면서 우리나라에서는 받아들일 당시의 뜻을 그대로 보존하려고 애썼지만 중국어에서는 시대에 따라 발전해 오면서 그 의미가 바뀐 경우가 대부분이다.

중국에서 “千金(천금)”은 현재 여자 아이를 가리킨다. 우리나라에서는 “많은 돈, 귀한 것” 등의 의미로 쓰고 있다. 사실 중국에서도 옛날에는 화폐 단위로 쓰였지만 부귀한 집안 따님을 “금지옥엽(金枝玉叶)”이라고 부르면서 어느새 “千金”이라고 부르게 된 것이다. 앞서 언급한 노파(老婆)도 이와 같은 맥락이다.

제4장 중국어 어법 교육

어법은 현실 언어 속에 존재하는 현상의 귀납적인 규칙이라고 할 수 있다. 많은 사람들이 언어활동을 하는 과정에서 언어 속에 일정한 규칙성이 있음을 발견하고, 이를 정리하여 어법이라는 틀을 만들었다. 그러나 우리들은 모국어를 사용하면서 이런 어법의 틀을 의식하지 않고, 자연스럽게 사용하고 있다. 단지 외국어를 학습할 때마다 이렇듯 학습대상으로 나타나는 이유는 무엇일까? 이는 아마도 모국어를 학습하면서 거쳐 왔던 길고도 지루한 학습과 교정을 되풀이하지 않기 위한 방안으로 어법이라는 개념이 필요했기 때문일 것이다.

그러나 외국어 학습에서 지나치게 어법을 강조하게 되면 여기에 얽매여서 자칫 표현력이 떨어질 수 있다. 어디까지나 어법은 문장의 구조를 이해하고 정확한 표현을 배우기 위한 도구일 뿐이다.

1. 중국어의 어법에 관련된 이야기[6)]

(1) 중국은 항상 이긴다

중국어에 “이기다”란 뜻의 “胜”과 “지다”란 뜻의 “败”라는 말이 있

6) 출처 : 『妙语奇诗巧联解趣』 于海洲, 中国文史出版社 2002.

는데, 어느 말을 쓰더라도 "중국은 이길 수 있다."라는 뜻을 전달한다. 예를 들어 "中国队大胜美国队."라고 표현해도 중국 팀이 미국 팀을 이겼다는 말이고, "中国队大败美国队。"라고 표현해도 중국 팀이 미국 팀을 이겼다는 말이 된다. 이처럼 주어와 목적어가 동일한 상태에서 다른 언어의 경우 동사의 뜻에 따라 반대말이 되어야 마땅한데 중국어는 어느 표현이든지 이겼다는 말이 된다. 그래서 필자도 스포츠 뉴스를 보면 도대체 중국이 이겼다는 소리인지 졌다는 소리인지 이해를 못했던 때가 있었다.

원인은 다음과 같다. 첫 문장은 주동문이고 두 번째 문장은 사동문이기 때문이다. 그래서 사동 형태가 생소한 우리들은 이해하기 힘들었던 것이다. "败"란 동사는 목적어를 가질 수 없기 때문에 목적어가 오면 문장은 사동문이 된다. 그러므로 "중국이 미국을 패배시켰다."는 말이 되므로, 중국이 이겼다는 뜻이 된다.

(2) 개방귀

다음은 중국어 어순의 묘미를 살린 예이다. 예전에 왕소향(王少香)이라는 사람이 시를 써서 이구계(李九溪)라는 사람에게 주었는데 시의 형식에도 맞지 않고 내용도 엉망이었다. 그러자 이구계가 평을 하길 "放狗屁"라고 했다. 그러자 옆에 있던 사람이 너무 심한 말이 아니냐고 하자, 이구계는 다음과 같이 말했다. "이건 그래도 많이 봐 준 겁니다. 이보다 두 번째로 심한 표현과 세 번째로 심한 표현도 있습니다. "放狗屁"는 그래도 사람이 개방귀를 뀐다는 말이지만 두 번째로 심한 표현으로는 "狗放屁"로 이는 사람도 아니고 개가 가끔 방귀를 뀐다는 말입니다. 세 번째로 심한 표현은 "放屁狗"로 방귀만 뀌고 다니는 개를 말합니다.”

또 다른 예를 보자. 중국에 호남(湖南), 강서(江西), 사천(四川) 사람들은 매운 음식을 즐겨 먹는다. 그래서 “湖南人不怕辣, 江西人辣不怕, 四川人怕不辣”라는 말이 생겨났는데, 이 또한 어순을 이용한 말로 “호남 사람은 매운 걸 좋아하고, 강서 사람은 매운 걸 더 좋아하고, 사천 사람은 매운 걸 제일 좋아한다”는 뜻이다.

위의 예들은 세 글자의 어순만 바꿔서 서로 다른 뜻이 되는 말로 중국어의 어순이 얼마나 중요한지를 알 수 있는 부분이다.

(3) “救死”와 “救生”

“救”는 “구하다”라는 뜻이다. 그러면 “救生”은 “생명을 구하다”라는 뜻으로 동사 + 목적어 구조로 보면 된다. 그런데 “救死”는 어떻게 해서 “생명을 구하다”라는 뜻이 될까? 단어의 구조상으로 보면 “죽음을 구하다”라는 뜻일 것 같다. 이는 중국어의 재미있는 특징 가운데 하나로 일반적인 논리를 벗어난 단어가 만들어진 것이다. “救”는 원래 “구하다”라는 뜻 외에도 “그만두게 하다”라는 뜻을 가지고 있었다. 그래서 “救火”라는 말은 “불을 구하다”라는 뜻이 아니라 “불을 끄다”라는 뜻이다. 그러면 이제 “救死”라는 말도 이해가 될 것이다.

(4) 소귀에 경 읽기

항일전쟁을 승리한 후 주은래(周恩来)는 중앙정부 대표로 국민당(国民党)과 담판을 지으러 남경(南京)으로 갔다. 장개석(蒋介石) 정부는 내전을 이끌기 위해 담판기간 동안 의도적으로 회의 분위기를 깨려 했다. 한 번은 장개석 측의 한 대표가 공개적으로 주은래 측과의 회담이 완전히 "소귀에 경 읽기(对牛弹琴)"라고 몰아세웠다. 그러자 주은래는 화가 났지만 현장의 수많은 중국 측과 외국 측 기자들 앞에서 화를 낼 수 없었다. 그러다가 주은래는 갑자기 한 마디 던졌다. "맞소, 소가 경을 읽는 셈이군(对, 牛弹琴)" 그러자 장내에 폭소가 터졌다고 한다.

이는 중국어 어법이 문장부호와 끊어 읽기에 따라 의미가 달라지는 것을 보여주는 좋은 예이다. (『咬文嚼字』 참고)

2. 어법을 학습하기 위한 기본 지식

학교어법은 학술어법과 다르다. 학술어법은 이론성이 강하지만 학교어법은 실천성이 강하다. 학교어법에서는 복잡한 이론보다 조합의 규칙을 연습하는 것이 더 효과적이다. 이러한 조합의 규칙에는 단어의 배열에 해당하는 어법의 영역도 있지만 단어의 구성에 해당하는 어휘의 영역도 있다.

다음 예를 한 번 보자.

他把我的杯子坏了。　我把这个问题懂了。

"把"자 구문은 처치식이라고 부른다. 처치식이라는 말은 어떤 사람이나 사물에게(把가 이끄는 목적어) 어떤 영향을(술어) 준다는 뜻이다. 따라서 이런 영향을 줄 수 없는 문장에는 사용할 수 없다. 이를 알기 위해서는 술어에 "弄"을 붙여 보면 쉽게 알 수 있다.

他把我的杯子弄坏了。　我把这个问题弄懂了。

두 번째 문장의 "문제를 이해하다"라는 표현은 문제에 어떤 영향을 직접적으로 끼치지 않으므로 "把"자 구문으로 만들지 않는다.

어법은 조합의 규칙이다. 이러한 문형을 학습하는 것도 어법의 영역이지만 어떤 동사가 어떤 조합에 합당한지 학습하는 것도 어법의 영역에 속한다. 어법은 이러한 조합의 규칙을 학습하는 것이 중요하다. 아래는 어법을 학습하기 위해 알아야 할 기본 지식이다.

2.1. 어법단위

어법을 학습하기 위해서는 문장을 구성하고 있는 기본 단위를 알아야 한다.

(1) 형태소 : 뜻을 가진 더 이상 분리할 수 없는 가장 작은 단위

(2) 낱말 : 독립적으로 사용할 수 있는 가장 작은 단위

① 문장을 구성하는 가장 기본적이 언어단위(13개 품사+접두사, 접미사)
② 중국어의 낱말은 "의미"와 "어법특징"에 따라 허사(虚词)와 실사(实词)로 나뉜다.
③ 실사는 명사(名词), 대명사(代词)처럼 비교적 실재적인 의미를 가지며 단독으로 문장성분이 될 수 있는 낱말이다.
④ 허사는 부사(副词), 조사(助词)처럼 일반적으로 실재적인 의미를 가지지 않으며 단독으로 문장성분이 될 수 없는 낱말이다.
⑤ 낱말에는 단음절어(人, 我), 2음절어(汉语, 中国), 다음절어(自行车)가 있다.
⑥ 하나의 한자(汉字)가 하나의 음절을 대표한다.

(3) 구

① 구는 낱말과 낱말이 일정한 어법규칙에 따라 조합된 낱말의 결합이다.

② 구에는 주술구, 술목구, 편정구, 술보구, 연합구, 동위구, 양사구, 방위구, 전치사구가 있다.

(4) 문장

① 비교적 완전한 의사를 독립적으로 표현할 수 있는 언어단위이다.

② 단문과 복문으로 나뉜다.

③ 단문은 주술문과 비주술문으로 나뉜다.

④ 주술문은 주어와 술어로 구성된 문장이다.

⑤ 비주술문은 주어나 술어 중 어느 하나가 생략된 문장이다.

(5) 문장성분

① 문장은 일정한 어법관계에 따라 낱말과 구로 구성된다.

② 문장 속에서 가지는 어법기능에 따라 낱말과 구를 분류한 것이 문장성분이다.

③ 중국어의 문장은 "주어(主语), 술어(谓语), 목적어(宾语), 관형어(定语), 부사어(状语), 보어(补语)"라는 6개의 문장성분을 가진다.

중국어 문장성분의 배열은 일반적으로 다음과 같다.

부사어	관형어	주어	부사어	술어	보어	관형어	목적어
昨天	我	妹妹	在图书馆	看	完了	汉语	书
妹妹			看			书	

2.2. 품사

중국어에는 아래 도표와 같이 13개의 품사가 있다.

	품사		예
실 사	명사		中国, 朋友, 花, 年, 月, 日, 上, 下, 东, 西, 南, 北
	동사		去, 来, 知道, 有, 是, 给, 会
	조동사		能, 会, 可以, 应该, 要, 想,
	형용사		高, 快, 长, 短, 好, 干净, 伟大
	수사		一, 二, 三, 四, 百, 千, 万, 两, 零, 半
	양사	명량사	个, 位, 本, 张, 辆, 只, 公斤
		동량사	次, 遍, 回, 趟
	대사	인칭대사	我, 你, 您, 他, 她, 我们, 自己
		지시대사	这, 那
		의문대사	谁, 什么, 哪, 怎么样
허 사	부사		都, 就, 也, 不再, 已经, 又
	전치사		从, 向, 把, 被, 比, 给, 在
	접속사		和, 或者, 还是, 但是, 因为, 只要
	조사	구조조사	的, 地, 得
		동태조사	了, 着, 过
		어기조사	吗, 吧, 呢, 了
	감탄사		喂, 哎呀, 嗯
	의성사		哗哗, 汪汪, 咯咯, 呼啦啦
	접두사		第, 老, 初
	접미사		们, 子, 化, 儿

3. 어법 교육을 위한 틀

자주 쓰이는 문형을 통하여 문장성분의 위치와 기능을 효과적으로 익힐 수 있다.

3.1. 문형을 짜기 위한 원칙

(1) 새로운 단어의 사용을 줄이고 될 수 있으면 쉬운 단어를 사용하며, 문형의 이해에 집중하도록 한다. 아래 예를 보면, "把"자 구문을 이해하는데 있어 두 번째 문장은 복잡한 관형격 수식성분과 어려운 단어 때문에 문형을 이해하는 데 어려움이 있다.

我把病人送到医院去了。
我把车祸中受伤的人送到附近的医院去了。

(2) 단순한 문형에서 조금씩 수식어를 늘려가면서 복잡한 문형으로 변화시킨다.

我到医院去了。⇒ 我把病人送到医院去了。
⇒ 我把病人送到附近的医院去了。

(3) 규범적이고 자연스러운 어순의 문장을 먼저 익히고 일상회화에서 쓰이는 문장은 나중에 익히도록 한다. 예를 들면, 첫 번째 문장은 일반적인 문형이고, 두 번째 문장은 일상회화에서 흔히 쓰이는 문형이다. 일상회화에서는 대화의 효율성을 위해 문법의 틀에서 벗어난 문장이 많다. 궁극적으로 회화를 위해서는 이러한 문장을 사용할 수 있어야 하지만 그 전에 문법에 맞는 정확한 표현을 알고 있어야 한다.

搞技术革新以来, 他每天都在食堂吃饭, 在工厂里住。
⇒ 搞技术革新以来, 他吃在食堂, 住在工厂。

一顶毛绒绒的小红帽, 戴在姑娘头上。
⇒ 一顶小红帽, 毛绒绒的, 戴在姑娘头上。

车子慢慢地爬上桥头。
⇒ 慢慢地, 车子爬上桥头。

3.2. 어법 교수법[7)]

(1) 질의 응답법

학생들에게 간단한 상황을 설명한 후 질문하여 학생 스스로 말을 하도록 이끈다.

교육 목표 : 가까운 미래를 나타내는 표현
학습 문형 : ~快 + V + O + 了, ~要 + V + O + 了,
~快要 + V + O + 了, 시간부사 + 就要 + V + O + 了

위와 같은 목표를 세운 후 이러한 답을 유도하는 질문을 설정한다. 예를 들면, "다음 주가 방학입니다. 방학이 얼마 남았죠?"와 같은 질문을 던져서 답을 유도할 수 있다.

(2) 동작 표현법

교육 목표 : 복합방향보어 표현
학습 문형 : ~V + 出去, ~V + 出来, ~V + 进去, ~V + 进来,
~V + 过去, ~V + 过来

동작 표현법은 교실 안에서 가용한 여러 도구나 몸짓 등을 활용하여 동작을 표현하면서 문형을 익히는 방법이다. 예를 들면, 교실 문을 열고 나가는 동작, 의자에 앉는 동작, 책상을 옮기는 동작, 공을 던지

7)『怎样教外国人汉语』(北京语言大学出版社, 2008) 참고.

는 동작 등으로 방향보어를 학습할 수 있을 것이다.

(3) 환경 설정법

교육 목표 : 존재문
학습 문형 : 장소 + V + 着 + O

교실 안에 있는 사물들을 이용하여 존재문을 학습할 수도 있다. 예를 들면, 교실 벽에 지도가 걸려 있다. (墙上挂着地图。) 책상 위에 사전이 있다. (桌子上放着词典。) 창가에 화분이 몇 개 놓여 있다. (窗台上摆着几盆花。) 등과 같이 교실 안에 있는 것을 이용할 수 있고, 쉽게 교실로 가지고 올 수 있는 교보재를 활용할 수도 있다.

실제 보여 주는 동작이나 교실 안에 있는 사물들에는 한계가 있다. 따라서 어떤 상황을 가상으로 설정할 수밖에 없는데 이 경우에도 PPT로 사진을 보여 준다든지 영화의 한 장면을 보여 준다든지 여러 가지 자료들을 활용하여 상황을 설정한 후 해당 문형을 학습할 수 있을 것이다.

(4) 연역법

교육 목표 : 현재 진행형
학습 문형 : S + 在 + V + O (呢)

위와 같은 학습 문형을 먼저 알려준 후에 다음과 같은 문형을 반복 학습한다.

复习语法
写汉字

你在做什么呢? 我在 念课文 呢。
看电视
准备考试

(5) 귀납법

먼저 여러 비슷한 유형의 문형을 학습한 후에 이를 종합하여 문형을 정리해 내는 방법이다.

他的个子跟我一样。他的汽车跟我的一样。他的兴趣跟我一样。

문형 : A 跟 B 一样

(6) 연역과 귀납의 결합법

먼저 연역법을 사용한 후 귀납법을 사용한다.

예를 들어 "把"자 구문을 학습한다면 먼저 "S+把+대상+V + O"문형을 학습한다.

주어	부사어	把	대상	V	O	기타
他		把	这些书	放在	书柜里	了
他		把	车	开到	学校	了
他	沒	把	这本杂志	还给	图书馆	
他	不想	把	这本小说	翻译成	英文	

충분히 연습한 후 다음과 같이 어법적 내용을 귀납한다.

① 동사는 단독으로 쓰지 않고, "放在", "开到", "还给", "翻译成"과 같이 보어와 같이 사용한다. 또는 "了", "着"를 붙이거나 중첩할 수도 있다.

② 조동사나 부사는 “把”자 앞에 온다.

③ “把” 자문을 써야 하는 동사와 쓰지 못하는 동사를 알려 준다.

4. 기본적인 어법 내용 목록

(1) 낱말과 문장성분과 문장

1) 명사와 명사 술어문

① 명사, ② 수사, ③ 양사, ④ 대사, ⑤ 명사 술어문

2) 동사와 동사 술어문

① 동사, ② 조동사, ③ 동사 술어문

3) 형용사와 형용사 술어문

① 형용사, ② 형용사 술어문

4) 부사

5) 전치사

6) 조사

① 구조조사, ② 동태조사

7) 접속사

8) 감탄사

9) 의성사

10) 기타문

① 주술술어문, ② 무주어문, ③ 단어문, ④ 생략문

(2) 문장성분

1) 주어

2) 술어

3) 목적어

4) 관형어와 구조조사 "的"

5) 부사어와 구조조사 "地"

6) 보어

① 결과보어, ② 정도보어, ③ 수량보어, ④ 방향보어,

⑤ 가능보어

(3) 동작상태

1) 진행태

2) 지속태

3) 완료태

4) 장연태(가까운 미래)

5) 경험태

(4) 특수한 동사술어문

1) "是"자문

2) "有"자문

3) "把"자문

4) "被"자문

5) 연동문

6) 겸어문

7) 존현문

(5) 비교법

1) "比"를 이용한 비교
2) "跟"을 이용한 비교
3) "有"를 이용한 비교
4) "像"을 이용한 비교
5) "不如"를 이용한 비교
6) "越来越"를 이용한 비교

(6) 강조법

1) 의문대사를 이용한 강조
2) "哪儿…啊"를 이용한 강조
3) "不是…吗"를 이용한 강조
4) "连…都"를 이용한 강조
5) 부사 "是"와 "就"를 이용한 강조
6) 이중부정을 이용한 강조
7) "是…的"를 이용한 강조

(7) 용도에 의한 문장 분류

1) 진술문
2) 의문문
3) 명령문
4) 감탄문

(8) 복문

1) 병렬복문
2) 주종복문
3) 긴축문

5. 기초 어법 이론[8)]

5.1. 명사(名词)

(1) 명사의 일반적 특징

① 수량사의 수식을 받을 수 있다.
② 주로 주어, 목적어, 관형어의 역할을 하며 보어가 될 수 없다.
③ 부정부사 "不"의 수식을 받을 수 없다.

(2) 특수한 명사들

1) 방위사

방위사는 단순방위사 "上, 下, 前, 后, 左, 右, 里, 外, 东, 西, 南, 北, 内, 中" 14개와 단순방위사에 "边, 面, 头, 以, 之"를 붙인 복합방위사가 있다. "边, 面, 头"는 뒤에 붙고, "以, 之"는 앞에 붙는다.

2) 처소사

처소사는 단독으로 사용할 수 있는 방위사, 처소를 나타내는 명사

8) 『现代汉语通论』(上海教育出版社, 2001년) 참고.

(附近, 近处, 远处, 高处, 低处, 明处, 暗处, 周围 등), 그리고 지명이나 기관을 표시하는 명사(中国, 北京, 学校, 商店, 邮局 등)가 있다.

3) 시간사

주로 사용되는 시간사는 다음과 같다.

现在, 过去, 将来, 未来, 现代, 古代, 从前, 以前, 以往, 以后, 今后, 后来, 最近, 今年, 去年, 明年, 后年, 今天, 昨天, 明天, 后天, 刚才, 平时

5.2. 동사(动词)

(1) 동사의 일반적 특징

① 주로 서술어의 역할을 한다.

② 많은 동사들이 목적어를 가질 수 있다.

목적어를 가질 수 없는 동사 ~着想 休息 毕业 出发 劳动 送行 见面 生活 前进 失败 (*着想他 - 替他着想 *毕业南京大学 - 毕业于南京大学 *送行朋友 - 为朋友送行)

③ 일반적으로 부사의 수식을 받는다. 그러나 심리활동을 나타내는 동사 외에는 정도부사의 수식은 받지 않는다.

④ 동태조사(着, 了, 过)가 올 수 있다.

⑤ 대다수의 동사가 중첩될 수 있다.

(2) 존재를 나타내는 동사

① 是 : 처소구 + 是 + 명사(사람·사물)

② 在 : 명사(사람·사물) + 在 + 처소어구

처소명사 - 车站 广场 图书馆 学校 饭店 银行 办公室

③ 有 : 처소·시간어구 + 有 + 명사성어구

이들은 존재를 나타낼 때 동태조사가 올 수 없다.

(3) 동사의 중첩 형태

① 단음절 동사 : AA - 看看, 走走

② 쌍음절 동사 : ABAB - 练习练习, 休息休息

③ + 了형 : A了A - 听了听, AB了AB - 学习了学习

④ + 一형 : A一A - 想一想

5.3. 형용사(形容词)

(1) 형용사의 일반적 특징

① 술어가 될 수 있다.

② 정도부사의 수식을 받을 수 있다.

예외 : 雪白, 瓦蓝, 笔直, 冰凉, 漆黑, 血红, 碧绿, 滚圆, 焦黄, 煞白 등등

③ 일반적으로 不로 부정하며, 성질·상태의 변화를 나타낼 때는 "没"로 부정할 수도 있다.

④ 일반적으로 목적어를 가지지 않는다.

⑤ 일부 형용사는 중첩할 수 있다.

(2) 형용사의 중첩

① AA : 大大(的) 长长(的)

② AABB : 清清楚楚 老老实实 明明白白 整整齐齐 漂漂亮亮

③ ABAB : 雪白雪白 笔直笔直 碧绿碧绿

④ ABB : 暖洋洋 亮晶晶 香喷喷 乱哄哄 绿油油

⑤ A里AB : 糊里糊涂 土里土气 啰里啰唆 傻里傻气 妖里妖气

(3) 형용사가 관형어로 쓰일 때의 제한조건

① 단음절 형용사는 보통 "的"를 쓰지 않는다.
这是我的新地址。

② 명사와 결합하는 일부 쌍음절 형용사도 "的"를 쓰지 않는다.
这个班十年来一直是我校的先进集体。

③ "多"와 "少"는 단독으로 명사를 수식할 수 없고, 명사를 수식하려면 정도부사를 필요로 한다.
*在中国, 我有多朋友。 ☞ 在中国, 我有很多朋友。

(4) 형용사가 부사어가 될 때 제한조건

① 단음절 형용사는 보통 "地"를 쓰지 않는다.
多干实事, 少说空话。

② 쌍음절 형용사에서 "地"를 쓰는 여부는 자유로우나 동작자를 묘사할 때는 반드시 쓴다.
大家把教室扫底(地)打扫了一遍。 (동작)
爷爷满意地点点头。 (동작자)

(5) 형용사가 보어가 될 때 제한조건

① 형용사가 묘사성보어로 쓰이면 정도부사를 붙인다.
他讲得很明白。

② 단음절 형용사의 중첩 형태나 접미사가 붙은 형용사가 보어

로 쓰이면 뒤에 的를 붙인다.

他把玻璃擦得亮亮的。

5.4. 수사(数词)와 양사(量词)

5.4.1. 수사

(1) 기수사(基数词)

① 기수사에는 계수(一, 二, 三, 四, 五, 六, 七, 八, 九, 十, 两)와 위수(十, 百, 千, 万, 亿)가 있다.

② 중간에 "0"이 있으면 몇 자리든 상관없이 "零"으로 읽는다. (202, 2002, 20020)

③ 전화번호, 방 번호, 연호, 자동차 번호 등은 계수만 읽으며 "1"은 "yāo"라고 읽는다.

④ "二"가 단독으로 양사 앞에서는 "两"으로 쓰인다.

⑤ "千, 万, 亿" 등의 숫자에 "二"는 "两"으로 읽는다.

(2) 어림수(概数) : 대략적인 숫자를 표현

① 인접한 두 수를 이어서 표현할 수 있다.

两三个, 十一二件, 三四十张 (예외 : 三五天, 百八十人)

② "来"와 "多"를 사용할 수 있다.

三个来小时, 六里来路, 二十来年, 十来个人

③ 前后, 左右, 上下, 以上, 以下 등을 사용할 수 있다.

元旦前后

(3) 서수사(序数词)

순서를 나타내는 수사로 표현방법은 "第+기수사"이다. (第一天, 第二次)

(4) "第"를 붙이지 않는 서수

① 연, 월, 일(一九九九年) ② 등급(一等, 一级) ③ 가족관계(大哥, 二哥) ④ 건물층수(一层, 二楼) ⑤ 차량번호(15路, 301次) ⑥ 조직기구(一班, 三组, 二厂)

5.4.2. 양사

양사의 어법적 특징은 단독으로 사용할 수 없다는 것이다. 주로 수사와 결합하여 수량구를 이룬다. 양사는 크게 명량사와 동량사로 나눌 수 있다. 대표적인 양사는 아래와 같다.

(1) 개체 명량사

条 : 毛巾, 领带, 蛇, 路, 河 (길고 구부릴 수 있음)
张 : 床, 桌子, 纸, 照片, 嘴 (평평함)
把 : 刀, 椅子, 扇子, 伞, 壶 (손잡이가 있음)
根 : 头发, 草, 棍子, 竹子, 黄瓜 (가늘고 김)
颗 : 珠子, 心, 星星, 子弹, 珍珠 (과립물)
粒 : 种子, 沙子, 米, 花生 (소과립물)
滴 : 眼泪, 水, 汗, 酒, 油 (액체방울)
本 : 书, 词典, 杂志, 地图 (도서류)

棵 : 树, 草, 花, 白菜 (식물)

座 : 山, 桥, 楼房, 水库 (대형 구조물)

支 : 钢笔, 笛子, 蜡烛, 香, 枪 (곧고 딱딱하며 가늘고 긴 무생물)

(2) 집합 명량사

双 : 一双手, 一双袜子, 一双筷子 (쌍을 이룸 - 쌍, 켤레)

副 : 一副手套, 一副对联, 一副眼镜 (한 벌 또는 한 쌍을 이룸 - 조, 벌, 쌍)

对 : 一对夫妻, 一对花瓶, 一对鸽子 (짝을 이룸 - 짝, 쌍)

套 : 一套房子, 一套家具, 一套纪念邮票 (세트를 이룸 - 세트, 벌, 조)

群 : 一群孩子, 一群牛, 一群人 (무리를 이룸 - 무리, 떼)

批 : 一批货, 一批学生, 一批书 (한 무더기를 이룸 - 무더기)

伙 : 一伙歹徒, 一伙流氓 (한 무리를 이룸 - 무리, 패)

(3) 차용 명량사(일부 명사를 양사로 빌려 씀)

碗 : 一碗米饭, 瓶子 : 一瓶子水, 桌子 : 一桌子饭菜,
屋子 : 一屋子烟, 身 : 一身西装

* 주의 : 일부 "一"와 같이 쓰이면 뒤에 "的"를 붙일 수 있으며 이 때 "一"은 "모든"의 의미

예 : 流了一地(的)水, 出了一身汗, 喝了一肚子啤酒,
摆了一桌子照片, 唱了一路歌

(4) 전용 동량사 (次, 回, 趟, 遍, 下, 顿, 阵, 场, 番)

这个电影我已经看过两次了。(반복하는 횟수)
这个故事他听过三回了。(반복하는 횟수)
他去了趟上海。(왕복 동작)
把设备仔细检查一遍。(시작부터 끝까지의 과정)
帮我把桌子抬一下。(짧고 가벼운 동작)
爸爸狠狠地打了他一顿。(음식, 말, 욕, 매)
刚才刮了一阵大风。(갑작스럽고 짧은 시간)
剧团连续演了三场京剧。
(완전한 한 횟수, 문화· 체육 활동에 주로 쓰임)
他认真地研究了一番。(시간이나 노력이 드는 일)

(5) 차용 동량사

打了一针, 咬了一口, 画了一笔, 看了一眼, 砍了一刀,
打了一巴掌

5.5. 대명사(代词)

대명사는 대체 혹은 지시의 역할을 한다. 대명사의 종류는 아래와 같다.

① 인칭대명사(人称代词) :
我, 咱, 你, 您, 他, 她, 它, 我们, 咱们, 你们, 他们, 人家, 别人, 自己, 大家, 大火儿

② 지시대명사(指示代词) :

这, 这儿, 这里, 这边, 这么, 这会儿, 这样, 这么样, 这些, 这么些, 那, 那儿, 那里, 那边, 那么, 那会儿, 那样, 那么样, 那些, 那么些

③ 의문대명사(疑问代词) :

谁, 什么, 哪, 哪儿, 哪里, 多会儿, 几, 多少, 怎么, 怎么样, 怎样

④ 대명사의 어법적인 기능 :

"谁, 我, 你, 他, 这, 那, 什么, 哪儿" 등은 명사의 역할을 하며, "这样, 那样, 怎样" 등은 동사 혹은 형용사의 역할을 하고, "这么, 那么, 怎么" 등은 부사의 역할을 하며, "几, 多少"는 수사의 성격을 가지고 있다.

⑤ 의문대명사의 활용

의문대명사가 의문 외에도 다음과 같은 의미로 확장되어 사용될 수 있다.

谁有事都找他帮忙。

怎么方便怎么做。

不知道他去了哪里。

什么张三李四, 我都不认识。

⑥ 인칭대명사와 지시대명사의 활용

你看看我, 我看看你, 大家都不说。

这儿瞧瞧, 那儿瞧瞧。

5.6. 부사(副词)

(1) 부사의 종류

■ 시간을 나타내는 부사

刚, 才, 就, 正, 将, 老, 总, 刚刚, 已经, 曾经, 将要, 立刻, 立即, 马上, 赶紧, 赶快

■ 범위를 나타내는 부사

都, 全, 共, 齐, 净, 只, 仅, 就, 单, 光, 统统, 一共, 总共, 几乎, 一齐, 一道, 一概, 一律

■ 정도를 나타내는 부사

很, 极, 太, 挺, 好, 怪, 最, 顶, 更, 稍, 略, 非常, 格外, 特别, 十分, 极其, 尤其, 比较, 更加, 相当, 稍微

■ 부정을 나타내는 부사

不, 没, 甭, 别, 没有

■ 어기를 나타내는 부사

却, 倒, 幸亏, 多亏, 难道, 何尝, 居然, 究竟, 到底, 偏偏, 索性, 简直, 也许, 大约, 难怪, 未必, 一定, 果真, 果然

(2) 부사의 문법적 특징

① 부사는 주로 동사와 형용사를 수식한다.

刚到, 常常去, 再说一遍

② 정도부사는 주로 형용사를 수식하며 동사 중 심리나 바람을 나타내는 동사도 수식한다.

最伟大, 特別愉快, 更加美丽

十分喜欢文学, 很生气

③ 동사나 형용사를 대체하는 대명사를 수식할 수도 있다.

好了, 好了, 小敏知道错了, 不会再那样了。

事情已经这样了, 光埋怨有什么用。

④ 범위나 부정을 표시하는 소수 부사는 주어로 쓰인 명사를 수식할 수 있다.

(就, 光, 只, 单, 仅, 仅仅) 光他一个人去, 行吗?

就星期天沒有课。

⑤ 시간, 범위, 빈도를 표시하는 일부 부사는 술어로 쓰인 명사나 수량사를 수식할 수 있다.

又星期六了, 时间过得真快!

今年招收的学生有五种类别, 一共三千五百人。

⑥ "也许, 有点儿"은 단독으로 쓰일 수도 있다.

最近沒看到小王, 出差了吗? 也许。

你脸色不好, 身体不舒服吗? 有点儿。

5.7. 의성사(拟声词)와 감탄사(叹词)

5.7.1. 의성사

(1) 의성사의 종류

의성사는 자연계의 소리를 모방한 단어로 다음과 같은 종류가 있다.

① 바람소리 : 呼呼, 萧萧
② 빗소리 : 滴嗒, 滴沥, 哗啦(哗啦啦)
③ 물소리 : 咕嘟, 滴答, 咕噜
④ 곤충소리 : 唧
⑤ 사람이 내는 소리 : 噗, 扑哧, 喃喃, 咯咯, 咕嘟, 咕噜, 哈, 呵呵, 嘿嘿
⑥ 금속소리 : 当, 铛, 丁当(叮当), 丁咚
⑦ 자동차소리 : 呜, 嗖, 嘟
⑧ 그 밖의 여러 소리 : 嗵, 丁丁, 嗡, 汪, 扑哧, 咔, 咯哒, 嚓, 哧哧, 叽里咕噜

(2) 의성사의 문법적 특징

단음절이든 쌍음절이든 모두 중첩하여 사용할 수 있다. 의성사는 단독으로 문장이 될 수 있으며 부사어, 관형어, 술어, 보어가 될 수도 있다.

① 단독으로 쓰인 문장 : 轰隆隆……雷声响个不停。
② 부사어로 쓰인 문장 : 锣鼓咚咚地敲着。
③ 관형어로 쓰인 문장 : 噼里啪啦的鞭炮放起来了。

④ 술어로 쓰인 문장 : 耳边子弹嗖嗖的。
⑤ 보어로 쓰인 문장 : 玻璃碎得稀里哗啦的。

5.7.2. 감탄사

(1) 감탄사의 종류

감탄사는 강렬한 감정, 부르거나 대답하는 소리를 표현한다.

① 감정의 표현 : 啊, 唉, 嗨, 哟, 呸, 咦, 呕, 嗯, 哎呀, 哎哟
② 부르거나 대답하는 소리 : 啊, 喂, 欸, 哼, 嗯

(2) 감탄사의 문법적 특징

감탄사는 주로 단독으로 쓰이며 술어가 되기도 하고 중첩하면 부사어가 될 수도 있다.

① 단독으로 쓰인 문장 : 喂, 帮一下忙!
② 술어로 쓰인 문장 : 她哼了一声。
③ 부사어로 쓰인 문장 : 孩子哎呀哎呀地叫个不停。

5.8. 전치사(介词)와 접속사(连词)

5.8.1. 전치사

전치사는 술어와 관련 있는 대상을 데리고 오는 데에 쓰인다.
자주 쓰이는 전치사는 아래와 같다.

① 동작과 관련 있는 대상을 데리고 오는 데 쓰이는 전치사
拿, 把, 将, 连, 替, 被, 让, 叫, 给, 比, 跟, 同, 和, 论, 关于, 对于, 至于

② 동작 방식과 관련 있는 대상을 데리고 오는 데 쓰이는 전치사
照, 依, 据, 凭, 靠, 用, 以, 根据, 按照, 遵照, 通过, 为了

③ 동작의 장소나 시간과 관련 있는 대상을 데리고 오는 데 쓰이는 전치사
在, 于, 当, 临, 趁, 到, 自, 从, 由, 打, 向, 朝, 往, 沿, 顺

5.8.2. 접속사

접속사는 두 단어나 구 또는 문장을 연결시켜 주면서 둘 사이의 관계를 알려 주는 역할을 한다. 접속사는 연결하는 두 대상의 성격에 따라서 다음과 같이 나눌 수 있다.

① 단어와 구만 연결하는 접속사
和, 跟, 同, 与, 及, 或

② 단문이나 문장만 연결하는 접속사
即使, 既然, 尽管, 宁可, 要么, 如果, 尚且, 虽然, 与其, 只要, 不过, 然而, 否则, 可是, 但是, 那么, 况且, 从而, 所以, 因此, 因而

③ 단어와 구, 단문이나 문장 모두 연결하는 접속사
并, 并且, 而, 而且, 或者, 还是, 只有, 因为, 由于, 不管, 不论, 无论

5.9. 조사(助词)와 어기사(语气词)

5.9.1. 조사

조사는 단어나 구에 붙어서 다른 의미가 더해진다. 조사는 주로 다음 세 종류로 나눌 수 있다.

(1) 구조조사

구조조사에는 "的, 地, 得"가 있다.

① "的"는 관형어를 만들거나 "的"자 구를 만든다.
관형어로 쓰인 "的" : 伟大的祖国 生产的经验
"的"자 구 : 他写的 强壮的
특수용법 : 别生我的气 昨天进的城

② "地"는 부사어를 만든다.
充满深情地望着 赞成地说

③ "得"는 보어를 만든다.
搬得动 跑得很快

(2) 동태조사

동태조사에는 "了, 着, 过"가 있다.

① "了"는 동사나 형용사 뒤에 쓰여 동작의 완성이나 상태의 변화를 나타낸다.
走了三天 看了两本

② "着"는 일부 단음절 형용사 뒤에 쓰여 상태의 지속을 나타낸다.
唱着 写着

③ "过"는 동사나 형용사 뒤에 쓰여 동작의 경험이나 변화를 나타낸다.
说过 来过

(3) 그 밖의 조사

그 밖의 조사에는 "似的(一样), 所, 给, 看, 来, 把, 们, 第, 初, 等等"이 있다.

① "似的(一样)"는 비유의 대상을 표시한다.
像花儿似的 跟玩儿一样

② "所"는 전치사 "被"나 "为"가 쓰인 문장의 동사 앞에 쓰인다.
被我所发现 为人所不耻
또한 타동사 앞에 쓰여 명사성 어구를 만들기도 한다.
所见 所闻

③ "给"는 "被"자구나 "把"자구의 동사 앞에 쓰인다.
被他给骗了 把他给气坏了

④ "看"은 중첩된 동사 뒤에 쓰여 "해 보다"라는 의미를 가진다.
说说看 试试看

⑤ "来"는 숫자 뒤에서 개략적인 수를 나타낸다.
四十来岁 五百来人

⑥ "把"는 "个, 百, 万"뒤에 쓰여 말하는 사람이 수량이 많지 않다고 여김을 나타낸다.
百把人 万把块钱

⑦ "们"은 사람을 나타내는 명사 뒤에 쓰여 복수임을 나타낸다.
同志们 同学们
⑧ "第"와 "初"는 숫자 앞에 쓰여 서수를 나타낸다.
第一 初一
⑨ "等等"은 그 밖의 예가 더 있음을 나타낸다.
我们买了不少水果, 西瓜、苹果、葡萄, 等等。

5.9.2. 어기사

어기사는 주로 문장의 맨 뒤에 쓰여서 서술, 의문, 명령, 감탄의 어기를 나타낸다.

(1) 서술

일반적인 서술을 나타내는 어기사에는 "了, 呢, 来着, 着呢"가 있다.

① "了"는 새로운 상황이 나타났음을 표현한다.
下雨了。
② "呢"는 주의를 환기시키는 역할을 한다.
领导还没有研究呢。
③ "来着"는 방금 발생한 일임을 표시한다.
他刚才还在这儿来着。
④ "着呢"는 어떤 사실에 대한 확신을 표현한다.
他说话厉害着呢。

(2) 의문

의문을 나타내는 어기사에는 "呢, 吗, 吧"가 있다. "呢"는 보통 선택 의문문이나 정반의문문에 쓰이며, "吗, 吧"는 모두 비의문문에 쓰이나 "吗"가 의문의 어기가 좀 더 강하다.

① 这事到底是谁干的呢?
② 今天是星期三吗?
③ 今天是星期三吧?

(3) 명령

명령을 나타내는 어기사에는 "吧, 呀, 啊"가 있다. "吧"는 명령이라기보다 의논의 어기가 강하며, "啊"는 긍정문에서는 재촉의 어기가 있고, 부정문에서는 강한 권고의 어기가 있다.

① 事情很急, 请你跑一趟吧。
② 你还磨蹭什么, 快写呀!
③ 你千万可别这样想啊!

(4) 감탄

감탄을 나타내는 어기사에는 "啊, 哪"가 있다.

好漂亮啊!

多么蓝的天哪!

5.10. 보어(补语)

보어란 동사나 형용사 뒤에서 그 동사나 형용사가 나타내는 동작이나 상태에 대해 구체적으로 보충, 설명해 주는 성분이다.

보어의 종류는 다음과 같다.

① 정도보어(程度补语)
② 결과보어(结果补语)
③ 방향보어(方向补语) - 추향보어(趋向补语)
④ 가능보어(可能补语)
⑤ 수량보어(数量补语)

5.10.1. 방향보어

(1) 동사 뒤에서 동작의 방향을 보충 설명하는 낱말과 구.

(2) 단순방향보어와 복합방향보어 두 가지가 있다.

1) 단순방향보어 : 回来, 进去, 拿来, 送去

2) 복합방향보어 : 기본 의미가 있고 파생된(확장된) 의미가 있다.

	上	下	进	出	回	过	起
来	上来	下来	进来	出来	回来	过来	起来
去	上去	下去	进去	出去	回去	过去	

중심어(동사) + 복합방향보어 : 跑回来, 走进去, 拿出来, 挂上去

(3) 특징

① 방향보어 "来"와 "去"가 나타내는 방향은 말하는 사람을 기준으로 하며 경성으로 읽는다.

② 방향보어와 중심어 사이에 구조조사 "得"를 넣을 수 없다. 조사가 있으면 구조와 의미가 달라진다.

我们上去。

("去"는 동사 "上"의 방향보어. "上去"는 "위로 가다")

我们上得去。

("去"는 동사 "上"의 가능보어. "上得去"는 "위로 갈 수 있다")

他跑下来。

("下来"는 복합방향보어이다. "跑下来"는 위에서 아래로 "뛰어"온 것과 말하는 사람이 아래에 있는 것을 나타낸다.)

他跑得下来了。("下来"는 가능보어) ↔ "跑不下来"

(4) 목적어의 위치

① 장소나 방위를 나타내는 목적어 : "来"나 "去" 앞에 놓아야 하며, 보어 뒤에 놓을 수 없다.

他走进礼堂来。*他走进来礼堂。

他跑回家去了。*他跑回去家了。

② 사람이나 사물을 나타내는 목적어 : "来"나 "去" 앞이나 뒤에 올 수 있다.

同学们举起手来。他买来一件新衣服。

我们学校请来一位汉语老师。从外边儿走进来一个人。

从外边儿走进一个人来。

(5) 동태조사의 위치

① "了"는 간단방향보어 사이에 놓일 수도 있고, 간단방향보어

뒤에 놓일 수도 있다. 복합방향보어와 중심어 사이에 올 수도 있고, 복합방향보어 뒤에 올 수도 있다.

我买了三公斤梨来。我带来了一些朋友。

我从校门走了进去。他给我们送过来了几个苹果。

② "着"는 방향보어 뒤에 올 수 없다.

狗爬着进去。

(연동식 술어문으로 "爬着"는 "进去"의 방식을 나타낸다.)

他跑着回来了。

(연동식 술어문으로 "跑着"는 "回来"의 방식을 나타낸다.)

(6) 부정은 모두 "沒(有)"를 써서 한다. 단, 조건문에서는 "不"로 부정한다.

他沒认出他来。

你不把课文背下来, 你就不能回家。

(7) 복합방향보어의 의미 확대

1) 起来

① 동작이 시작되거나 계속됨을 나타낸다. 목적어가 있으면 "起"와 "来" 사이에 놓아야 한다

听了他的话, 大家都笑起来了。

他刚唱完, 大家都鼓起掌来了。

② 사람이나 사물이 분산된 상태에서 집중되는 것을 나타낸다.

我们应该团结起来了。

③ 동작의 실제적인 진행을 나타내며, 문장 안에서 "(做) … 的时候"를 의미한다.

这种东西用起来很方便。

说起来容易, 做起来难。

2) 下来

① 동작이나 상태가 동적인 것에서 정적인 것으로, 밝은 것에서 어두운 것으로, 정도가 심화되는 등의 점진적인 변화 과정을 나타낸다.

天黑下来了。

火车慢慢停下来了。

② 동작을 통하여 사람이나 사물이 소실되거나 떠나거나 잊혀지지 않게 하기 위해 어떤 곳에 고정시키거나 머무르게 하는 것을 나타낸다.

你能把这儿的风景画下来吗?

这儿有纸, 大家都把名字写下来。

③ 사물을 고정시켜 다시 움직이거나 변화되지 않게 한다.

他就在朋友家住下来了。

④ 사물이 분리되어 이탈하다.

快把湿衣服脱下来。

⑤ 동작이 과거에서 지금까지 지속, 계속 되는 것이다.

这是我们的祖先流传下来的。

⑥ 말하는 사람이 아래 사람일 경우, 동작의 결과가 위에서 아래까지 영향을 준다.

工作已经分配下来了, 我们开始干吧。

3) 下去

① 동작이 계속 진행됨을 나타낸다.

我明年还要在中国学习下去。

② 목적어가 있으면 동사나 주어 앞에 놓거나 전치사 “把”와 같은 허사를 사용해야 한다.

这些问题我们还要讨论下去。

*我们讨论这些问题下去。

*我们讨论下去这些问题。

③ 말하는 사람이 윗사람일 경우, 동작의 결과가 위에서 아래까지 실행된다.

今天必须把这件事传达下去。

4) 出来

① 없었던 상태에서 있는 상태로 변화한 것을 나타낸다.

那张画他画出来了。

他的意见都说出来了。

② 사람이나 사물을 식별, 분별하는 것, 혹은 감추어졌던 것이 노출되는 것을 나타낸다.

我认出来了, 他是张力。 我听出你的声音来了。

5) 出去

① 동작의 결과가 실현된 것이다.

那套房子卖出去了吗?

② 내부에서 외부로, 비밀에서 공개로, 소수에서 다수에게 나타난 것
这个秘密不能泄露出去。

6) 上来

① 말하는 사람이 윗사람일 경우, 동작의 결과가 아랫사람에서 윗사람에게 영향을 준다.
下课后, 请大家把作业交上来。

② 동작의 결과가 낮은 수준에서 높은 수준으로 이미 실현된 것이다.
经过努力, 他的学习成绩跟上来了。

7) 上去

① 말하는 사람이 아랫사람일 경우, 동작을 아랫사람이 윗사람에게 하는 것이다.
我们的意见已经反映上去。

② 동작의 결과가 낮은 수준에서 높은 수준으로 향상시키는 것으로 아직 실현하지 못함을 나타낸다.
我希望我的汉语水平也能提高上去。

8) 过来

사람이나 사물이 나쁘거나 비정상 상태에서 좋거나 정상 상태로 돌아온 것이다.
经过几个小时的抢救, 他终于醒过来了。

9) 过去

좋거나 정상 상태에서 나쁘거나 이상한 상태로 변화된 것이다.
他受到惊吓以后，晕了过去。

5.10.2. 결과보어

(1) 정의

동사 뒤에서 동작의 결과를 나타내는 보충성분. 동사만이 있는 경우는 어떤 동작이나 행위를 하는 것만 설명하고, 결과보어가 있는 구는 동작이나 행위뿐 아니라 그 결과도 설명한다.

我听了一个报告。("듣는다"라는 동작만을 설명)
我听懂了那个报告。
("듣는다"라는 동작뿐 아니라 "이해했다"는 결과도 설명)
我洗了一块布。
我洗完了一块布。

(2) 목적어의 위치

목적어는 결과보어 뒤에 와야 한다. 동사와 보어 사이에 놓을 수 없다.
我听懂了那个报告。　　*我听那个报告懂了。

(3) 부정

동사 앞에 "没(有)"를 두어 부정한다. 단, 가정의 뜻을 나타낼 때는 "不"를 사용한다.

我沒(有)听懂了那个报告。 沒吃饱 沒学会

你不做完作业, 就别出去玩。你不说清楚, 我就不让你走。

(4) 결과보어의 특징

① 결과보어와 중심어는 밀접하게 결합되어 있어 떨어질 수 없다.
*吃了饱 *看书完

② 결과보어 뒤에는 동태조사 "了"나 "过"가 올 수 있다. 동작의 완료와 실현을 나타내기 때문에 항상 동태조사 "了"를 쓴다. 그리고 때로 경험을 강조하기 위해 "过"를 쓸 수 있다. 동태조사 "着"는 올 수 없다.
我从来沒做错过事。
我以前看见过这种植物。
*我以前看见着这种植物。(×)

③ 한 개의 결과보어만 올 수 있다.
*听见清楚

④ 중간에 구조조사 "得"를 넣을 수 없다. 구조조사 "得"를 넣으면 가능보어의 구조가 된다.
写完 写得完

(5) 상용하는 결과보어 (동사)

1) 着 zháo : 뜻대로 이루어지다, 목적이 달성되다
那本书我总于找着了。

2) **到** dào

① V + **到** + 동작의 대상 : 동작이 목적에 이르렀거나 어떤 결과를

얻었음을 나타낸다.

他大学毕业好几年了, 还沒有找到工作。

② **V + 到 + 장소를 나타내는 명사** : 동작이 어떤 곳에 도달했음을 나타낸다.

我回到了家。

③ **V + 到 + 시간은 나타내는 명사** : 동작이 어떤 시점까지 지속되었음을 나타낸다.

每个星期天孩子们都睡到九点。

3) **完** : 끝내다

这么多的菜你能吃完吗?

4) **住** : 고정되어 변하지 않다

他拉住我的手, 不让我走。

5) **掉** : 떠나거나 분리되다

我丢掉手表。

6) **懂** : 알다, 이해하다

上课的內容我沒听懂。

7) **见** : (시각, 청각, 후각, 등으로) 느끼다, 대상을 알아보다

我刚才看见他进办公室了。

他听见她的声音。

8) **成** : ~(으)로 변하다, ~(으)로 되다

这本中文小说已经翻译成韩文了。

9) **够** : 만족하다, 충분하다

我沒睡够了。

10) **走** : 떠나다

你来晚了, 汽车已经开走了。

(6) 상용하는 결과보어 (형용사)

1) 好

① 잘 마무리 되다, 만족한 정도가 되다

晚饭做好了吗? 行李你都准备好了吗?

② 잘못된 것을 고치고 원래대로 회복하다

别担心, 你的病一定能治好。

2) **错** : 틀리다

你打错电话了。这个字你写错了。

3) 对 : 맞다, 정확하다

你猜对了。你回答对了。

4) **光** : 아무것도 남아 있지 않다

他一个月的工资都用光了。

这种衣服已经卖光了。

5) **清楚** : 명확하다, 분명하다

我还没听清楚。

6) **坏** : 잘못되다, 나쁘게 되다

我吃坏肚子了。

我的电脑被他弄坏了。

5.10.3. 정도보어

(1) 정의 : 동사나 형용사 뒤에서 동작이 진행되는 정도나 상태를 보충 설명하는 낱말이나 구를 말한다.

• S + V인 경우 : S + V + 得 + 정도보어

他说得很好。他说得很流利。他写得不好。

• S + V + O인 경우

他说汉语。*他说汉语不错。

① S + V + O + V + 得 + 정도보어

他说汉语说得不错。

② S + O + V + 得 + 정도보어

他汉语说得不错。

③ O + S + V + 得 + 정도보어

汉语他说得不错。

(2) 정도보어는 형용사 및 형용사구로 이루어진다.

(3) 정도보어의 부정 : 조사 "得"와 형용사 보어 사이에 "不"를 넣는다.

这种点心做得不好吃。 *这种点心不做得好吃。(×)

他打网球打得不好。 *他不打网球打得好。(×)

(4) 정도보어로 사용되는 형용사 앞에는 일반적으로 "太", "很", "真", "非常", "特别", "多(么)" 등의 부사가 온다. 형용사가 단독으로 정도보어가 될 때는 일반적으로 비교의 의미를 가진다.

他唱得很好听。

他写得整齐, 我写得乱。

你跑得快, 他跑得慢。

(5) 정도보어를 동반한 동사 뒤에는 동태조사 "了", "着", "过"가 올 수 없다.

(6) 정도보어를 동반하는 문장에서 정도를 나타내는 부사 이외의 부사어는 일반적으로 동사 앞에 놓는다. 단, 목적어가 있으면 부사

어는 중복된 동사 앞에 놓으며 첫 번째 동사 앞에 놓을 수 없다.

他的字比我写得好看。

他常常来得很早。

他讲这个问题已经讲得很清楚了。

*他已经讲这个问题讲得很清楚了。(×)

(7) 정도보어와 부사어 : 형용사로 이루어진 정도보어는 중심어의 동작이 진행된 정도를 보충 설명하는 것이고, 부사어는 동작이 진행되는 상태나 방식을 수식한다. 둘의 차이는 구별하기 쉽지 않다.

他写信写得很快。(정도보어) 他很快地写了一封信。(부사어)

5.10.4. 수량보어

(1) 정의 : 동사나 형용사 뒤에서 행위의 경험, 연속된 시간, 동작이 진행된 횟수, 사람이나 사물의 길이나 높이의 수량을 보충 설명하는 낱말이나 구를 말한다.

① 수량보어를 동반하는 동사는 중첩할 수 없다.

我们休息一会儿。 *我们休息休息一会儿。(×)

我只写一遍。 *我只写写一遍。(×)

② 부사로 된 부사어는 동사 앞에 놓여야 하며, 동사와 수량보어 사이에 올 수 없다.

那个城市我已经去过几次了。

*那个城市我去过已经几次了。(×)

我们大概要走十分钟。

*我们要走大概十分钟。(×)

③ 목적어가 있으면 부사어는 중복된 동사 앞에 놓아야 하며, 목적어를 동반하는 동사 앞에 놓을 수 없다.

他学历史专业刚学半年。

*他刚学历史专业学半年。(×)

*他学历史专业学刚半年。(×)

④ 동량보어나 시간보어는 반드시 동사 뒤에 놓아야 한다.

他学习了三年汉语。*他三年学习了汉语。(×)

这本书他念了三遍。*这本书他三遍念了。(×)

⑤ 시량과 동량이 동시에 나오는 경우, 어떤 시간 동안 무엇을 몇 번 하는지를 표현한다. 이 때 시량은 동사 앞에, 동량은 동사 뒤에 두어 보어로 처리한다.

一个星期辅导两次汉语。

他一年去了四五趟中国。

(2) **동량보어** : 동작의 횟수, 동사 앞에 놓일 수 없다

我明天去一趟书店。*我明天一趟去书店。(×)

1) 목적어가 일반명사 : 동량보어 + 목적어

我明天去一趟书店。

2) 목적어가 대사 : 목적어 + 동량보어

他叫了我们一声。

3) 목적어가 인명이나 지명인 경우 : 동사 + 목적어 + 동량보어, 동사 + 동량보어 + 목적어

我找过一次小李。

我找过小李一次。

上大学以前我去过一次中国。

上大学以前我去过中国一次。

4) 부정형을 사용하지 않으나 자기를 변호하거나 변명하는 경우 동사 앞에 "沒"를 두어 부정하고, 강조하는 경우 "一 + 동량사 + 也(都) + 沒"라는 부정형식을 사용한다.

哪儿啊, 我只听了一遍, 沒听两遍。

那个地方我一次也沒(都)去过。

5) "了", "过"는 동사 뒤, 보어 앞에 놓는다.

我给他打了三次电话。这部电影我看过两遍。

6) 주로 쓰이는 동량보어

① **次** : 동작의 횟수로 구어에서는 주로 "回"를 사용한다.
这个餐厅我来过两次。

② **遍** : 같은 내용을 처음부터 끝까지 반복한 횟수를 말한다.
我沒听清楚, 请再说一遍。

③ **趟** : 왔다갔다 반복하는 동작의 횟수를 말한다.
上星期我去了趟北京。

④ **下** : 시간이 짧고 가벼운 동작의 횟수로 "한번 좀 ~해 보다"의 의미이다.
你让我看一下儿。

⑤ **顿** : 식사, 질책, 구타 등의 횟수에 사용한다.
老师批评了他一顿。

⑥ **场** : 비, 바람, 전쟁, 공연 등의 횟수에 사용한다.
昨晚我跟朋友一起看了一场歌剧。

(3) **시량보어(시간보어)** : 동작이나 행위가 지속된 시간을 나타낸다.
我看电视看了两个钟头。

1) 동사 + 목적어(일반명사) + 동사 + 시간보어
我买书买了半天。我学中文学了两年多。

2) 동사 + 시간보어 + (的) + 목적어(일반명사)
我买了半天(的)书。我学了两年多(的)中文。

3) 목적어가 인칭대사나 장소인 경우 항상 시량보어 앞에 위치한다.
老师等了你半个小时了。我来中国一年多了。

4) 지속을 나타낼 수 없는 동사는 시간보어를 목적어 뒤에 놓아 동작이 발생한 때부터 일정 시간이 지났음을 나타낸다.
他离开家一年了。(집을 떠나서 지금까지 일년이 지남)
我毕业两年了。(졸업한 이후 지금까지 2년이 흐름)
他起床已经一刻钟了。(일어나서 지금까지 15분이 흐름)

5) 문장 끝에 어기조사 "了"가 없으면 단순 서술식의 의미이나, "了"가 있으면 동작이 일단 완결되었지만 계속 지속되고 있음을 나타낸다.
我学汉语学了两年。
我学了两年(的)汉语。(2년 배웠다.)
我学汉语学了两年了。

我学了两年(的)汉语了。(2년째 배우고 있다.)

6) 부정형은 별로 사용하지 않으나 변명할 때 동사 앞에 "没"를 둔다.

我没玩一个小时(的)电脑, 我只玩了三十分钟。

(4) 명량보어

형용사 뒤에 놓여 길이·넓이·높이·깊이 등을 보충 설명한다. 주로 비교문에서 수량상의 차이를 나타낸다. 비교하는 수량은 반드시 형용사 뒤에 두어야 한다.

这条路宽八米。　　他男朋友高一米八。
他比爱人大四岁。　　*他比爱人四岁大。(×)
这本书比那本难一点儿。　　*这本书比那本一点儿难。(×)

5.10.5. 가능보어

(1) 정의 : 동작이 어떤 결과나 상황에 도달할 수 있는지의 여부를 보충설명한다.

(2) 어법적 기능

1) 결과보어나 방향보어 앞에 "得"를 써서 가능보어를 만들 수 있다.

吃得完　上得去

2) 부정형식은 "得"를 "不"로 바꾸면 된다.

听得懂　听不懂

3) 목적어는 가능보어 뒤, 동사나 주어 앞에 올 수 있다.

我听得懂这个广播。

我这个广播听得懂。

这个广播我听得懂。

4) 가능을 나타내는 "能", "可以" 등은 긍정형식의 가능보어를 동반한 동사 앞에 사용할 수 있으며, 의미는 동일하다. 그러나 부정형식의 가능보어 앞에는 올 수 없다.

我能写得清楚。

*我能写不清楚。(×)

*我不能写不清楚。(×)

5) 가능보어를 사용할 수 없는 4가지 상황

① "把" 구문, "被" 구문

*吃饭前, 我把功课复习得完。(×)

*这个杯子被他打不碎。(×)

② 연동문에서 첫 번째 동사 뒤에 가능보어를 쓸 수 없다.

*图书馆沒开门, 我们进不去图书馆借书。(×)

③ 동사 앞에 "不能"이 있을 때 가능보어를 쓸 수 없다.

*老师说的话我不能听得懂。(×)

④ 문장 안에 묘사성 부사어가 있을 때 가능보어를 쓸 수 없다.

他认真地写得完这篇报告。

6) 자주 사용되는 가능보어

① 동사(买, 吃, 喝, 坐, 住) + 得/不 + 起

"起"는 그만큼을 부담할 수 있거나 자격 조건이 되는지의 가능여부를 나타낼 때 사용한다.

皮大衣太贵了, 我买不起。

他有的是钱, 再贵的饭店也住得起。

② 동사(坐, 放) + 得/不 + 下

"下"는 어떤 장소나 공간에 동사의 동작을 행할 만한 공간이 있는지 여부를 나타낼 때 사용한다.

这个会议室很大, 坐得下一百个人。

③ 吃得下, 吃不下

"下"는 먹어서 위장으로 내려 보내어 소화를 해낼 수 있는지의 여부를 나타낸다.

剩下的这几个餃子你吃得下吗?

我已经吃得很饱了, 实在吃不下了。

④ 吃得完, 吃不完

"完"은 동작을 끝낼 수 있는지 여부를 나타낸다.

这么多菜, 我一个人吃不完。

⑤ 吃得惯, 吃不惯

"惯"은 동작이 반복되어 익숙해져서 습관이 되었는지를 나타낸다.

中国菜很油腻, 开始的时候我吃不惯。

⑥ 동사(拿, 走, 搬) + 得/不 + 动

동작이 목적어인 사람이나 사물의 위치를 이동시킬 수 있는 힘이 있는지의 여부를 나타낼 때 사용한다. 즉 사람이나 사물이 동작에 의해 위치가 옮겨질 수 있으면 "동사 + 得动"의 형태로 사용하고, 움직일 수 없으면 "동사 + 不动"의 형태를 사용한다.

这件行李重得要命, 我实在拿不动。

5.10.6. 각종 보어와 목적어의 위치

(1) 결과보어

주어 + 술어 + 결과보어 + 목적어
打错电话了。
我已经收到电子邮件了。

(2) 방향보어

• 일반목적어

① 단순방향보어

㉠ 술어 + 단순방향보어 + 일반목적어
老师走出了教室。

㉡ 술어 + 来/去 + 일반목적어
拿来了一瓶啤酒。

㉢ 술어 + 일반목적어 + 来/去
拿来一瓶啤酒。(命令)

② 복합방향보어

㉠ 술어 + 보어1 + 보어2 + 일반목적어
我想出来一个办法。
从教室里搬出去一张桌子。

㉡ 술어 + 보어1 + 일반목적어 + 보어2
你想出一个办法来。
从教室里搬出一张桌子去。

- 장소목적어

  ① 来/去 단순방향보어

  술어 + 장소목적어 + 来/去

  他回家乡去了。

  ② 복합방향보어

  술어 + 보어1 + 장소목적어 + 보어2(来/去)

  走进办公室去了。

- 이합동사 : 동사성 단어 + 보어1 + 명사성 단어 + 보어2(来/去)

  唱起歌来。聊起天来。转过身去。

(3) 가능보어

주어 + 술어 + 得/不 + 가능보어 + 목적어

现在去, 买得到啤酒吗?

突然想不起来他的名字。

(4) 정도보어

① 술어반복

㉠ 주어 + 술어 + 목적어 + 술어 + 得 + 정도보어

他喝酒喝得厉害。

他说汉语说得很流利。

㉡ 주어 + (술어) + 목적어 + 술어 + 得 + 정도보어

他酒喝得厉害。

他汉语说得很流利。

② 목적어도치

汉语, 他说得很流利。

(5) 수량보어

• 동량보어

① 일반명사 목적어 : 술어 + 동량보어 + 일반명사 목적어

我参加过一次汉语水平考试。

② 대명사 목적어 : 술어 + 대명사 목적어 + 동량보어

老师叫我好几遍。

③ 인명, 호칭, 지명은 둘 다 가능.

他去过北京一次。

他去过一次北京。

• 시량보어

① 일반명사 목적어

㉠ 술어 + 일반명사 목적어 + 술어 + 시량보어

我喝酒喝了五个小时。

㉡ 술어 + 시량보어 + 일반명사 목적어

我喝了五个小时酒。

② 대명사 목적어 : 술어 + 대명사 목적어 + 시량보어

我等你半天了。

③ 인명, 호칭은 둘 다 가능 (그러나 주로 시량보어 앞)

我们等俊华一会儿吧。

我们等一会儿俊华吧。

5.11. 부사어

(1) 정의

동사나 형용사를 수식 · 제한하는 것을 부사어라 한다. 수식되는 것을 중심어라 하며, 부사어는 중심어 앞에 놓여 시간 · 장소 · 정도 · 범위 · 모양 · 긍정 · 부정 · 중복 · 대상 · 원인 등을 나타내는 부가 성분이다.

1) 동사 앞의 부사어 : 부사어 – 중심어(동사술어)
2) 형용사 앞의 부사어 : 부사어 – 중심어(형용사술어)
3) 기타 술어 앞의 부사어

(2) 특징

1) 부사어의 위치 : 부사어는 반드시 수식 · 제한을 받는 중심어 앞에 놓여야 하며, 뒤에 놓일 수 없다.
他不欢迎我们。 * 他欢迎不我们。(×)

2) 부사어와 구조조사 "地"

① 조사 "地"를 반드시 사용해야 하는 경우

<table>
<tr><th colspan="2">부사어(状语)</th><th>예</th></tr>
<tr><td colspan="2">동사</td><td>大家注意地听着。</td></tr>
<tr><td colspan="2">명사</td><td>他常常科学地解决问题。</td></tr>
<tr><td rowspan="3">형용사</td><td>동사에도 속하는 2음절 단어</td><td>他高兴地笑了。</td></tr>
<tr><td>감정을 나타내는 2음절 단어</td><td>他惭愧地低下了头。</td></tr>
<tr><td>2음절 단어의 중첩형태(AABB)</td><td>他们高高兴兴地唱歌。</td></tr>
<tr><td rowspan="3">연합구</td><td>동사</td><td>他们连说带笑地走过来了。</td></tr>
<tr><td>동목구</td><td>我们有目的有计划地安排生产。</td></tr>
<tr><td>형용사</td><td>双方亲切友好地交换了意见。</td></tr>
<tr><td colspan="2">주술구</td><td>他心痛地看了孩子一眼。</td></tr>
</table>

수식구	동사성 형용사성	这条河不住地流啊流。 大家很热烈地欢迎。
수량구	중첩형식	你们两个两个地排好队。
관용구		我们兴高采烈地谈论着。

② 조사 "地"를 사용할 수도 있고 사용하지 않아도 되는 경우

부사어(状语)		예
형용사	단음절 형용사가 중첩된 경우(AA) 2음절 형용사가 2음절 단어를 수식하는 경우	你们慢慢(地)学习。 我们都努力(地)学习。 他全面(地)解释了这个问题。

③ 조사 "地"를 사용하지 않는 경우

부사어(状语)		예
부사	동사 앞에 있는 경우 형용사 앞에 있는 경우 부사 앞에 있는 경우	他姐姐已经结婚。 这种花真香。 他也不知道。
전치사구		我们在月光下散步。
명사	시간명사 장소명사	我明天下午到北京去。 前边来了一个人。
조동사	한개만을 사용한 경우 두개를 병용한 경우	学生应该学习。 我们应该能解决这个问题。
단음절 형용사		你快走。
대명사		大家都这么说。
명사성 수식구		我这个月病了两天。
수량구		我第一次来韩国。
방위구		墙上卦着十字架。

(3) 부사의 배열 순서

한 문장 안에서 때로는 부사어가 몇 개의 낱말이나 구로 이루어지게 되어, 몇 종류의 수식관계를 나타내기도 한다. 이와 같은 경우, 일반적으로 다음 순서로 배열된다.

「시간 - 지점·범위 - 정도 - 모양이나 방식 - 대상·도구·방향 등 - (중심어)」

昨天—在家里—都 · 很—兴奋地—跟他—(说)

(4) 부사어와 관형어 : 부사어와 관형어는 모두 중심어 앞에 오는 부가성분이다. 이들의 대략적인 차이점은 아래와 같다.

부사어(状语)	관형어(定语)
1. 술어 앞에 놓인다. 2. 동사 · 형용사 앞에 주로 온다. 3. 부사어의 일부는 뒤에 구조조사 "地"가 놓인다. 4. 주로 부사 · 조동사 · 전치사구로 이루어진다.	1. 주어나 목적어 앞에 놓인다. 2. 명사 앞에 주로 온다. 3. 관형어의 일부는 뒤에 구조조사 "的"가 놓인다. 4. 주로 명사 · 대명사 · 형용사로 이루어진다.

5.12. 중국어의 비교법

(1) "比"를 이용한 비교

1) 의미 : 두 사람이나 두 사물 간의 성질이나 형상 또는 정도상의 차이를 나타낸다.

A가 B보다 …… 하다.

2) 구조 : A + 比B(비교의 대상) + 서술어(비교 결과) : 형용사나 동사가 주로 서술어로 사용된다.

他比我高。　　我姐姐比我爱学习。

3) 특징

① 두 사람의 나이를 비교할 때는 "多"나 "少"를 사용하지 않고 "大"나 "小"를 사용한다.

我比你大, 他比你小。

哥哥比弟弟大得多, 弟弟比哥哥小得多。

姐姐比哥哥大一点儿, 哥哥比姐姐小一点儿。

* 我比你多, 他比你少。(×)

② 나이의 구체적인 차이를 비교하여 나타낼 때 "年"을 사용하지 않고 "岁"를 사용한다.

伯母比伯父小五岁。

* 伯母比伯父小五年。(×)

③ 일반 동사가 서술어에 나온다면 동사 앞에 "早, 晚, 先, 后, 难, 好, 多, 少" 등의 부사어를 사용하거나 정도보어를 갖는다. 이들 부사어를 "比" 앞에 두지는 않는다.

汉语比日语难学。

他比我来得晚。

* 我多比他买了一本。(×)

* 我晚比他到三分钟。(×)

④ 일반적으로 "早, 晚, 多, 少" 등을 동사 앞에 놓을 때 동사 뒤에 수량보어가 따라오며, 비교된 결과의 구체적인 결과를 나타낸다.

A + 比 + B + 早 / 晚 / 多 / 少 + 동사 + 수량

他四号来的, 我二号来的, 他比我晚来两天。

昨天晚上我喝了三杯牛奶, 他渴了两杯, 我比他多喝一杯牛奶。

他比我多跑四百米。

我比他少学了半年。

⑤ 만약 "동사 + 목적어" 구조를 사용한다면 다음과 같은 어

순을 가진다.

他说汉语说得比我好。

他说汉语比我说得好。

* 他比我说汉语说得好。(×)

⑥ "比"의 앞과 뒤의 낱말이나 구는 일반적으로 같은 품사 및 구이다.

汽车比自行车快。(명사)

他比我大一点儿。(대사)

这条路比那条(路)宽。(명사구)

坐火车比坐飞机慢。(동목구)

你讲比他讲更好。(주술구)

⑦ "比"앞과 뒤의 성분이 모두 명사구이고 중심어가 같은 경우, 일반적으로 "比" 뒤의 중심어를 생략한다. 관형어는 생략할 수 없다.

这座山比那座(山)高得多。

这儿的名胜古迹比那儿的(名胜古迹)多。

⑧ 관형어가 영속관계를 나타내는 경우, 중심어를 생략하더라도 구조조사 "的"는 반드시 사용해야 한다.

我的洗衣机比你的(洗衣机)小。

* 我的洗衣机比你小。(×)

⑨ 수량보어는 구체적인 차이를 나타내고, "一点儿", "一些"는 차이가 조금 날 때 "多了"나 "得多"는 차이가 현격하게 날 때 사용한다.

我姐姐比我大三岁。

他比我多买了一斤苹果。

这个提包比那个轻一点儿。

这条裤子的颜色比那个深一些。

今天比昨天冷多了。

这儿的水果比我们那儿的多得多。

她看上去比她姐姐漂亮得多(多了)。

* 她看上去比她姐姐很漂亮。(×)

这种手提电脑比那种贵一点儿。

* 这种手提电脑比那种有点儿贵。(×)

⑩ "比"와 술어 사이에 "更", "还", "还要" 등의 부사어를 사용할 경우 "정도가 한층 더 뛰어남"을 의미한다. 그러나 정도를 나타내는 부사 "很, 非常, 特别, 十分, 有点儿" 등은 사용할 수 없다.

这个公园比那个(公园)更美。("那个公园"도 상당히 아름답다)

今天比昨天还热。("昨天"도 상당히 더웠다)

⑪ 부정부사 "不"는 "比" 앞에 두어 만든다. 술어 앞에 "不"를 놓을 수 없다.

今天不比昨天冷。

这样做不比那样做好。

⑫ 부정형식 「A + 不比 + B」는 "A가 B보다 어떠하지 못함"을 의미하는 것이지 "B가 A보다 어떠어떠함"을 이야기하는 것은 아니다. "他不比我高(그는 나보다 크지 않다)"는 "我比他高(나는 그보다 크다)"의 의미를 포함하고 있기는 하지만 항상 "我比他高"한 것은 아니다. (같은 경우도 있기 때문) "我比他高"와 상반된 의미를 전달할 경우 "我比他矮"라고 한다.

⑬ 「수사 "一" + 양사(양사성을 띤 명사) + 比 + 수사 "一" + 양사(양사성을 띤 명사)」로 구성된 "一天比一天", "一年比一年", "一次比一次" 등의 관용구를 사용하여서 "정도가 점차적으로 심화됨"을 나타낸다. 그러나 이러한 관용구는 주어 앞에 둘 수 없다.

天气一天比一天凉快了。

* 一天比一天天气凉快了。(×)

人民的生活一年比一年富裕。

他的考试成绩一次比一次好。

⑭ 동일 사물의 다른 시간대에서의 변화를 비교할 때에는 "比" 뒤에 시간구를 두어 나타낸다.

这孩子的身体比以前好多了。

(2) "跟"을 이용한 비교

1) 의미 : A와 B의 같고 다름을 구별할 때 사용한다.

2) 구조 : A + 跟 + B + 一样 / 差不多 / 相同

这张画跟那张画一样。

他的爱好跟我的爱好差不多。

我的想法跟你的想法相同。

3) 특징 및 주의할 점

① 형용사 "差不多"는 "一样", "相同" 앞에서 이를 수식하는 부사어로 쓰이기도 한다.

这个提包跟那个差不多一样。

他讲的內容跟你讲的差不多相同。

② "跟……一样"은 부사어, 관형어, 보어 등으로 사용된다.

ⓐ 부사어 : 구조조사 "地"를 쓰지 않는다. 조동사는 일반적으로 "跟……一样" 뒤에 둔다.

这座桥跟那座桥一样雄伟。(부사어)

我跟他一样喜欢文艺。(부사어)

他写汉字写得跟你一样好看。(부사어)

小王跟你们两个一样能写会画。

他跟你们一样想去中国玩玩。

ⓑ 관형어 : 반드시 구조조사 "的"를 써야 한다.

我要买一本跟他那本一样的词典。

ⓒ 보어 : 반드시 구조조사 "得"를 써야 한다.

她长得跟她母亲一样。

③ "一样" 뒤에 서술어가 올 수도 있는데 이 때 "跟……一样"은 문장 속에서 부사어가 된다.

他的儿子跟我的儿子一样大。

她跟我一样, 都喜欢吃辣的。

④ 일반적으로 "一样" 앞에 부정부사 "不"를 둔다.

我的意见跟他的不一样。

我买的照相机跟你的不一样。

⑤ "一样" 앞에 "差不多", "几乎", "不太", "完全" 등과 같은 부사어는 올 수 있지만 "很, 非常, 最" 등과 같은 정도부사는 올 수 없다. 부정형식 "跟……不一样"에서 "不" 앞이나 뒤에 정도를 나타내는 부사 "很, 太, 都" 등을 부사어로 쓸 수 있다.

我和姐姐的性格不太一样。

他们两个是双胞胎, 长得完全一样。

* 这本书的內容跟那本非常一样。(×)

* 他们两个穿的衣服很一样。(×)

这几个东西的重量跟那几个不都一样。

我的打算跟他的很不一样。

这种产品的质量跟那种太不一样了。

⑥ "跟……相同"의 부정형식은 "跟……不同"이다.

我的想法跟他的不同。

(3) "有"나 "沒有"를 이용한 비교

1) 의미 : 비교의 방면이나 도달 기준을 나타낸다. 즉 "A는 B만큼 ……하다/못하다"의 의미이다.

2) 구조 : A + 有(沒有) B + (这么/那么) + 비교 방면(서술어)

他女朋友有你这么年轻漂亮吗?

今天有昨天那么热吗?

哥哥沒有弟弟那么聪明。

我沒有你那么会说。

3) 특징 및 주의할 점

① 비교방면을 나타내는 서술어는 일반적으로 적극적이고 좋은 의미를 가지고 있는 형용사를 사용한다.

我跑得沒有你快。

* 我跑得沒有你慢。(×)

我的房间沒有妹妹的干净。

* 我的房间沒有妹妹的脏。(×)

② 술어 뒤에 비교의 차이를 나타내는 수량보어를 동반할 수 없다.

这筐水果有十斤重, 那筐水果也有十斤重。

这筐水果有那筐重。

* 这筐水果有那筐重十斤。(×)

他高一米七六, 我高一米七八。

他沒有我高。

* 他沒有我高一点儿。(×)

(4) “像”을 이용한 비교

1) 의미 : 두 사람 또는 두 사물이 서로 비슷함을 나타낸다.

2) 구조

① 피비교자(주어) + 동사 像(술어) + 비교대상(목적어)

他像他爸爸。

他像一个中文老师。

这种东西的形状像火箭。

② 피비교자(주어) + 「像 + 비교대상」(부사어) + 这么/那么(부사어) + 비교대상(술어)

他像他爸爸这么勇敢。

小王像小高这么喜欢体育运动。

3) 특징 및 주의할 점

① "像"이 직접 술어로 사용되는 경우 "像" 앞에 정도를 나타내는 부사어를 사용할 수 있다. 단, "像 + 비교대상"이 부사어로 사용되는 경우 "像" 앞에 정도부사를 사용할 수 없다.

他很像一个演员。

小王非常像记者。

* 他很像他爸爸那么高。(×)

② 술어 앞에는 일반적으로 지시대사 "这么(这样)"이나 "那么(那样)"을 사용한다. "这么(这样)"이나 "那么(那样)"은 술어 앞에만 올 수 있고 "像" 앞에는 올 수 없다.

他的眼睛像你的这么好看。

* 他的眼睛那样像你的好看。(×)

我们的家乡像公园那样美。

③ "像"의 부정형은 "不像"이다.

他不像五十岁的人。

他不像他爸爸那样健康。

④ "像"을 이용한 비교는 "서로 유사함"을 나타내고 "有"를 이용한 비교는 "어느 정도에 도달했는가"를 비교한다.

他像他哥哥那样热情。

他有他哥哥那么热情。

⑤ "像……一样"은 "앞뒤의 두 사물이 매우 비슷함"을 나타내며, "跟……一样"은 "앞과 뒤의 두 사물이 비슷한 정도를 넘어서서 서로 같음"을 나타낸다.

(5) "不如"를 이용한 비교

1) 정의 : 어떤 것이 다른 것보다 못함. A가 B만 못하다. 즉 B가 더 낫다. "A + 不如 B"는 "A + 沒有 B + 好"의 의미이다.

2) 기본구조 :

① 피비교자(주어) + 不如(술어) + 비교대상(목적어)
我不如他。
这个报告不如那个报告。

② 피비교자(주어) + 「不如 + 비교대상 + 那么」(부사어) + 비교 방면, 기준(술어)
我不如他那么刻苦。
这个报告不如那个那么精彩。

3) 특징 및 주의할 점

① "不如" 앞과 뒤의 낱말이나 구는 일반적으로 같은 품사 및 구조를 가진다.
他不如你。(대사)
这个球场不如那个球场。(명사구)
看电视不如看电影。(동목구)
一个人去不如大家一起去。(주술구)

② "不如"뒤에 술어(형용사, 동사)를 사용하여 "비교하는 방면"을 나타낼 수 있다.
我不如他高。
坐船不如坐火车快。

③ “不如” 뒤에 정도보어를 동반하는 동사

这张照片不如那张照得好。

他外语不如你说流利。

④ “不如”뒤에 조동사를 동반하는 동사

你不如他能吃苦。

我不如你会按排时间。

⑤ 술어 앞에 일반적으로 “那么”를 사용하여 정도를 나타낸다.

我不如他那么高。

我的假日不如你的那么多。

⑥ 부정형식 “不如”만 있고 긍정형식 “如”는 없다.

⑦ “不如”는 술어로서 “沒有……好”의 의미를 나타낼 수 있지만 “沒有”는 술어로 쓰일 수 없다.

这种收音机沒有那种好。

这种收音机不如那种。

* 这种收音机沒有那种。(×)

(6) “越来越”를 이용한 비교

1) 의미 : 사람이나 사물이 시간의 추이에 따라 어떤 방면에서 변화하는 것을 나타낸다.

2) 기본 구문 : 피비교자(주어) + 越来越(부사어) + 변화되는 방향(술어)

他越来越健康。　　天气越来越冷。

我越来越喜欢我的工作了。

我们之间越来越了解了。

3) 특징 및 주의할 점

① 주로 술어 앞에 부사어로 사용되며 주어 앞에는 올 수 없다.

学习外语的人越来越多了。

* 越来越学习外语的人多了。(×)

② “越来越”가 정도보어 구문에 쓰일 경우, “越来越”는 술어 앞에 놓이지 않고 정도보어 앞에 놓인다.

我们生活得越来越幸福。

他长得越来越高了。

* 我们越来越生活得幸福。(×)

* 他越来越长得高了。(×)

③ “越来越”뒤에 다른 정도부사를 부사어로 사용할 수 없다.

这只小猫越来越可爱。

*这只小猫越来越很可爱。(×)

④ 술어로는 형용사나 정도를 나타내는 동사가 사용된다.

他的身体越来越坏。

我们的老师越来越严格了。

孩子们越来越懂得学习的主要性了。

⑤ 일반적으로 문장 끝에 어기조사 “了”를 사용하여 변화를 나타낸다.

天越来越黑了。

我们越来越团结了。

这个城市建设得越来越美了。

5.13. 중국어의 동작상태

(1) 정의

동작의 진행, 지속, 완료 등의 여러 상태를 "동태"라 한다. 동작상태와 시제는 서로 다른 어법 범주이다. 동작상태는 시제와 관계는 있지만 시제를 나타내는 것은 아니다. 동작상태는 항상 부사나 동태조사를 사용하여 나타내지만 시제는 주로 시간명사, 시간을 나타내는 부사(구)로 나타낸다.

(2) 동태의 종류 :

① 동작의 완료와 실현 (了1과 了2)
② 동작의 경험(过)
③ 동작의 진행(正, 在, 正在)
④ 동작의 지속(着)
⑤ 동작의 가까운 미래(将要, 将, 要, 就要, 快要)

(3) 동작의 완료와 실현

동작이 완료된 것을 나타내려면 동사 뒤에 동태조사 "了"를 사용한다. "了"는 의미와 용법상 서로 다른 두 개가 있는데 일반적으로는 동사 뒤에 놓는 "了"를 동태조사 "了1"이라 하고, 문장 끝에 출현하는 "了"를 어기조사 "了2"라 한다.

1) 동작의 완료는 과거, 현재, 미래 중 어느 때이든 발생할 수 있다. 동태조사 "了"는 동작이 완료된 상태에 있다는 것만을 나타낸다.

구체적인 시간명사와 시간을 나타내는 구를 가지고 동작이 과거, 현재, 미래 중 어느 때에 완료되었는지를 나타낸다. 명확한 시간이 없으면 일반적으로 말할 당시 "현재"에 완료되었음을 나타낸다.

他们参观了一个美术馆。

昨天上午他们参观了一个美术馆。(과거)

他们刚参观了一个美术馆。(현재)

明天他们参观了一个美术馆就去教育部。(미래)

2) 목적어의 위치

① 동사 + 목적어 + 了1 : 목적어가 아주 간단한 경우

昨天我看电影了。

我写了两封信。

② 동사 + 了1 + 목적어 : 목적어가 단순하지만 문장이 끝나지 않고 뒤에 계속적으로 말이 이어져 나올 경우

我们昨天唱了歌, 跳了舞, 玩儿得很开心。

(我们昨天唱歌了。)

③ 동사 + 了1 + 수량사(의문사) + 목적어 : 목적어 앞에 수사와 양사가 나오면 "了1"은 동사 바로 뒤에 놓는다.

我昨天买了一本汉语语法书。

你买了什么东西?

④ 동사1 + 了1 + (목적어) + 동사2 + (목적어) : 어떤 동작이 끝나고 새로운 동작이 나타낼 때 "了1"은 첫 번째 동사 뒤에 놓는다.

我看了报纸才知道那个消息。

我到了就给你打电话。

⑤ 동사 + 전치사 + 了1 + 목적어
我把借的钱都还给了他。
昨天我们跟张先生一起照了相。

⑥ (연동문의) 동사1 + 동사2 + 了1 : 연동문에서는 두 번째 동사 뒤에 위치한다.
我去北京出差了。
他们来我家玩了。

3) "了1"의 생략

① 연속적인 동작을 나타낼 때, 두 번째 동작이 바로 이어서 출현하는 것을 강조할 때 첫 번째 동사 뒤에 "了1"을 생략한다.
他起床穿上衣服就跑出屋去。

② 동사 뒤에 결과나 방향보어가 나오고, 그것을 강조하고자 할 때 "了1"을 생략할 수 있다.
吃完饭, 他又开始看起书来。

③ 일상적이거나 습관적인 동작에서는 "了1"을 쓸 필요가 없다. 일반적으로 "每, 总是, 经常, 常常" 등의 부사가 온다.
每天他都打网球。
冬天我常常滑冰。
每到节日他们都举行晚会。
结婚前, 我总是在公司食堂吃饭。

④ 수식어 속에는 일반적으로 "了1"을 쓰지 않는다.
昨天你买的书在哪儿?

⑤ "了"가 붙지 않는 동사 : 是, 在, 等于, 属于, 像, 知道, 开始, 希望, 打算, 觉得, 喜欢, 认为

⑥ 주술술어문의 술어부분의 주어가 동사이면 뒤에 동태조사 "了"를 사용할 수 없다.

他们学习很好。

* 他们学习了很好。(×)

大家工作特别认真。

* 大家工作了特别认真。(×)

4) 동사를 충첩할 경우 동태조사 "了"는 중첩된 동사 사이에만 둘 수 있다.

昨天我们在一起聊了聊(天)。* 聊聊了(天) (×)

星期天我看了看朋友就回来了。* 我看看了 (×)

5) 동사 앞에 "没有"를 사용한다. 이때 "了1"은 없앤다.

昨天我没看电视。

我没买录音机。

6) 항상 있어 왔거나 습관적인 동작은 "不"로 부정한다.

他过去总是不锻炼身体, 所以老生病。

(4) "了2"의 의미와 용법

1) "了2"의 의미

① 진술문의 문미에 쓰여 새로운 상황의 출현이나 상황과 상태의 변화를 나타낸다.

春天了。

天黑了, 我们快回家吧。

现在他是国家干部了。

他不再是我的朋友了。(상황의 변화)

弟弟今年十六岁了。(수량의 도달)

② 진술문의 문미에 쓰여 인식, 주장, 의견, 행동 등에 변화가 생겼음을 나타낸다.

我明白你的意见了。

我现在还有事, 不能去俱乐部了。

③ 문미에 쓰여 재촉, 권고, 주의, 환기 등을 나타낸다.

走了, 走了, 不能再等了。

好了, 不要再说了。

吃饭了, 快过来。(밥 먹을 때가 되었으니 빨리 와라)

上课了, 快进教室吧。(수업 시작할 때가 다 되었다)

开车了, 快上车吧。(차 떠날 시간이 다 되었다)

ⓐ 太……了 : 강한 긍정과 감탄의 어기

这种东西太贵了。

ⓑ 可……了 : 강한 긍정과 감탄의 어기

他的女朋友可漂亮了。

ⓒ 别……了 : 권고의 어기

别喝了, 再吃就会醉的。

④ 문장이 끝나는 어기를 나타낸다.

我去图书馆借书了。

⑤ "了2"의 위치 : 문장 끝에 위치한다. "了1"보다는 위치가 고정적이다.

⑥ "了2"의 부정형식 : 이미 발생된 변화나 새로 출현한 상황을 부정하려면 "没(有)"를 써서 부정하고 문장 끝의 "了2"는 없앤다.

外边下雪了吗? --- 沒下雪。

⑦ 시간의 양을 나타내는 말이 앞에 나오면 "沒(有)"를 사용해도 "了2"를 붙일 수 있다. - 동작이 지금까지 지속되고 있다는 뜻을 나타낸다.

我们有一年多沒见面了。

我好长时间沒跟他联系了。

⑧ 不……了 : 장차 출현할 새로운 상황을 부정하거나 원래의 계획이나 소망 혹은 성질의 변화를 나타낸다.

我有点儿头疼, 不想去看电影了。

天太冷, 我不打算出去买东西了。

牙不疼了, 可以吃东西了。

(비교) 我不喝酒。

我沒喝酒。

我不喝酒了。

⑨ 了1과 了2의 결합

ⓐ 동사 + 了1 + 목적어 + 了2 : 동작의 완료와 변화를 동시에 나타낸다.

我已经给他打了1电话了2。

ⓑ 동사 + 了1 + 수량사 + 목적어 + 了2 : 동작이 현재까지 지속된 시간이나 이미 도달하거나 완결된 수량을 나타낸다. 일단 완결(了1)되고 계속 지속될 예정(了2)임을 설명한다.

我听了1半个小时录音了2。

为了借这本书, 我已经去了1两次图书馆了2。

(5) 경험태

1) 표현 형식 : 과거에 어떤 경험이 있음을 나타낼 때 동사나 형용사 뒤에 "过"를 붙인다.

주어 + 술어 + "过" + (목적어)

他来过。

我学过中医。

我去过两次中国。

她从来没这么高兴过。

2) "过"의 의미

① 과거의 경험을 나타내는 것으로 "……한 적이 있다"라고 해석된다. "曾经"이나 "已经" 등과 같은 부사가 자주 사용된다.

他曾经学过汉语。

我已经和他谈过一次。

② 동작, 행위가 끝났음을 나타내기도 한다. 일반적으로 「동사 + "过" + (목적어) + 了」 형대로 쓰이며, 생활 속에서 습관적, 주기적으로 일어나는 일에 자주 사용된다.

晚饭我已经吃过了。

我已经刷过牙了。

3) "过"의 위치

ⓐ 일반적으로 동사 바로 뒤에 위치한다.

ⓑ 목적어는 동태조사 "过" 뒤에 놓아야 한다.

我曾经学过法文。 * 学法文过

他曾经去过非州。 * 去非州过

ⓒ 연동문에서는 끝에 나오는 동사 뒤에 위치한다.

我去宿舍找过他.

4) 문법 특징

① 부정형식은 동사 앞에 "沒(有)"를 사용한다. 「沒+동사 +"过"」

我沒看过这个电影。

我从来沒说过这种话。

学校里未曾发生过这样的事情。(문언적 색채)

② 의문형식은 다음과 같다.

ⓐ 동태조사 "过"를 사용하는 진술문의 문미에 "沒有"를 붙인다.

주어 + 동사(술어) + "过" + (목적어) + 沒有?

你洗过海水沒有? 洗过。또는 沒洗过。

他们来过这里沒有? 来过。또는 沒来过。

ⓑ 동태조사 "过"를 사용한 진술문의 문미에 "吗"를 붙인다.

他爬过这座山吗? 爬过。또는 沒爬过。

你吃过北京烤鸭吗? 吃过。또는 沒吃过。

ⓒ 「동사 + "过"」의 긍정과 부정형식을 반복한다. 이 경우 첫 번째 "过"는 생략할 수 있다.

你们去(过)沒去过桂林? 去过。또는 沒去过。

③ 부사어가 나타내는 시간은 반드시 특정한 시간이어야지 막연한 때를 가리켜서는 안 된다.

昨天我们在海边散步过。

* 我们常常在海边散步过。

去年他们游览过长城。

* 有一年他们游览过长城。

④ 전치사구가 부사어인 경우 부정부사 "沒(有)"는 일반적으로 전치사구 앞에 놓인다.
我们沒在那儿游过泳。
我沒跟他一起工作过。

(6) 진행태

1) 표현형식 : 동작의 진행을 나타내려면 동사 앞에 부사 "正", "在", "正在"를 붙이거나 문미에 어기조사 "呢"를 붙인다.
他们正在开会呢。
他们正在晒衣服呢。
昨天我去老师家的时候, 老师正在做饭呢。(과거)
明年的这个时候, 我可能正在想你们呢。(미래)

2) 문법 특징

① 부정형식은 동사 앞에 부정부사 "沒"를 두어 만든다. 「沒+(在)+동사」이 경우 부사 "正"과 조사 "呢"는 생략해야 하지만 "在"는 생략하지 않아도 된다. 특히 동작이 진행 중에 있지 않음을 적극적으로 설명하려 할 때에는 "在"를 생략하지 않는다.
他沒(在)看书, 他在写信呢。
昨天我写信的时候, 他沒(在)听收音机。
② 문장에 전치사구 "在……"가 부사어로 있으면 문미에 조사 "呢"를 사용하거나 전치사 "在" 앞에 부사 "正"을 사용한다. "正在"는 사용하지 못한다. 진행을 나타내는 "在"와 전치사 "在"가 同音同字여서 둘이 동시에 출현할 경우 하나를 생략한다.
他在宿舍睡觉呢。

* 他正在在宿舍睡觉呢。(×)

他们正在楼上研究问题。

③ 동사 앞에 부사 "在"를 사용하여 동작이 반복적으로 진행되거나 장기간 계속되는 것을 나타낼 때에는 "지속된 시간의 길이를 나타내는 표현"이나 "又, 经常, 常常, 时常, 一直" 등의 부사를 반드시 "在" 앞에 놓아야 한다. 이런 경우 "正", "正在"는 사용할 수 없다.

我们经常在考虑这个问题。

* 我们在经常考虑这个问题。(×)

父亲常常在提醒孩子们。

大家一直在等你。

从昨天晚上开始, 他一直在发烧。

* 从昨天晚上开始, 他一直正在发烧。(×)

整整一个下午, 外边都在下雨。

* 整整一个下午, 外边都正下雨。(×)

④ 동작의 완료를 나타내는 동태조사 "了"와는 같이 쓸 수 없다.

* 他正在听音乐了。(×)

* 他们正在排练节目了。(×)

⑤ "正在"와 "呢" 중간에 동보구(动补句)를 사용할 수 없다.

* 他正在写完呢。

3) "正", "在", "正在"의 의미 및 구조 비교

① 의미상의 차이 : "正", "在", "正在"가 나타내는 의미는 기본적으로 같다. "正"은 시간에 표현의 중점을 두며, "在"는 동작 진행의 상태를 강조하고, "正在"는 시간과 상태 모두를 똑같

이 강조한다.

他进来的时候, 两个人正拥抱在一起呢。

一整天他都在睡觉。

别进去, 里边正在开会呢。

② 구조상의 차이

ⓐ 正 : 일반적으로 뒤에 단순한 동사가 오지 않고 비교적 복잡한 성분이 온다.

正看呢 * 正看 (×)

正吃着 * 正吃 (×)

正写着呢 * 正写 (×)

他正打着电话呢 * 正打电话 (×)

ⓑ "在"나 "正在"는 위와 같은 제한을 받지 않는다.

在看 正在吃 在写 正在打电话

(7) 지속태

1) 표현형식 : 동작이나 동작 결과가 지속되고 있는 것을 나타낼 때, 동사 뒤에 동태조사 "着(zhe)"를 붙인다.

他眼睛闭着。(동작의 지속)

窗戶开着, 门关着。(동작은 완료, 상태는 지속)

2) 「동사 + 着」의 의미

① 동작의 지속 : "……하고 있다"로 어떤 동작이 지속 상태에 있다.

快高考了, 考生们紧张地复习着功课。

ⓐ 동작의 진행은 누가 무엇을 하고 있는지를 서술하고 동작의 지속은 동작이 발생한 이후에 계속 지속되고 있는 상태

에 대해 묘사한다.

他<u>正在</u>唱歌呢。(동작의 진행)

他唱着歌呢。(동작의 지속)

ⓑ 동작의 지속과 동작의 진행은 동시에 일어날 수 있기 때문에 동사 앞에 "正, 在, 正在"를 붙일 수 있다.

他<u>正</u>等着你呢, 快来吧。

他<u>正在</u>打着电话呢。

② "……한 상태로 되어 있다" 어떤 상태가 지속되고 있는 것을 나타낸다. 동작의 지속을 나타내는 "正, 在, 正在"와는 같이 쓸 수 없다.

墙上挂着一张地图。

他戴着帽子。

* 墙上正在挂着一张地图。(×)

* 他正戴着帽子。(×)

③ 「동사1 + 着 + 동사2」의 의미

ⓐ "……하면서 ……하다" 연동문을 구성하여 동작의 방식을 나타낸다.

我坐着看书。

演员站着唱歌。

他在客厅里跟朋友一起喝着咖啡聊天儿。

ⓑ 목적관계

大家忙着准备过节。

这块蛋糕留着给孩子吃。

ⓒ 동사1의 동작이 진행되는 가운데 동사2의 동작이 출현

他想着想着笑了起来。

他们说着说着吵了起来。

3) 문법 특징

① 동사가 목적어를 가지면 목적어는 “着” 뒤에 놓는다.

他们跳着舞呢。

* 他们跳舞着呢。(×)

他靠着一张桌子。

② 동사 + 목적어 관계로 이루어진 낱말이 술어가 될 때에도 목적어 부분을 “着” 뒤에 놓는다. 이 관계는 특히 주의를 기울여야 한다.

鼓着掌　　唱着歌

* 鼓掌着 (×)

③ 동사와 조사 “着” 사이에 결과보어를 넣을 수 없다.

他正写着一封家信。

* 他正写完着一封家信。(×)

我看着电视呢。

* 我看清楚着电视呢。(×)

④ 동작의 시간이나 양을 나타내는 수량보어를 쓸 수 없다.

* 我一直爱着他好几年。(시량보어) (×)

* 你等着我一下。(동량보어) (×)

⑤ 부정형식은 동사 앞에 부정부사 “沒”를 붙인다.

他<u>沒</u>站着。

上边的窗戶<u>沒</u>开着。

⑥ 동태조사 “了1”을 사용할 수 없다.

门开着

* 门开着(zhe)了 (×)

他醒着

* 他醒着了 (×)

⑦ 과거, 현재, 미래에 모두 사용할 수 있다.

昨天上课的时候, 他主意地听着教授的话。(과거)

明天上课的时候, 我们一定主意地听着教授的话。(미래)

⑧ 동작의 지속이 이루어지는 장소를 밝히고자 할 때는 동사 앞에 "在"전치사구를 쓴다.

他在后边站着。

* 他站着在后边。(×)

我们都在草地上坐着。

* 我们都坐着在草地上。(×)

地图在墙上挂着。

* 地图挂着在墙上。(×)

⑨ "어느 곳에서 어떤 현상이 지속되고 있음"을 설명하는 문장에서 장소를 나타내는 낱말이나 구는 문두에 쓰며, 그 앞에 전치사 "在"를 쓰지 않는다.

外边下着小雪。

* 在外儿围着不少人。(×)

(8) 가까운 미래

1) 표현 형식 : 동작이 발생하려는 것을 나타낼 때에는 부사 "要, 将要, 将, 快要, 就要, 快"와 어기조사 "了"를 사용한다. (이하 대표 「要……了」)

2) 특징

① 발생하려는 동작을 나타내는 동사, 동목구, 동보구는 「要……了」의 중간에 놓는다.

春天要来了。

飞机要起飞了。

运动员要入场了。

② 동작이 막 발생하려 할 때에는 "就要……了"를 사용한다. 이때 "就要" 앞이나 주어 앞에 시간을 나타내는 낱말이나 구를 놓을 수 있다.

我们一月十五日就要考试了。

明天我就要回国了。

③ 멀지 않아 동작이 발생할 것을 나타낼 때에는 "快要"를 주로 쓴다. 이때에는 구체적인 시간을 나타내는 말과는 함께 사용할 수 없다. "将要"는 주로 서면어에 쓰인다.

风快要停了。

他将要出席本届联合国大会了。

* 再过一个月, 我快要大学毕业了。(×)

* 他下星期快要结婚了。(×)

④ 과거에 막 발생하려 했던 것도 나타낸다. 이때에는 동사 뒤에 어기조사 "了"를 사용할 수 없다.

昨天飞机要起飞的时候, 忽然下雨了。

⑤ 부정형식은 "还沒……(呢)"의 구조를 사용한다.

他还沒离开学校(呢)。

5.14. 특수한 동사 술어문

(1) "把"자문(把字句)

1) 정의

전치사 "把"와 그 목적어를 부사어로 하는 동사술어문이다. 어떤 행위가 사람이나 사물에 가해져서 모종의 결과를 발생시켰을 때, 그 행위를 받는 사람이나 사물을 강조한다.

동작의 주체 + 把 + 동작 행위의 대상 + 동사 + 기타성분
他把鸡蛋吃了。
你把地扫扫。

2) 주의사항

① 주어는 반드시 능동자여야 하며, 동사가 나타내는 동작을 하는 사람이어야 한다.
他把那个报告听完了。
他听完把那个报告了。

② 전치사 "把"의 목적어는 일반적으로 구체적인 것이다. 그 앞에는 항상 지시대사나 관형어가 오거나 대화를 하는 쌍방이 모두 확실히 알고 있는 인물이나 사물이다.
지시대명사와 양사는 구체적으로 대상을 지적해줄 수 있는 말이므로 사용될 수 있지만 불확실한 지칭을 말하는 수량사는 목적어로 사용될 수 없다.
把那本词典递给我。
* 把一本词典递给我。(×)

他把电脑修好了。

* 他把一台电脑修好了。(×)

③ 동사는 반드시 타동사여야 한다. 다음과 같은 동사를 사용하는 문장에서는 "把"자문을 쓸 수 없다.

* 我把他认识了。(×)

* 他最后把这个计划同意了。(×)

- 동작의 변화를 나타낼 수 없는 동사
  是 有 在 等于
- 감각과 지각을 나타내는 동사
  知道 认识 觉得 同意 听见
- 심리상태를 나타내는 동사
  怕 喜欢 愿意 希望
- 시작과 종료를 나타내는 동사
  开始 继续 出发
- 방향을 나타내는 동사
  进 出 上 下 起 过 回 来 去

④ 동사 뒤에는 일반적으로 동작의 결과나 영향을 설명하는 부대 성분이 와야 한다. 이 부대성분이 될 수 있는 것은 목적어, 동태조사 "了", "着", 중첩된 동사, 각종 보어, 부사어 등이다.

他把字典买来了。(조사 "了")

你把身份证带着。(조사 "着")

别忘了把这件事告诉他。(목적어)

快把照片拿出来。(방향보어)

我把今天要办的事都办完了。(결과보어)

⑤ 조동사나 부사는 전치사 “把” 앞에 놓아야 한다.

你快把雨衣穿上。

他下星期四把研究计划送来。

只要有决心, 就能把汉语学好。

妈妈已经把东西准备好了。

⑥ “把” 자문의 부정형식은 전치사 “把” 앞에 부정부사 “没(有)”를 두어 만든다. 단, 가설을 나타내거나 사람과 사물에 어떤 동작을 가하려 하지 않음을 나타내는 경우에는 “不”를 사용하여 부정할 수 있다.

大会主席没把话讲完。

那个作家还没把他的新小说写好。

他不愿意把时间浪费掉。

你不把病养好, 就不能参加下个月的活动。

3) “把”자문을 쓸 수 없는 경우

① 단음절 동사만을 사용할 수 없다.

他把字典买来了。

* 他把字典买。(×)

他把那杯茶喝了。

* 他把那杯茶喝。(×)

② 결과의 의미를 가지는 쌍음절 동사 외의 일반 쌍음절 동사는 “把” 자문의 동사가 될 수 없다.

他们已经把这个问题解决了。

我们一定把这个任务完成。

* 他把事情的经过叙述。(×)

③ 가능보어는 "把" 자문의 동사 뒤에 쓰일 수 없다. "把"자문에서는 조동사 "能"이나 "可以" 등으로 가능의 의미를 나타내야 한다.

我能把作业做完。

* 我把作业做得完。(×)

4) 절대적 "把"자문 : 반드시 "把"자문을 써야 하는 경우

동사 후반부의 구조가 비교적 복잡할 때 반드시 "把"를 사용하여 동작의 대상을 동사 앞으로 옮겨야 한다.

① "在", "到", "成", "给", "做" 등이 동사의 보어가 될 때 "把"자문을 사용하여야 한다.

他把那张彩色照片挂在墙上。

* 他挂那张彩色照片在墙上。(×)

他把汽车开到大门口了。

* 他开汽车到大门口了。(×)

他把火车票交给我了。

* 他交火车票给我了。(×)

他把座位摆成圆形了。

* 他摆座位成圆形了。(×)

我把他当做我的姐姐。

* 我当他做我的姐姐。(×)

② 복합방향보어와 장소목적어를 동반하는 구문에서는 반드시 "把"자문을 사용해야 한다.

老师把新同学带进教室来了。

* 老师带新同学进教室来了。(×)

大夫把那个病人送回家去了。

* 大夫送那个病人回家去了。(×)

5) **把字句**에서 쓸 수 없는 동사 (被字句도 거의 유사함)

판단동사 : 是, 有, 像, 姓, 属于, 好像

감각, 인지동사 : 看见, 知道, 觉得, 感到, 懂, 听见, 认识

심리동사 : 同意, 生气, 关心, 喜欢, 怕

방향동사 : 来, 去, 上, 下, 进, 出

* 我把他认识了。(×)

* 我把这个计划同意了。(×)

참고 : 피동문(被字句)의 술어는 주로 행위동사지만 "看见", "听见", "感觉", "知道"와 같은 사유나 심리활동을 나타내는 동사도 쓸 수 있다.

(2) 피동문(被字句)

1) 정의

"~에 의해 …… 되다(당하다)"라는 피동의 의미를 나타내는 문장이다. 주어의 의지와는 무관하게 어떤 일이 일어났거나 주어가 어떤 손해를 당했음을 나타낸다. "被"대신 "叫", "让", "给" 등이 사용되기도 한다.

피동자(주어) + 「"被" + 주동자」(부사어) + 동사(술어) + 부대성분

他被学校开除了。

钱包被人偷走了。

2) "被" 자문의 특징

① 주어는 피동자로서 술어가 나타내는 동작을 받는 대상(사람

이나 사물)이다.

那位科学家被我们请来了。(“请”의 대상은 “那位科学家。”이고, 일반 동사술어문은 “我们请来了那位科学家。”이다.)

② 전치사 “被”의 목적어는 의미상 동사가 나타내는 동작의 행위자이다. 경우에 따라서 생략할 수 있다.

那只大象被捉住了。

(일반적으로 “人”이 “那只大象”을 잡았다는 의미를 내포)

他的病被治好了。

(일반적으로 “医生”이 “他的病”을 완치했다는 의미를 내포)

③ 구체적으로 주동자를 말할 수 없거나 말할 필요가 없을 때, 전치사 “被” 뒤에는 동작의 주체가 생략될 수 있지만 “叫”, “让”, “给” 등의 뒤에는 동작의 주체를 나타내는 명사가 반드시 나와야 하며, 범칭을 나타내는 “人”을 목적어로 쓸 수 있다.

小偷最后被警察抓住了。

小偷最后被抓住了。

他昨天叫(让)老师批评了一顿。

* 他昨天叫(让)批评了一顿。(×)

图书馆的新书都叫人借走了。

* 图书馆的新书都叫(让)借走了。(×)

④ 단지 “被”는 서면어에서 자주 사용되고 구어에서는 주로 “叫”, “让”, “给” 등이 사용된다.

⑤ 동사 뒤에는 반드시 다른 성분을 부가하여 동작의 결과나 영향을 설명해야 한다. 이때 부대성분으로는 동태조사 “了”, “过”나 보어, 목적어 등이 쓰인다.

他被大家说服了。(조사 “了”)

他们被老师表扬过。(조사 "过")

哥哥被他朋友叫出去了。(방향보어)

他被人推了一下。(수량보어)

那套纪念邮票被他送给朋友了。(결과보어와 목적어)

3) 주의할 점

① 단음절 동사만을 사용할 수 없다.

他被朋友请去了。

* 他被朋友请。(×)

桌上的报被我弄湿了。

* 桌上的报被我弄。(×)

② 가능보어는 "被" 자문의 동사 뒤에 올 수 없다.

* 帽子被风刮得走。(×)

③ 동태조사 "着"는 "被" 자문의 동사 뒤에 올 수 없다.

* 那本书被他拿着。(×)

④ 부사나 조동사는 "被"자 앞에 둔다.

他又被妈妈打了一顿。

你可能会被别人误解。

⑤ "被" 자문의 부정형식은 전치사 "被" 앞에 부정부사 "沒(有)"를 두어 만든다.

那个村子沒被占领。

* 那个村子被沒占领。(×)

4) 의미상의 피동문

동작을 할 수 없는 사물이 주어인 경우 그 뒤에 나오는 동사는 그

자체가 피동의 의미를 가진다. 특히 주동자를 나타낼 수 없는 경우 전치사 "被"를 쓰지 않는다. 이러한 문장을 "의미상의 피동문"이라 한다.

演唱会的票已经卖光了。

我的信收到了没有?

字写了。

* 字被写了。(×)

墨水送来了。

* 墨水被送来了。(×)

(3) 연동식 동사술어문(连动句)

1) 정의

두 개 또는 두 개 이상의 동사나 동사구가 한 문장 안에 같이 쓰여서 동일한 주어의 술어 역할을 하는 경우, 이러한 동사 술어문을 연동식 동사술어문이라고 한다.

주어 + 술어(동사1) + 목적어1 + 술어(동사2) + 목적어2

2) 두 동사의 관계

모든 연동문의 동사1과 동사2는 기본적으로 동작의 선후관계가 내포되어 있다. 즉 동사1이 먼저 발생하고 난 후에 동사2가 발생한다.

① 동사2는 동사1의 목적을 나타내기도 한다. 주로 「来/去 + 장소목적어 + 동사구」의 문형

我去寄信。

他去南京旅行。

我去医院看病。

他每个星期都来这个餐厅吃饭。

② 동사2가 동사1의 목적을 나타낼 경우, 동사1의 목적어는 의미상 동사2의 동작의 대상이며, 동사2는 일반적으로 목적어를 동반하지 않는다.

我倒水喝。

我买衣服穿。

我们自己做饭吃。

他要你的设计图看看。

③ 동사1은 동사2의 수단과 방식을 나타내기도 한다.

我用左手写。

我坐火车去。

他们坐飞机去广州。

我们用汉语谈话。

④ 동사1과 동사2는 동작의 선후관계를 나타낸다.

他穿上衣服拉开门跑了出去。

她进厨房从冰箱里拿出一瓶牛奶。

⑤ 동사1이 "有"인 경우, 동사2는 "有"의 목적어의 용도를 보충 설명한다. 동사1은 반드시 목적어를 동반한다.

我有笔用。

他们都有报纸看。

我有几个问题问老师。

我每天都有时间锻炼身体。

3) 연동문의 특징 및 주의할 점

① 연동문의 술어는 2개의 동사로 이루어진다.

我去找。

他们来来参观。

② 연동문의 두 동사는 모두 목적어를 동반할 수도 있고, 한 개의 동사만 목적어를 동반할 수도 있다.

我去找他。

我去宿舍找他。

我去宿舍找。

③ 부사어는 일반적으로 동사1 앞에 놓으며, 동사2 앞에 두어서는 안 된다. 시간을 나타내는 부사어는 문장 첫머리에 둘 수 있다.

他们现在有机会学习技术。

三年以前他来中国访问过。

* 他们去都看电影了。(×)

* 他来中国三年以前访问过。(×)

小时候, 我们常常去河里捉鱼。

④ 부정부사 "不" 또는 "沒(有)"를 동사1 앞에 두어 술부 전체를 부정한다.

今天咱们沒工夫谈下去了。

我不出去买东西。

* 我出去不买东西。(×)

他不坐汽车进城。

* 他坐汽车不进城。(×)

⑤ 동사가 “有”인 경우에는 “沒有”로 부정한다.

我沒有时间去公园。

* 我不有时间去公园。(×)

我沒有本子用了。

* 我不有本子用了。(×)

⑥ 두 동사의 순서는 바꿀 수 없다. 바꿀 경우 의미가 변하거나 비문이 된다.

我去宿舍叫他。

我叫他去宿舍。

⑦ 방식과 수단을 나타내는 동사와 그 목적어는 반드시 앞부분에 놓아야 한다.

我用汉语讲课。

* 我讲课用汉语。(×)

他骑自行车去朋友家。

* 他去朋友家骑自行车。(×)

⑧ 동작이 이미 완성되었음을 나타낼 때 문장 끝에 어기조사 “了”를 쓰거나 동태조사 “了”를 동사2의 뒤에 둔다.

我们去礼堂听了一个报告。

我们都去礼堂听报告了。

* 我们去了礼堂听报告。(×)

⑨ 동사성 연합구가 술어로 쓰이는 경우는 연동문에 포함시키지 않는다.

他每天写诗画画儿。

我每星期天上午写信, 会客。

⑩ 연동문에서도 동사의 중첩형을 쓸 수 있다. 일반적으로 뒤에

나오는 동사를 중첩시킨다.

他爷爷每天早上去公园散散步。

(4) 겸어문(**兼语句**)

1) 정의

한문장 안에 두 개의 동사가 있고, 앞 동사의 목적어가 뒷 동사의 주어를 겸할 경우, 이러한 성분을 "겸어"라 하고, 이러한 동사술어문을 겸어문이라 한다.

주어 + 술어1 + 겸어(술어1의 목적어이고 술어2의 주어) + 술어2(겸어의 술어)

老师叫我们念课文。

我有一个哥哥很勇敢。

2) 겸어문의 3가지 유형

① 사역의 의미를 가진 동사로 구성된 겸어문

让, 叫, 使, 请, 把, 要求, 命令, 逼迫, 吩咐

我想请你来家里吃顿饭。

老师让他回答问题。

② 호칭이나 인정의 의미를 나타내는 동사로 구성된 겸어문

叫, 称, 选, 认

他怕老婆, 所以大家都称他为"汽管炎"。

同学们一致选他当班长。

③ 동사1에 "有"나 "是"가 사용된 겸어문

我有个朋友在中国留学。

沒有人会相信你的。

是他帮我办好了手续。

3) 겸어문의 특징과 주의할 점

① 술어1과 겸어 사이에 다른 성분을 삽입할 수 없다.

明天他请我们去他家。

他明天请我们去他家。

他请我们明天去他家。

* 他请明天我们去他家。(×)

② 술어1 뒤에 "了", "着", "过"와 같은 동태조사가 올 수 없다.

老师让学生们谈了各自的想法。

* 老师让了学生们谈各自的想法。(×)

公司派我来中国工作。

* 公司派了我来中国工作。(×)

③ 술어1과 술어2는 모두 그 앞에 부사어를 동반할 수 있다.

他昨天请我们吃饭。

老师常常让我们互相学习。

④ 조동사는 일반적으로 술어1 앞에 둔다.

我想请你把这封信交给他。

⑤ 겸어문의 부정형식에서 부정부사 "不"나 "沒(有)"는 술어1 앞에 놓아야 하며, 술어2 앞에 둘 수 없다. 단, 제지나 말림을 나타낼 경우, 술어2 앞에 "别", "不要" 등의 부정부사를 사용한다.

他们沒让我出院。

* 他们让我沒出院。(×)

队长不叫我去他那儿。

* 队长叫我不去他那儿。(×)

他们让我别出院。

队长叫我不要去他那儿。

⑥ 술어1이 "请", "禁止" 등의 동사인 경우, 일반적으로 겸어를 생략한다.

请进!　　请喝茶!

禁止通行。　禁止停车。

4) 무주어 겸어문

"请", "有", "是" 등의 동사가 술어1로 쓰이는 경우, 대체로 주어가 없다. 이러한 겸어문을 "무주어 겸어문"이라고 한다.

请你不要大声说话。

外边有人找你。

上星期六是我给你打电话。

(5) 존현문(存现文)

1) 정의 : 문두에 "장소"나 "시간"을 나타내는 낱말이나 구를 사용하여 어떤 곳, 어떤 시간에 사람이나 사물이 "존재"하거나 "출현" 혹은 "소실"되었음을 나타낸다.

장소 또는 시간(부사어) + 동사 + (동태조사) + 존재, 출현, 소실된 사람이나 사물(목적어)

客厅里坐着两位客人。

桌子上放着不少书。

我们班走了两个学生。

他们房间丢过东西。

2) 존현문의 특징과 주의할 점

① 존현문에는 주어가 없다.

② 문두에 출현하는 부사어로는 방위명사, 방위구, 시간명사구 등이 주로 사용된다.

东边跑来一匹马。

门口站着几个人。

早上走了两位旅客。

晚上八点半来过一个学生。

③ 장소나 시간을 가리키는 부사어는 동사 앞 문장의 첫머리에 와야 한다.

* 几个人站着门口。(×)

* 一个学生来过晚上八点半。(×)

④ 장소나 시간을 나타내는 부사어 앞에 전치사 "在"나 "从"을 사용하지 않는다.

前边来了一些参观的人。

* <u>从</u>前边来了一些参观的人。(×)

早上六点就走了一批旅客。

* <u>在</u>早上六点就走了一批旅客。(×)

⑤ 존현을 나타내는 동사는 일반적으로 "了", "着", "过" 등의 동태조사를 동반한다. 그러나 "着"을 동반한 동사는 진행을 나타내는 부사인 "正" 또는 "在"를 동사 앞에 동반할 수 없다.

画儿上画着一对小猫。

村子里死<u>了</u>一个人。

昨天出过一会儿太阳。

墙上挂着一张世界地图。

* 墙上在挂着一张世界地图。(×)

桌子上摆着电视。

* 桌子上正摆着电视。(×)

⑥ 존현목적어 : 특정한 것을 지칭하는 것은 올 수 없으며, 일반적으로 앞에 수량을 나타내는 낱말을 동반한다.

⑦ 부정형식 : 동사 앞에 부정부사 "沒(有)"를 사용하여 만든다. 부정문에는 목적어 앞에 수량사나 지시사를 쓰지 않는다.

公园门口沒停着车。

* 公园门口沒停着一辆车。(×)

后边沒开来汽车。

* 后边沒开来那辆车。(×)

(6) 강조를 위한 "**是……的**" 구문

1) 의미 : 이미 완료된 동작의 발생시간, 장소, 방식, 목적, 동작의 행위자 등을 특별히 강조할 때 사용한다.

① 시간 : 他们是上大学的时候认识的。 他是去年来的。

② 장소 : 这本书是在哪儿买的? 我是从美国来的。

③ 방식 : 你是怎么去书店的? 我是坐飞机去的。

④ 목적 : 你是来做什么的? 我是来探亲的。

⑤ 동작의 행위자 : 这本小说是谁翻译成韩文的?

是我妈妈翻译成韩文的。

2) 특징 및 주의할 점

① "是"와 "的" 사이에는 일반적으로 동사구가 온다.

② "是"는 강조하고자 하는 시간, 장소, 방식을 나타내는 말 앞에 오며, "的"는 일반적으로 문장 끝에 온다.

③ "是"와 "的" 사이에 동목구가 올 경우, "的"는 목적어 앞이나 문장 끝 모두에 올 수 있다. 단, 목적어가 대명사일 경우에는 "的" 앞에 목적어를 둔다.

他们是在北京语言学院学的汉语。

我们是昨天晚上到的北京。

我是刚才在街上遇见他的。

* 我是刚才在街上遇见的他。(×)

④ 부정은 "是" 앞에 "不"를 붙여주면 된다. 부정문에서는 "是"를 생략할 수 없다.

我(是)早上去的, 不是下午去的。

他(是)在饭馆吃的, 不是在家里吃的。

⑤ 동작이 이미 완료되었지만 동작의 완료를 나타내는 "了"와 병용할 수 없다.

我祖母是在南京病死的。

* 我祖母是在南京病死了的。(×)

⑥ 강조하는 시간, 장소, 방식 등의 부사어에 강세를 둔다.

(7) 의문대사를 이용한 강조

1) 의미

"어떤 사람 어떤 사물도 예외가 없음"을 강조한다. 서술문에 의문대사 "谁", "什么", "哪", "哪儿", "怎么" 등을 이용하여 나타내며 의문대사 뒤에 "都"나 "也"를 사용한다.

谁都知道这个消息。(누구나 모두)
他什么都不吃。(어떤 것도 모두)
今天他什么地方都不想去了。(어디건 간에 모두)
哪儿都有公园。(어떤 도시, 어떤 지역이나 모두)
哪个公园都很热闹。(어떤 공원이나 모두)
他怎么要求都行。(어떤 방법으로 "요구"하든 모두)

2) 특징과 용법

① 의문대사는 의문의 소재를 나타내는 것이 아니라 "임의의 것"을 나타낸다. 문장에 의문대사가 쓰였지만 이는 의문문이 아니라 서술문이며, 서면어에서는 문장 끝에 마침표(。)를 찍는다.
谁都有自己的理想。
他什么都懂。

② 목적어를 강조하기 위하여 의문대사를 목적어로 쓸 경우, 목적어를 전치한다.
我们哪儿都去了。
* 我们都去哪儿了。(×)
他什么也没有。(그는 아무것도 가지고 있지 않다)
- 전치목적어에 의한 강조.
他也没有什么。(그도 무언가를 가지고 있지 않다)
- 일반 서술문

③ 의문대사는 반드시 "都"나 "也"를 동반한다. 뒤의 "都"나 "也"

를 생략하면 의문문으로 변한다. “也”는 주로 부정문에서 많이 사용한다.

谁都喜欢这种花。(누구나를 강조)

谁喜欢这种花? (누가…? 라는 의문문)

他什么东西也不吃。(“어떤 것도”라는 것을 강조)

他什么东西不吃? (“무엇을 먹지 않느냐?”는 의문문)

④ 부정형식은 “都(也)”와 술어 사이에 “不” 또는 “沒(有)”를 사용하여 만든다.

谁也不知道。

他什么都不说。

昨天我们哪儿也沒去。

⑤ 문장의 강세는 의문대사에 두며, 억양은 저강조이다.

(8) “连……都(也)”를 이용한 강조

1) 주어를 강조 : 连孩子们都很讲礼貌。(아이들도 이러하니 어른들은 더 하다)

2) 목적어를 강조 : 목적어를 동사 앞으로 전치하여 전치목적어로 사용.

我们连明天的课都准备好了。

3) 동사를 강조 :

昨天他连看也沒看, 就把书还给我了。

(보고 싶지도 않았고 보지도 않았음을 강조)

4) 특징

① 동사를 강조할 경우 술어로 사용되는 동사는 주로 부정형식으로 사용된다.

他连游泳都不会。

对这种事, 他连想也沒想过。

② 앞의 "连"은 생략할 수 있으나 뒤의 "都(也)"는 생략할 수 없다.

제5장 한자 쓰기 교육

1. 한자의 특징에 관련된 이야기[9)]

(1) 내 이름이 하얀 뱃가죽?

중국에서 쓰는 글자는 한자이다. 한자만의 특성으로 인해 나타나는 일들도 참 많은데 한자의 특성상 글자를 쓸 때 잘못 쓰면 오해하는 경우가 많다. 예를 들어, "了"자를 잘못 쓰면, "3"자로 생각할 수도 있고, "好"자도 잘못 쓰면 "女子"로 잘못 볼 수도 있다.

어떤 사람이 병원에서 진찰을 받는데 간호사가 자기 이름을 "白肚皮"라고 불러서 대판 싸웠다고 한다. 알고 보니 그 사람의 이름이 "白月坡"였다. "坡"자의 "土"변을 앞에 있는 "月"자와 붙여 읽었기 때문인데, 세상에 "白肚皮"라니 이름을 "하얀 뱃가죽"이라고 부르다니.

(2) 어느 선비의 낙서

예전에 어떤 잘 사는 부자(父子)가 돈으로 진사(进士) 자리를 사고는 너무 기뻐서 대문 앞에 다음과 같은 말을 적었다.

9) 于海洲,『妙语奇诗巧联解趣』(中国文史出版社, 2002) 참고.

父进士, 子进士, 父子同进士。

아비도 진사, 아들도 진사, 부자(父子)가 모두 진사.

婆夫人, 媳夫人, 婆媳皆夫人。

시어미도 부인, 며느리도 부인, 고부(姑妇)가 모두 부인.

그런데 어떤 선비가 이를 보고 너무 아니꼬와서 다음과 같이 고쳐 버렸다.

父进土, 子进土, 父子同进土。婆失人, 媳失人, 婆媳皆失人。

언듯 보면 별 차이가 없어 보이지만 자세히 보면 첫 구의 "士"자의 아래 획을 늘여 "土"자로 만들고, 둘째 구의 "夫"자에 획을 더해 "失"자로 만들었다. 그러자 뜻이 :

아비도 흙으로, 아들도 흙으로, 부자가 모두 흙으로 들어갔네.
시어미도 남편을 잃고, 며느리도 남편을 잃고, 고부가 모두 남편을 잃었네.

이 글을 읽은 그 집 사람들이 얼마나 화가 났을지는 짐작할 만하다. 어떤 사람인지 몰라도 교묘하게 획수와 획을 늘려서 전혀 다른 뜻으로 바꿔 버린 것인데 이는 획 하나만 틀려도 전혀 다른 글자가 되는 한자의 특징을 이용한 예이다.

(3) 도대체 무슨 성일까?

한자가 서로 다른 글자로 분해되는 것을 이용한 예들도 상당히 많다. 우리들이 서로 통성명을 할 때 "李"씨는 "木子", "吴"씨는 "口天", "张"씨는 "弓长", "刘"씨는 "文刀"라고 소개하는 게 모두 여기에 속한다. 다음 예를 보자.

어느 기자가 취재를 나가서 네 명의 농민과 얘기를 하는데 그들의 성을 묻자 다음과 같이 대답했다. "내 성은 "王"자 네 개가 서로 모여 돌고 있는 모양이네.", "내 성은 "日"자 네 개가 서로 어깨를 나란히 한 모양이지.", "내 성은 "口"자 네 개가 서로 모여 있는 모양이야.", "내 성은 "山"자 네 개가 서로 끝을 마주 하고 있는 모양이야."

과연 이 네 명의 성은 무엇일까? 네 명 모두 성이 "田"이다.

중국 한자는 한 글자가 하나의 음절을 가지고 있다. 한자 한 글자에 음절, 발음, 의미가 모두 다른 고립어의 특징을 보이고 있다. 중국의 대련(对联)이나 대구(对句) 또 전통 시가 발전한 것도 이 같은 특징 때문이라 볼 수 있다. 또한 중국의 한자만이 가지고 있는 독특한 특징 가운데 하나가 바로 파자(破字)이다. 중국 한자는 그 발전 과정에서 여러 글자가 모여서 이루어진 글자가 대량으로 생겨나게 되었는데, 또 이 때문에 이런 글자를 다시 여러 글자로 분해하는 파자가 생겨나게 되었다.

2. 중국 한자의 특징

한자는 발생에서 지금까지 많은 변화를 겪어 왔다. 이런 한자의 변천과정을 살펴보고, 한자의 특징과 관련된 언어문화에는 무엇이 있는지 알아보자.

2.1. 한자의 서체 변화

한자의 발생은 약 5000년 전, 전설시대인 3황5제(三皇五帝) 때, 황제(皇帝)의 사관(史官) 창힐(苍颉)이 새와 짐승들의 발자국을 보고 창안하였다는 설이 있다. 그러나 이는 어디까지나 전설로 믿을 만한 근거는 없다. 실존하는 자료로서 가장 오래된 문자는 1903년 은허(殷墟)에서 출토된 은대(殷代)의 갑골문자(甲骨文字)라고 할 수 있다. B.C. 14세기~B.C. 12세기에 사용된 것으로 추정되는 이 문자는 당시의 중대사를 점을 본 후 거북의 배 껍데기나 소의 어깨뼈에 새겨 놓은 실용적인 것이었다. 그 후 주(周)나라 선왕(宣王) 때 태사(太史) 사주(史籀)가 주문(籀文 :大篆)을 만들었고, 춘추전국시대에는 각 국에서 이체자(异体字)들을 쓰다가 진(秦)나라의 승상(丞相) 이사(李斯)가 주문(籀文)을 개량하여 소전(小篆)을 만들어 문자를 통일하였다. 그 후 진나라의 옥리(狱吏) 정막(程邈)이 소전을 더욱 간략하게 줄여서 예서(隶书)를 만들었고, 한대(汉代)에는 이것을 계승한 한예(汉隶)가 통용문자로 쓰였다. 후한(后汉)에 이르러 왕차중(王次仲)은 이 한예를 더 간략하게 줄여서 해서(楷书)를 만들었으며, 이후 이것을 정서(正书)라 하여 표준 자체로 삼았다. 목간(木简) · 죽간(竹简)을 대체하여 필기구가 붓 · 먹 · 종이 중심의 시대가 되자, 삼국시대에는 붓으로 쓰기에 편리한 초서(草书)· 행서(行书)가 나타났고, 육조(六朝) · 당대(唐代)에는 서예가 문예의 일부분이 되기에 이르렀다.

서체의 변천을 자형(字形)에 따라 고찰하면 갑골문· 금문· 전서·예서· 해서의 다섯 시대로 구분할 수 있으며, 해서 이후로는 오랜 시대에 걸쳐 변화의 흔적이 없다. 중국의 문자개혁은 한자의 발생에서부터 시작했다고 해도 과언이 아니며, 결국은 현재 해서로서 정립되었고, 지금은 여기에서 더 나아가 간체자(简体字)가 통용되고 있다.

2.2. 한자의 원리 육서(六书)

후한(后汉)의 허신(许慎)은 그의 저서『설문해자(说文解字)』에서 문자의 구조 용법을 상형(象形)· 지사(指事) · 회의(会意) · 형성(形声) · 가차(假借) · 전주(转注)의 여섯 가지로 나누었는데, 이것을 육서(六书)라고 부른다. 이 육서가 나오면서 많은 사람들이 한자의 발생에서 만들어진 과정을 이해하고 공부하는 방편으로 사용하고 있다. 여기에서 상형, 지사, 회의와 형성은 한자를 만드는 방법이고, 가차와 전주는 이미 만들어진 한자를 활용하는 방법이다. 이 육서를 간단하게 소개하면 다음과 같다.

(1) 상형(象形)

상형자라는 것은 바로 사물의 형태에 근거하여 만든 글자로서 "日", "月", "水", "火", "山" 등을 말한다. 이러한 방법에는 큰 결점이 하나 있는데, 바로 형태가 있는 물체를 본뜬 글자이기 때문에 추상적인 사물은 글자로 표현할 수 없다는 점이다.

(2) 지사(指事)

상형의 결점을 보완하기 위해 생겨났다. 지사자란 사물의 주된 특징을 바탕으로 부호를 덧붙여서 추상적이고 관념적인 의미를 표현하는 방법이다. 예를 들어, "上"은 갑골문에서 "⼆"로 표현되었는데 짧은 선이 긴 가로선의 위에 있어서 뜻이 바로 "上"이 된 것이고, "下"는 "⼆"인데, 짧은 선이 긴 선 밑에 있어서 뜻이 "下"가 된 것이다. 지사자는 비록 상형자보다는 진보했지만 상형자를 기초로 삼은 것이기 때문에 상형의 범위를 벗어나지 못했다고 할 수 있다.

(3) 회의(会意)

회의자는 상형자와 지사자보다 크게 발전하여 한자가 실로 그림의 단계에서 벗어나 진짜 글자의 특징을 갖추었다고 할 수 있다. 회의자는 몇 개의 글자를 조합하여 만든 글자로서 몇 개의 글자가 모여 하나의 뜻을 나타낸다. 예를 들어, "林"은 "木" 두 개가 병렬된 것으로 뜻은 바로 나무가 많다는 것이다. "明"은 "日"과 "月" 두 글자가 합쳐진 자로서 "日"은 태양, "月"은 달을 뜻하므로 해와 달이 함께 있으니 당연히 "밝다"라는 뜻이 된 것이다.

(4) 형성(形声)

형성자의 탄생은 한자의 또 다른 비약으로서 한자의 수를 대량으로 증가하게 하였다. 통계에 따르면 현재 한자의 80% 이상이 형성자이다. 형성자라는 것은 하나의 한자가 두 부분을 포함하는 것을 말하는 것인데, 하나는 이 한자의 독음을 나타내고, 다른 하나는 의미 부분으로서 이 한자의 뜻 혹은 이 한자의 뜻과 관련이 있는 사물을 나타낸다. 예를 들어, "补, 饭, 糖, 泳, 猫" 등으로, 모두 두 부분이 합쳐진 글자들이다. 즉, "补=衤(衣) + 卜", "饭= (食) + 反", "糖=米 + 唐", "泳=氵(水) + 永", "猫=犭 + 苗"로 각 글자의 앞부분은 모두 의미부분으로서 이 한자의 뜻 혹은 이 한자의 뜻과 관련된 사물을 나타내고, 뒷부분은 그 한자의 발음을 나타낸다.

(5) 가차(假借)

추상적인 단어를 표시하는 또 하나의 방법은 어떤 단어와의 동음이의어가 이미 문자를 가지고 있을 때 그것을 차용하는 방법을 가차라 한다. 예를 들면, "만(万)"은 원래 전갈의 모습을 본뜬 문자였으나 그와 동음이었던 수(数)의 뜻인 만(万)을 가리키게 된 것과 같은 것이다. 이외에도 "불(佛)"은 본래 "~를 방불(仿佛)케하다"의 의미를 뜻하는 한자인데, 불교가 전해진 뒤 부처(Budda)와 음이 서로 비슷하기에 "부처"의 의미로 음역되어 사용되기도 한다. 이렇게 본 뜻과 관계없이 단순히 그 음을 빌려서 뜻으로 사용되는 경우로는 코카콜라(可口可乐), 이탈리아(伊太利), 말레이시아(马来西亚) 등의 외국어 음역들이 있다. 이외에도 형태나 모양을 빌려서 사용하는 경우도 특수하게 있는데, 예컨대 "아니다"를 뜻하는 "弗"은 그 모양이 화폐인 달러($)와 유사하므로 "달러"의 뜻으로 빌려쓰기도 한다.

(6) 전주(转注)

동일한 글자를 파생적인 용법으로 사용하는 방법을 전주라 하며, 도(途)가 길(道)을 나타내게 되는 것 등이 그 예이다. 다른 예로 "乐"의 경우 이 글자는 윗부분은 큰북과 작은북을, 아래 "木"은 북을 설치하는 받침대 나무를 본뜬 것으로, 여기서 일차적으로 "악기(乐器)"라는 뜻이 생기고, 다시 의미가 확대되어 "음악(音乐)"의 뜻으로 사용된다. 또 의미가 다시 확대 변화되어 "즐겁다(快乐)" 혹은 "좋아하다(乐山乐水)"라는 의미로 사용된다. 이렇게 전주자는 기존의 글자가 갖고 있는 의미가 확대되어 변화하는 것을 일컫는다.

2.3. 한자의 구성

(1) 필획

한자의 기본 필획은 크게 다음 5가지로 나눌 수 있다. 즉, 왼쪽에서 오른쪽으로 긋는 것을 "横(횡)"이라 하고, 여기에 다시 아래로 긋는 것을 "折(절)", 위에서 아래로 긋는 것은 "竖(수)", 좌측 아래로 긋는 것을 "撇(별)", 우측 아래로 긋는 것은 "捺(날)"이라고 한다. 여기에 다시 "点(점)", "提(제)", "钩(구)" 등 다양한 필획이 합쳐져서 한자를 이룬다.

(2) 필순

모든 한자는 쓰는 순서가 정해져 있는데 이것이 바로 필순이다. 필순은 학습초기에 정확하게 익히는 것이 중요하다. 한자 필순의 기본 원칙은 다음과 같다.

가로획을 먼저, 세로획은 다음	十	一 十
	干	一 二 干
왼삐침은 먼저, 오른삐침은 나중	人	丿 人
	木	一 十 才 木
위에서 아래로	三	一 二 三
	合	丿 人 亼 仐 合 合
왼쪽에서 오른쪽으로	川	丿 川 川
	洲	丶 冫 氵 氵 汌 沙 洲 洲 洲
밖을 먼저, 안을 나중	月	丿 冂 月 月
	向	丿 𠂆 冂 向 向 向
밖을 먼저, 안은 다음, 닫는 것은 마지막	日	丨 冂 日 日
	田	丨 冂 日 田 田
가운데를 먼저, 양 옆은 나중	小	亅 小 小
	水	亅 才 水 水

(3) 구조

구조적으로 볼 때 한자의 대부분은 몇 개 편방의 조합으로 이루어진 것들이다(소수 독립적 형태 제외). 편방은 한자 형체 중에서 종종 나타나는 어떤 조성 성분이다. 대부분 한자는 이런 몇 부분 중에서 두 개 혹은 여러 개가 조합되어 이루어진 것으로 이것은 한자의 경제성과 규율성을 결정해서 사람들이 배워 익히기에 편리하게 하였다. 현재 사용되는 부수로서의 한자의 편방은 모두 200여 개로서 이러한 부수들은 그 사용 빈도가 모두 다르며 차이 또한 크다.

한자의 조합은 규칙적인 데 일반적으로 다음과 같이 나눌 수 있다.

① 단일구조 : 人, 手, 门, 立

② 상하구조 : 花, 苗, 室, 食

③ 좌우구조 : 清, 请, 晴, 情

④ 상중하구조 : 草, 裹, 算, 莫

⑤ 좌중우구조 : 淮, 掰, 辨, 斑

⑥ 포위구조 : 困, 罔, 幽, 国

그러나 많은 한자들이 위와 같이 단순하지 않으며, 종종 두 종류 이상의 방법이 합쳐진다. 예를 들어, "但, 解, 薄, 寝, 筷"를 보면 처음 두 글자는 먼저 좌우구조를 이루고 그 후에 상하구조를 이루고 있으며, 다음 세 글자는 먼저 상하 구조를 갖춘 후에 좌우 구조를 이루고 있다.

(4) 부수

한자를 가장 먼저 부수에 따라 배열한 책은 바로『설문해자(说文解字)』이다. 당시 부수는 540개였는데 지금은 214개로 줄어들었다. 부수는 한자의 뜻과 모양에 있어 가장 기본이 되는 개념이기에 한자를 이해하기 위해서는 반드시 알아두어야 한다.

① 부수가 독립된 글자로도 쓰이면 "제부수"라고 한다.
　예) 木, 见, 车
② 글자의 왼쪽에 있는 부수를 "변(边)"이라고 한다. 예) 仁, 秋, 讨
③ 글자의 오른쪽에 있는 부수를 "방(傍)"이라고 한다. 예) 利, 邪, 欲
④ 글자의 위에 있는 부수를 "두(头)"라고 한다. 예) 安, 花, 笑
⑤ 글자의 밑에 있는 부수를 "발" 또는 "받침"이라고 한다.
　예) 발 : 兄, 弄, 盛 ; 받침 : 近, 建
⑥ 글자를 싸고 있는 부수를 "몸" 또는 "엄"이라고 한다.
　예) 몸 : 国, 问, 区 ; 엄 : 厚, 屋, 床
⑦ 또한 부수가 독립된 글자로 쓰일 때의 자형과 부수로 쓰일 때의 모양이 다른 경우가 있다.
　예) 人 - 他, 信　刀 - 别, 到　手 - 技, 拒

2.4. 한자의 응용

중국어는 단음절 고립어이므로 한자의 한 글자는 그 한 음절을 나타낸다. 그러므로 중국어는 음소(音素)를 나누어 표시하는 표음(表音)문자와는 다른 표의(表意)문자로서 한 글자마다 특정한 의미가 포함되어 있다. 또한 상형·지사문자는 대상을 직접적으로 암시하고 있으며(예 : 马·一 등), 회의문자는 그 합성된 각 요소에 의하여 뜻을 나타내고, 형성문자는 그 변에 의하여 암시적인 뜻을 알아낼 수 있다. 이러한 한자의 형태적인 특징이 발음과 어우러져 여러 가지로 응용되어 쓰이고 있다.

(1) 일상생활에서의 응용

중국어는 발음이 같은 글자가 매우 많기 때문에 발음만 듣고는 어느 글자를 말하는지 구분하기가 매우 어려워서 쉽게 오해가 생기곤 한다. 그래서 중국인들은 분해할 수 있는 한자의 성질을 이용하는데 가장 자주 사용하는 예가 바로 서로 통성명을 할 때다. 예를 들어 성을 얘기할 때 다른 글자와의 구별을 위해 "陈"은 "耳东", "李"는 "十八子"또는 "木子"로, "徐"는 "双人徐"라고 얘기하는 등등이다. 상해 사람들은 "吴"와 "胡", "王"과 "黄"의 발음이 같아 이를 구분하기 위해서 "口天吴", "古月胡", "三横王", "草头黄"이라고 한다.

(2) 수수께끼(谜语)

중국 사람들은 종종 한자를 분해하는 방법으로 수수께끼를 하는데 이것이 바로 한자 조합의 특징 혹은 한자 조성 성분이 주로 갖고 있는 표의적인 특징을 이용한 예의 하나이다.

다음 몇 가지 예를 보자.

① "几点" : "几点"은 중국어로는 "몇 시죠?"라는 말이지만 여기에서는 "几"와 "点(점)"의 결합으로 "凡"을 말한다. 즉 평범하다는 말이다.

② "一个字多两点" : 직역해 보면 "점 둘이 더 많은 글자"이지만 "一个字", "多两点"으로 끊어 보면 "字"자에 점 두개를 더 찍다." 라는 말로, 바로 "学"자가 된다.

③ "美中不足" : 직역해 보면 "아름답지만 부족한 것은 무엇일까?"를 묻는 것 같지만 위와 마찬가지로 "美"자 가운데에서 뭔가 부족하다는 의미로 "关"이 해답이 된다.

④ "表里如一" : 겉과 속이 같은 글자는 바로 "回"자다.

(3) 조합된 한자

아래 사진은 "나는 오직 만족함을 안다"라는 의미를 갖는 "唯吾知足(유오지족)" 4개의 글자가 "口"자를 중심으로 엽전처럼 조합된 예다.

아래 사진은 중국집에서 자주 볼 수 있는 "재물과 보화를 불러들인다"는 의미를 갖는 "招财进宝(초재진보)" 4개의 글자가 조합된 돼지 저금통이다.

2.5. 자전(字典)과 한자

중국 최초의 자서(字书)인 『설문해자』는 9,353자를 담고 있고, 북송(北宋) 때 『집운(集韵)』이 53,525자, 명대(明代)의 『자휘(字汇)』가 33,179자, 청대(清代)에 이르러서 『강희자전(康熙字典)』이 47,035자를 담고 있다. 현대에 편찬된 『한어대자전(汉语大字典)』은 54,678자에 이르는 많은 글자를 담고 있다. 일반적으로 중복되고 사장된 한자를 제외한다면 통용되는 한자의 수는 약 6만 여 자가 넘지만 중국 교육부에서 지정한 일급 상용자는 2,500자로 일반 출판물의 97.97%를 차지하고, 2급 상용자는 1,000자로 일반 출판물의 99.48%를 차지하고 있다. 그러므로 사실상 3천 500여 자 정도만 알고 있으면 읽는 데 별 문제가 없다.

3. 중국의 간체자

오늘날 중국 대륙에서 국가 공인의 정규 문자로서 사용되는 것은 “간화한자(简化汉字)” 또는 “간체자(简体字)”라고 하는 간략화된 한자이다. 이에 반해서 전통적인 글자체인 한자, 즉 우리가 말하는 정자는 “번체자(繁体字)”라고 한다. 간체자는 중국 대륙, 싱가포르에서 사용되고 있고, 번체자는 우리나라, 대만, 홍콩, 일본에서 사용된다.

간체자는 중화인민공화국이 성립된 후 중국문자개혁위원회에 의해서 1955년에 “제1차 이체자정리표(第1次异体字整理表)”로서 제정된 것이 그 시초이다. 여기에서는 “裹”와 “裡” 같이 똑같은 의미를 나타내는 글자임에도 불구하고 쓰는 방식이 몇 가지씩이나 되는 것에 대해서 글자체의 통일을 꾀했다. 같은 해에 “한자간화방안(汉字简化方案)”

이 만들어지고, 1959년까지 네 차례에 걸쳐 정식으로 사용되게 되었던 것이다. 그 후 1964년에는 "간화자총표(简化字总表)"가 나와 간화편방(简化偏旁)의 사용 범위 등을 상세하게 정하고, 상용간체자로서 2238자(편방으로도 사용되는 132자 포함)가 정해지게 되었다.

간체자의 간화 방법으로는 다음 여덟 가지로 나눌 수 있다.

① 고자(古字)를 그대로 채용함

② 초서체를 해서화 함

③ 필획을 줄임

④ 글자의 일부분을 간단한 부호로 바꿈

⑤ 글자의 일부분만 취함

⑥ 동음자로 대체함

⑦ 편방을 간단한 성부로 바꿈

⑧ 회의자로 글자를 새로 만듦

필획이 많은 한자가 쓰기에 너무 불편하므로 사실 우리나라나 일본에서도 간자를 만들어 쓰고 있다. 그런데 이러한 약자와 일치하는 것도 적지 않지만, 비슷하지만 미묘한 차이를 보이는 것들도 있으므로 잘 구분하여 사용해야 한다.

한자는 표음문자가 아니기 때문에 글자를 보고 바로 읽을 수가 없다. 그래서 중국에서는 전통적으로 한자에 발음을 표기하는 표음법이 있었는데 가장 오래된 것으로 직음법(直音法)이 있다. 직음법이란 발음을 알기 어려운 특정 한자의 발음을 쉬운 동음자(同音字)로 표기하는 방법으로 "譬况, 读如, 读若" 등이 있다. 그러나 직음법은 단점이 많았는데, 예를 들면 발음을 알기 쉽게 표기했다는 글자를 오히려 읽지 못하는 경우가 빈번하게 생겨났다. 그리하여 나온 표음법이 바로 "반절(反切)"이라는 방법이다. 이는 음을 "성(声)"과 "운(韵)"으로 나누어 두 개의 한자로 하나의 음을 표기하는 방법이다. 중화민국이 성립된 후 1913년에 38개의 주음부호를 표음법으로 사용하다가 중국인민공화국이 세워지면서 한자의 발음을 표기하는 데 공식적으로 채택하고 있던 "주음부호(注音符号)"를 폐기하고, 1958년에 알파벳 26자 중 V자를 제외한 25자와 변모음(变母音)으로 구성된 "한어병음방안(汉语拼音方案)"을 표음부호(表音符号)로서 공식 지정하여 쓰고 있다.

중국어의 음절은 성모와 운모로 구성된다. 음절 앞머리의 자음(子音)이 성모고, 그 나머지 부분이 운모다. 현대 중국어에는 21개의 성모와 38개의 운모(일반운모 16개 + 결합운모 22개)가 있다. 모든 성모는 하나의 자음으로 이루어진다. 흔히 성모가 곧 자음이고, 운모가 모음이라 생각한다. 그런데 표음문자에서 쓰는 말처럼 자음, 모음이라 하지 않고 성모, 운모라 하는 까닭은 중국어의 전통적인 음운학적 처리방법에 따라 성모는 첫소리 부분, 운모는 끝소리 부분으로 구분되어 있어서, 자음, 모음의 개념과 반드시 일치하지는 않기 때문이다. 이를테면 운모 중 "an, en, ang, eng, ong"과 같은 부성운모(附声韵母 : 성모가 따르는 운모)는 모두 〈母音 + 子音〉으로 구성되어 있다.

4. 간체자 쓰기 교육

(1) 생소한 한자를 친숙하게 만들자

중국어 간체자 쓰기 교육은 어떻게 하는 것이 좋을까? 한자문화권이 아닌 미국이나 유럽에서 온 학생들에게 한자는 미지의 세계로 인식될 것이다. 그들은 한자의 복잡한 모양과 경이로운 수량에 두려움마저 가지고 있다. 그런 학생들에게는 한자와 친숙해지는 과정이 반드시 필요하다. 한국은 한자문화권이지만 한국 학생들에게도 한자는 두려움의 대상이다. 이는 서로 가까이할 기회가 없었기 때문이다. 따라서 한국 학생들에게도 한자와 친숙해질 수 있도록 기회를 만들어 줘야 하는데 거리에서 흔히 볼 수 있는 간판, 서예, 한자 도안 등을 활용해 보는 것도 좋다.

한자와 친해질 수 있는 놀이의 예를 소개한다면 다음과 같다.

① 필획 하나를 더하여 다른 한자 만들기

王→主(玉), 头→买, 亚→严, 从→丛, 尤→龙

几→凡, 牛→生, 古→舌, 火→灭, 休→体

② 점 두 개를 더하여 다른 한자 만들기

力→办, 人→火, 未→来, 令→冷, 天→关, 干→平

开→并, 中→冲, 兄→兑(况), 口→只

③ "口"자에 획 두 개를 더하여 다른 한자 만들기

目, 田, 由, 甲, 申, 电, 旦, 旧, 叶, 右, 叮, 可, 号, 占, 史, 句, 只, 叹

司, 加, 古, 叫, 叨, 扣, 召, 叨

④ 글자 속에 숨어 있는 다른 한자 찾기

谢, 樟, 赢, 喊, 李, 骑, 磨, 韶, 想, 意

(2) 한자의 특성을 이해하자

한자의 원리인 육서 가운데 회의자의 특징을 활용할 수 있다. 여기에 흔히 사용할 수 있는 교육 방안으로 한자를 이용한 여러 도안을 보여 주고 한자의 특징을 이해하게 만드는 방법이 있다.

아래는 중국의 삼림보호 캠페인을 위한 공익광고이다.

森→林→木→十

중국 회의자의 특징을 잘 보여 주고 있으며 이대로 가다가는 나무들이 모두 십자가 무덤에 묻힐 것 같은 위기의식을 심어 주고 있다.

한자가 분해되는 특징을 이용하여 쉽게 이해하도록 설명할 수도 있다. 예를 들면, "赢(이기다)"란 글자는 획도 많고 서로 조합도 이해하기 어려운데 어떤 사람은 이것을 경기에서 이기기 위한 다섯 가지 요소가 들어 있다면서 "赢(이기다)"란 글자를 설명하고 있다. 위에서부터 보면 "亡"은 위기의식, 죽을 각오로 하라는 것이다. "口"는 소통, 즉 팀웍이 중요하다는 것이다. "月"은 시간이고, "贝"는 자금이고, "凡"은 평상심이다. 이 다섯가지 의미들은 모두 게임에서 승리하기 위한 요소들로 구성되어 있어 복잡한 이 글자를 정말 알기 쉽게 설명하고 있다.

(3) 펜글씨 교본을 활용하자

쓰기 교육은 시작이 중요하다. 자칫 악필과 잘못된 필순이 굳어지면 고치기 어렵기 때문이다. 정형화된 모양과 정확한 필순 교육을 위해 일반적으로 가장 많이 사용하는 교재가 바로 펜글씨 교본이다. 표준화된 간체자 펜글씨 교본을 틈틈이 쓰도록 지도하고 부족한 부분은 원고지 쓰기로 보충하면 된다. 이때 유념해야 할 점은 피드백이 반드시 필요하다는 점이다. 글자를 보면 어떻게 획을 그었는지 알 수 있기 때문에 잘못된 획을 바로잡아 주어야 한다.

(4) 번체자의 간섭을 없애자

한국도 한자 문화권에 들기 때문에 생활 속에서 쉽게 한자를 접할 수 있다. 그런데 우리가 쓰고 있는 한자는 번체자이고 중국에서는 이를 간체자로 고쳐서 쓰기 때문에 번체자에 익숙한 사람들은 자칫 간체자에 번체자가 끼어드는 간섭 현상이 나타난다. 필자도 "都"를 쓰면서 버릇이 되어 "者"자에 항상 점을 찍었는데 간체자에서는 이 점이 없다. "类, 殺, 写" 역시 한국에서 한자를 열심히 썼다면 무의식중에 점을 찍을 수 있는 간체자들이다. 아래는 이외에 잘못 쓰기 쉬운 글자들이다.

예 : 都, 类, 殺, 庆, 厌, 庄, 压, 写, 厅, 学, 举, 兴, 电, 丽, 当, 雪
扫, 寻, 见, 贝, 视, 神, 被,

이 외에도 중국 간체자 쓰기에서는 간화의 결과로 필획이 적은 글자가 늘어나 비슷한 모양의 글자가 많아졌다. 서로 구분하기 어려운 글자와 특히 틀리게 쓰기 쉬운 간체자를 조심해야 한다.

예 : 巳, 已, 己　　千, 干, 于　　力, 刀, 刁
儿, 几, 九　　工, 土, 士

한자는 많은 장점이 있지만 부족한 점 역시 많다. 특히 쓰기가 불편하다. 간화 이후 한자의 필획이 크게 감소하였으나 여전히 배우기는 번거롭다. 특히 외국인에게 있어서는 그 난이도가 더해서 보기만 해도 두려운 마음을 갖게 한다. 한자는 표음문자가 아니라서 어떤 한자의 조성 성분으로부터 다소 그 한자의 독음을 추론해 낼 수 있다고 해도 그것이 정확할 가능성은 매우 적다. 일반적으로 대다수의 한자가 그 글자의 구조에서 정확한 독음을 안다는 게 매우 어렵고, 이 때문에 배우기도 쉽지 않아서 표음문자와 비교해 볼 때 확실히 부족한 점이 있다. 그러나 한자만의 독특한 매력도 많기에 한자의 우월성을 어떻게 활용하는가가 중요한 과제로 남아 있다.

제6장 중국어 작문 교육

1. 중국어 작문 교육의 기본 원칙

(1) 작문 교육은 단독으로 개설되어야 한다

외국어를 학습하는 과정에서 작문은 가장 난이도가 높다. 난이도가 높다고 작문을 포기한다면 외국어를 학습하면서 말은 할 수 있는데 쓰지 못하게 되고, 이는 언어의 기능 가운데 서면 교류를 포기하는 것이 된다. 따라서 어렵지만 작문 교육은 반드시 필요하다.

중국어 작문을 하려면 몇 가지 전제 조건이 있어야 한다. 먼저 한자 쓰기가 되어야 하고, 일정 수준의 어휘력이 있어야 하며, 기초 어법을 알고 있어야 한다. 이러한 조건을 만족하는 학습자는 이미 초급이 아니라 중급 이상이 되어야 할 것이다. 따라서 작문 교육은 중급 과정에서 단독으로 개설되어 진행되어야 한다.

물론 그렇다고 초급 과정에서 작문 교육을 포기할 수는 없다. 따라서 초급 과정에서는 어떤 주제에 따라 기승전결에 맞는 문장을 쓰는 교육보다 가장 기본적인 단문을 익힐 수 있는 교육에 초점을 맞추는 것이 효율적이다. 예를 들면, 본문의 문장을 모방하여 작문 한다든지 배운 단어를 응용하여 작문하는 것 등이 초급 단계에서 듣기, 읽기, 말하기와 융합하여 학습할 수 있는 중국어 작문 교육이다. 이러한 초급 단계의 단문 작문 교육을 거친 후에 중급이나 고급 단계에서 문장을 쓰는 교육이 따로 개설되어 단독으로 학습할 수 있도록 설계되는 것이 좋다.

위에서 말한 초급 작문 교육은 어법과 결합된다면 큰 효과를 볼 수 있다. 한 가지 어법 내용에 다양한 작문을 하다보면 어법 지식이 저절로 습득될 뿐 아니라 그 어법 지식을 활용한 다양한 문장을 만들 수 있는 능력이 자연스럽게 길러지기 때문이다. 아래 2절과 3절에서는 어법과 연결된 작문 연습의 기본적인 예를 들어 보겠다. 그리고 4절에서는 기본적으로 학습할 수 있는 관용어 문형을 제시했다.

(2) 작문은 중국어의 방식으로 생각해야 한다

일반적으로 작문 연습을 할 때 가장 많이 볼 수 있는 형태가 한국어를 중국어로 바꾸는 연습들이다. 이때 많은 학생들이 한국어의 표현에 얽매여 한국식 중국어 표현을 하게 된다. 학생들에게 빨리 한국식 표현에서 벗어나게 교육시킬 필요성이 있다.

(3) 작문 교육에서 피드백이 가장 중요하다

교육에서 피드백의 중요성은 더 이상의 재론이 필요없을 정도로 중요하다. 그런데 작문 교육에서는 이 피드백이 더 강조되어야 한다.

앞서 제시한 (2)번의 내용과 연관되어 자신의 방식대로 쓴 작문을 정확하게 고쳐주는 것이 작문 교육에서는 상당히 중요하다. 일반적으로 학습자들이 중국어 작문을 하면서 가장 많이 틀리는 부분이 어법과 어휘 부분이라고 한다. 따라서 이 부분을 정확하게 올바른 표현으로 고쳐 주고, 또 그 이유를 설명하여 이해시키는 과정이 작문에서는 상당히 중요한 위치를 차지한다. 그리고 마지막으로 전체적인 평을 적어 학생들에게 자신의 작문 수준이 어느 상태이고, 또 얼마만큼 향상되고 있는지 알도록 해주는 것이 필요하다.

(4) 작문 교육에서 원고지 양식을 이용하여 정확한 표점부호를 사용하도록 해야 한다

중국어 문장을 쓸 때에는 원고지 양식을 이용한다면 바른 글씨 쓰기 뿐 아니라 정확한 표점부호를 사용하도록 학습시킬 수 있다. 올바른 글쓰기를 위해서는 먼저 학기 초에 정확한 중국어 표점부호의 사용법을 교육해야 한다. 중국어 표점부호의 쓰임은 아래와 같다.[10)]

① 모점(顿号) : " 、"

문장에서 단어를 병렬하거나 한자나 숫자로 순서를 나타낼 때 쓰인다.

단어의 병렬

过去、现在、未来, 这些都是相互联系, 相互影响的。

순서

1、2、3、 一、二、三、

단, 병렬되는 단어 사이의 결합이 단단한 경우 모점을 찍지 않아도 된다.

黄河中下游 秋冬季节 上下班 父母节 离退休人员

中小学生 城乡差别 红白喜事

반면, 하나의 목적어를 가지는 동사가 병렬되면 모점을 사용해야

10) 薛敬,『一本书读透汉语常识』(中国华侨出版社, 2010) 참고.

한다.

今年这家公司又新研制、推出了四款新手机。

그리고 어림수 표현에는 사용하지 않지만 정확한 숫자에는 사용해야 한다.

从村外往东走八九里地, 就能看到发现老虎的那座山。

本次演练要求七、八连战士进入A区、其它连队进入B区。

② **마침표(句号)** : "。"

한국의 마침표와 같은 역할을 한다. 단 한국은 온점(.)을 사용하지만 중국은 고리점을 사용한다.

③ **쉼표(逗号)** : "，"

문장에서 짧게 잠시 멈출 때 사용한다. 중국어에서 일반적으로 쉼표를 사용하는 경우 다음과 같다.

일반적으로는 복문에서 각 단문 사이에 사용된다.

据说西安的特色美食有上百种, 我们吃到的最多不过几十种而已。

그러나 아래와 같이 특수한 경우도 있다.

주어와 술어 사이에 쓰일 수 있다.

肉眼看得见的星星, 绝大多数是恒星。

동사와 목적어 사이에도 쓰일 수 있다.

应该注意到, 对金钱的贪婪已经让现代人陷入欲拔不能的尴尬境地。

부사어 뒤에도 쓰일 수 있다.

对于这个女人所做的一切疯狂举动, 他并不感到吃惊。

④ 머무름표(分号) : " ; "

복문에서 병렬되는 단문 사이에 사용한다. 병렬관계가 아닌 다중 복문에서도 사용될 수 있다.

⑤ 쌍점(冒号) : " : "

제시성 표현 다음에 사용된다. 제시어의 다음 말을 이끌어 내기 위한 표시이다.

(5) 여러 양식의 글을 활용하여 작문연습을 한다.

서면어에는 광고, 메시지, 지원서, 편지, 일기 등 여러 형태의 글이 있다. 각 양식마다 쓰는 형식이 다르기 때문에 여러 양식의 글을 다양하게 학습해야 한다.

감상문이나 설명문도 여러 주제로 연습할 필요성이 있다.

2. 어법과 연결된 작문 연습의 예

2.1. "是" 구문 연습

(1) 일반적인 판단문

"是"는 판단을 나타내는 동사로 주어는 무엇이다. 주어가 어떻다는 식의 설명을 하는 구문에 쓰인다.

- 기본 문형 : A 是 B。▷ A는 B이다.
- 부정형 : A 不是 B。▷ A는 B가 아니다.

1) 인칭 대명사가 주어인 경우

① 나는 한국인이다. ▷ 我是韩国人。

② 그녀는 의사가 아니다. ▷ 她不是医生。

2) 지시 대명사가 주어인 경우

① 이것은 과일이다. ▷ 这是水果。

② 저것은 책가방이 아니다. ▷ 那不是书包。

3) 고유 명사가 주어인 경우.

① 중국은 사회주의 국가이다. ▷ 中国是社会主义国家。

② 독도는 대한민국 영토이다. ▷ 独岛是大韩民国的领土。

(2) "是" 구문의 유의점

1) 존재를 나타내는 "是"

도서관 앞에는 아름다운 연못이 있다.

▷ 图书馆前面是个美丽的池塘。

2) "是"의 목적어는 명사성 어구

오늘은 개학 첫 날이다. ▷ 今天是开学的第一天。

우리 반은 박물관을 참관한다. ▷ 我们班是参观博物馆的。

3) 시제에 상관없이 동태조사 "着, 了, 过"가 따라오지 않는다.

이 집은 예전에 그의 것이었다. ▷ 这所房子以前是他的。

(3) 특수한 표현

① 온 몸이 흙투성이이다. ▷ 满身都是泥土。

② 온 몸이 땀투성이이다. ▷ 浑身都是汗。

③ 얼굴이 온통 웃음꽃이 피었다. ▷ 满面都是笑容。

④ 정말 대담하다. ▷ 浑身都是胆。

⑤ 가기는 갔다. ▷ 去是去了。

⑥ 하기는 했다. ▷ 做是做了。

⑦ ~가 아니면 ~이다. ▷ 不是 ~ 就是 ~

(4) 연습문제

① 그는 새로 온 중국 유학생이다.

② 그 중국어 사전은 내 것이다.

③ 내 말은 그런 뜻이 아니다.

④ 도처에 경찰들이 있는데 무슨 일이 생겼나?

⑤ 그는 오기는 왔지만 금방 돌아갔다.

2.2. "有"구문 연습

(1) "有"는 주로 소유나 존재를 나타낸다.

• 기본 문형 : A 有 B 。▷ A에 B가 있다. A는 B가 있다.
A는 B를 가지고 있다.

• 부정형 : A 沒有 B 。▷ A에 B가 없다. A는 B가 없다.

(2) 기본 예문

① 我有时间。나는 시간이 있습니다.

② 我没有时间。나는 시간이 없습니다.

③ 我没有时间 + 동사 + 목적어。나는 (목적어~)를 (동사~할) 시간이 없습니다.

④ 我没有时间管你的事情。나는 네 일에 신경 쓸 겨를이 없다.

(3) "有"구문의 유의점

① "有"는 존재를 나타낼 수 있다.

② "有"의 목적어는 명사성 어구이다.

③ 새로운 상황이 출현한 경우 동태조사 "了"가 올 수 있다.

④ 과거에 어떤 상황이 있었음을 나타낼 때 동태조사 "过"가 올 수 있다.

2.3. 동사 술어문 연습

(1) 일반적인 동사 술어문

술어가 일반 동사로 이루어진 문장을 동사 술어문이라고 한다. 이처럼 일반 동사가 서술어로 쓰인 동사 술어문은 목적어가 없는 경우, 목적어가 있는 경우, 목적어가 두 개인 경우가 있다.

1) 목적어가 없는 동사 술어문

① 나는 본다. ▷ 我看。

② 그녀는 사지 않는다. ▷ 她不买。

③ 그는 과연 왔다. ▷ 他果然来了。

2) 목적어가 있는 동사 술어문

① 나는 소설책을 본다. ▷ 我看小说。

② 그는 내일 북경에 간다. ▷ 他明天去北京。

③ 그는 나에게 관심이 있다. ▷ 他很关心我。

④ 나는 음악을 듣는다. ▷ 我听音乐。

⑤ 나는 그녀를 모른다. ▷ 我不认识她。

3) 목적어가 두 개인 동사 술어문

이중 목적어를 이끄는 동사 : 教, 送, 给, 问, 还, 告诉

(2) 동사 술어문의 유의점

1) 부사의 수식을 받을 수 있다.

① 그는 오늘 다 봤다. ▷ 他今天都看完了。

② 우리가 금방 갈 테니까 너 기다리고 있어.

▷ 我们马上去, 你等着。

③ 한 번 더 말씀해 주세요. ▷ 请您再说一遍。

일반적으로 동사는 정도부사의 수식을 받지 않는다. 그러나 심리 상태를 나타내는 동사와 일부 조동사는 정도부사의 수식을 받을 수 있다.

※ 很来 非常去

很生气 非常担心 特别爱 十分喜欢 相当愿意 多么希望

2) 동태조사를 써서 동작의 상태를 나타낼 수 있다.

① 그는 어제 어머니에게 편지 한 통을 썼다.

▷ 他昨天给妈妈写了一封信。

② 그는 지금 어머니에게 편지를 쓰고 있다.

▷ 他正给妈妈写着一封信。

③ 그는 며칠 전에 어머니에게 편지를 쓴 적이 있다.

▷ 他前几天给妈妈写过一封信。

3) 아래와 같이 목적어를 취할 수 없는 동사를 작문에서도 조심해야 한다.

着想 休息 毕业 出发 劳动 送行 见面 生活 前进 失败

2.4. 형용사 술어문 연습

(1) 일반적인 형용사 술어문

주어진 사람이나 사물에 대한 형상, 감각, 감정, 상태 따위를 묘사하는 표현을 쓸 수 있다.

① 이 물건은 좋다.

② 오늘은 매우 춥다.

③ 학생은 많고 선생님은 적다.

④ 봄은 따뜻하고 가을은 서늘하다.

⑤ 의료설비도 상당히 갖추어져 있다.

⑥ 중국은 지역이 넓고, 자원이 풍부하다.

(2) 형용사 술어문에서 정도부사의 수식을 받는 경우

① 꽃이 무척 예쁘다.

② 물건이 너무 비싸다.

③ 아주 분명하다.

(3) 부사가 포함된 형용사 술어문

• "也"는 빈도부사 "都"는 범위 부사 "也", "都"의 위치에 유의할 것

① 그는 한국 사람이 아니고 그녀도 한국 사람이 아니다.

② 우리들도 모두 한국 사람이다.

③ 우리들도 모두 그를 좋아한다.

• "很, 太, 都, 一定"을 사용한 부분부정

① 물건은 그다지 싸지 않다.

② 우리가 전부 학생은 아니다.

2.5. 비교문 연습

(1) 비교대상이 출현하지 않는 비교

① 그가 간 횟수가 많다. 他去过的次数多。

② 그가 간 횟수가 조금 많다. 他去过的次数多一些。

③ 그가 간 횟수가 훨씬 많다. 他去过的次数更多。

④ 그가 간 횟수가 가장 많다. 他去过的次数最多。

(2) 비교대상이 출현하는 비교

① 그녀는 나보다 중국어를 유창하게 말한다.

她汉语说得比我流利。她说汉语说得比我流利。

(그녀는 중국어를 말한다. + 그녀는 잘 말한다.)

예) 그는 자전거를 탄다. + 그는 빨리 탄다. = 그는 자전거를 빨리 탄다.

⇒ 그는 자전거를 나보다 빨리 탄다.

② 그는 나보다 키가 크다.

比 + 비교대상 + 술어

정도의 차이가 큼을 나타낼 때 정도부사를 쓰지 않는다.

比 + 비교대상 + 형용사 + 得 + 형용사, 比 + 비교대상 + 형용사 + 多(远), 比 + 비교대상 + 更(还) + 형용사

③ 그녀의 나보다 중국어를 더 잘 말한다.

▷ 她说汉语说得比我还好。

④ 그의 방은 내 방보다 크다.

⑤ 그의 방은 내 방보다 훨씬 크다.

(3) 구체적인 양을 표시하는 경우

- 比 + 비교대상 + 형용사 + 수량구

그의 방은 내 방보다 2평방미터 더 크다.

(4) 그 밖의 비교문

1) **有** + 명사성 어구 + **那么** + 형용사성 어구

① 이 아이는 이미 아빠만큼 컸다.

▷ 这孩子已经有爸爸那么高了。

② 그는 차를 나만큼 빨리 몰지 않는다.

▷ 他车开得沒有我快。

③ 그는 나만큼 중국어를 잘하지 않는다.

▷ 他汉语说的沒有我好。

2) 跟 ~一样 + 서술어

差不多, 几乎, 不太, 不一样, 根本, 完全

① 그의 중국어 실력은 나랑 같다.

▷ 他的汉语水平跟我一样。

② 그의 중국어 실력은 나와 비슷하다.

▷ 他的汉语水平跟我差不多。

③ 그의 중국어 실력은 나와 거의 같다.

▷ 他的汉语水平跟我差不多一样。

④ 이 두 문장의 뜻이 같다.

▷ 这两个句子的意思一样。

⑤ 이 두 문장의 뜻이 거의 같다.

▷ 这两个句子的意思几乎一样。

⑥ 이 두 문장의 뜻이 비슷하다.

▷ 这两个句子的意思差不多。

⑦ 이 두 문장의 뜻이 다르다.

▷ 这两个句子的意思不一样。

⑧ 이 두 문장의 뜻이 그다지 같지 않다.

▷ 这两个句子的意思不太一样。

⑨ 이 두 문장의 뜻이 완전히 같다.

▷ 这两个句子的意思完全一样。

⑩ 그들 둘의 성격은 그다지 같지 않다.

▷ 他们两个人的性格不太一样。

⑪ 이 두 폭의 그림은 완전히 똑같다.

▷ 这两幅画完全一样。

3) 越来越, 越 ~越 ~

① 날씨가 갈수록 선선해진다.

▷ 天气越来越凉快。

② 그는 갈수록 빨리 달린다.

▷ 他越跑越快。

③ 그는 중국어를 갈수록 잘한다.

▷ 他的汉语越来越好。

3. 여러 작문 예제

3.1. 방향보어를 사용하여 작문하기

① 나는 이전에 한국에 온 적이 있다.

② 나는 다음 주에 미국으로 돌아가려고 한다.

③ 나는 친구로부터 책 한 권을 빌렸다.

④ 이 선물들은 내가 받을 수가 없으니 당신이 가지고 돌아가시오.

⑤ 여행시간을 아직 정하지 않았다.

⑥ 방금 전에 엄마가 말씀하시기를 빨리 집으로 돌아오라고 했어요.

⑦ 수업이 시작되고 나서 그는 교실로 달려 들어왔다.

⑧ 너 어제 산 구두를 가지고 와라.

⑨ 이렇게 높은 산에 올라갈 수 있어요?

⑩ 중국어를 계속 공부한다면 좋은 결과가 있으리라 생각한다.

⑪ 재미있다. 계속해서 이야기해라.

⑫ 그 그림을 보고, 그것이 그가 그린 그림임을 알아냈다.

3.2. 주어진 단어를 이용한 문장 만들기

① 수업이 끝나고 나는 볼펜을 몇 자루 사러 상점에 갔습니다. (下课)
② 퇴근하고 나서 나는 그에게 가서 책 3권을 빌렸습니다. (下班)
③ 나는 어제 친구를 데리고 현대미술관을 참관하러 갔습니다. (陪, 参观)
④ 그는 매일 술을 마시지만 지금까지 한 번도 취해본 적이 없다. (喝醉)
⑤ 노래방에 몇 번 갔다 온 뒤에는 더 이상 노래를 부르지 않을 작정입니다. (歌厅, 打算)
⑥ 강아지를 좋아하기 때문에 더 이상 개고기를 먹지 않겠습니다. (狗肉)
⑦ 고등학교 3학년 때 나는 거의 매일 지각을 했습니다. (迟到)
⑧ 1년 전에 그는 친구 몇 명과 함께 인터넷 사이트를 만들기로 계획했다. (网站, 打算)
⑨ 나는 지금부터 담배를 끊어야 한다고 생각한다. (戒烟)
⑩ 나는 학교 정문 앞에서 한참 동안 기다렸는데 그는 아직도 도착하지 않았다. (老半天)
⑪ 그는 이미 냉면 두 그릇을 먹었는데 아직도 배가 부르지 않았다. (冷面, 饱)
⑫ 요 몇 개월 동안 너무 바빠서 헬스클럽에 가서 운동할 시간이 없다. (健身房, 锻炼)
⑬ 나는 일찍이 엄마와 그 일을 상의해 본 적이 있다. (商量)
⑭ 나는 내 동생과 사이가 좋아서 지금까지 싸운 적이 없다. (吵

系很好, 吵架)

⑮ 나는 그를 어제도 만난 적이 있지만 그는 여전히 내 이름을 기억하지 못한다. (还是, 记住)

⑯ 그는 서울에 여러 번 왔지만 아직도 남대문 가는 길을 잘 모른다. (还是, 不太清楚)

⑰ 나는 중국에서 공부할 때 황산에 단풍을 보러 간 적이 있다. (红叶)

⑱ 그는 중국어를 굉장히 잘해서 일찍이 사장님의 통역을 맡은 적이 있다. (董事长, 当翻译)

⑲ 방금 화장실 갔었니? 马明이 너를 여러 번 찾아 왔었다. (刚才)

⑳ 여러 번 노크를 했는데도 열어주는 사람이 없다. (敲门)

4. 작문에 유용한 관용어

(1) 因为 A, 所以 B (A이기 때문에 B이다)

他因为感冒发烧了, 所以请了一天假。
(그는 감기에 걸려 열이 나 하루 휴가를 받았다.)

因为这里很脏, 所以不要放东西。
(여기는 더럽기 때문에 물건을 두지 마세요.)

她不来参加会议, 是因为她家里有事了。
(그녀가 회의에 오지 않는 것은 집에 용무가 생겼기 때문이다.)

这首歌我听过好几遍了, 所以听腻了。
(이 노래는 벌써 몇 번이나 들어서 싫증난다.)

(2) 虽然 A, 但是(可是) B (비록 A이지만 그러나 B이다)

他虽然知道那件事情, 但是不跟我说。
(그는 그 일을 알고 있었지만 나에게 말하지 않았다.)

我想买水果, 可是超市都关门了。
(나는 과일을 사고 싶었지만 슈퍼는 모두 문을 닫았다.)

(3) 如果 A, (就) B (만약 A이라면 B이다)

你如果可以接受他的要求, 就答应好了。
(만약 당신이 그의 요구를 받아 들일 수 있다면 동의하면 된다.)

如果缺钙, 骨头会变得脆弱的。
(만약 칼슘이 부족하면 뼈는 약해진다.)

(4) 要是 A, (就) B (만약 A이면 B이다)

要是明天不下雨, 我就出去玩。
(만약 내일 비가 내리지 않으면 나는 놀러 간다.)

要是早点知道这个消息, 我就会转告给你的。
(만약 좀 더 빨리 이 소식은 알았더라면 너에게 알렸을 것이다.)

(5) 只有 A, 才B (A 해야만 B이다)

只有住在这里, 才能放心。
(여기에 살아야만 안심이 된다)

只有经历, 才知道它的真面目。
(경험해야만 비로서 진면목을 알 수 있다)

(6) **只要** A, **就**B (A 하기만 하면 B이다)

只要提高技术水平, 我们公司就能发展下去。
(기술 수준을 올리기만 하면 우리의 회사는 발전해 나갈 수 있다.)

只要努力学习, 你的汉语水平就会提高的。
(열심히 공부하기만 하면 당신의 중국어 수준은 향상될 것이다.)

(7) A, **否则**B (만약 그렇지 않으면 B이다)

未经允许不得转载, 否则追究法律责任。
(허가 없이 기재해서는 안 된다, 그렇지 않으면 법적 책임을 묻는다.)

请勿乱用, 否则责任自负。
(함부로 막 사용하지 마세요, 아니면 책임은 스스로 져 주세요.)

(8) **由于** A, **因此**B (A로 말미암아 B이다)

由于时间关系, 因此我说到这儿了。
(시간관계상 제 얘기는 여기까지입니다.)

由于人民币的不断升值, 因此日币渐渐贬值。
(중국화폐의 계속적인 절상에 의해 일본 엔화의 가치는 서서히 떨어지고 있다.)

(9) A, **于是**B (A, 그래서 B이다)

大家都说这部电影好看, 于是我也去看了。
(모두 이 영화는 좋다고 해서 나도 보러 갔다.)

(10) 除了A(以外), B (A 이외는 B이다)

除了我沒去过以外，其他人都去过。
(내가 간 적 없는 것을 제외하고는 다른 사람은 모두 간 적이 있다.)

除了他以外，他家人都喜欢吃辣的。
(그 이외, 그의 가족은 모두 매운 것을 먹는 것을 좋아한다.)

除了她以外，还有沒有人知道?
(그녀 이외에 알고 있는 사람은 있습니까?)

除了制造部门以外，生产管理部门也要招人。
(제조부 이외에 생산관리부에서도 사람을 고용해야 한다.)

(11) 非 ~不可 (~않으면 안 된다)

你非去不可。(당신은 반드시 가지 않으면 안 된다.)

这部电影非看不可! (이 영화는 꼭 봐야 해!)

(12) 越来越~(점점 ~해지다)

天越来越黑了。(하늘이 점점 어두워졌다.)

接触外国人的机会越来越多了。(외국인과 접할 기회는 점점 많아졌다.)

(13) 越A越B (A하면 할수록 B하다)

越快越好。(빠르면 빠를수록 좋다.)

钱越多越好。(돈은 많으면 많을수록 좋다.)

她讲得越多，我感觉越烦。
(그녀가 말을 많이 하면 할수록 나는 귀찮게 느껴진다.)

(14) 一边A一边B (A 하면서 B 한다)

一边看歌词, 一边听音乐。(가사를 보면서 음악을 듣는다.)

请边听边写。(들으면서 써 주세요.)

(15) 又A又B (A이기도 하고 B이기도 하다)

价格又便宜质量又好。(가격도 싸고 품질도 좋다.)

我又高兴又难过。(기쁘기도 하고 슬프기도 하다.)

(16) 既A又B (A이며 B이기도 하다)

这样就既安全又方便。(이렇게 하면 안전하고 편리하기도 하다.)

这个手机既好看又实用。(이 휴대 전화는 모양도 좋고 실용적이기도 하다.)

(17) 随着A, B (A에 따라서 B이다)

随着我国经济的发展, 人们的生活水平也提高了。
(우리 나라의 경제발전에 따라 사람들의 생활 수준도 향상했다.)

记忆随着时间的流逝而渐渐消失。
(기억은 시간의 흐름에 따라서 서서히 사라져간다.)

(18) 跟 ~有关 / 跟 ~无关 (~와 관계가 있다/~와 관계가 없다)

下载速度跟带宽有关。
(다운로드 속도는 회선 용량과 관계가 있다.)

这件事情跟你们部门无关。
(이 일은 여러분의 부서와 관계가 없다.)

(19) 关于~(~에 관한)

今天的会议要讨论关于采购零件的问题。
(오늘의 회의에서는 부품 구매건에 관한 문제를 논의합니다.)

关于大学毕业生就业状况, 我们进行了调查。
(대학졸업생의 취직 상황에 관해서 우리는 조사를 했다.)

(20) 连A都B / 连A也B (A조차도 B이다)

这么简单的词语连小孩子都知道。
(이렇게 간단한 어구는 아이라도 알고 있다.)

我忘了这是什么东西, 连名字也想不起来。
(이것이 무슨 물건인지 잊어 버렸다. 이름조차 생각이 나지 않는다.)

(21) 不是A而是B (A는 아니고 B이다)

他不是德国人, 而是英国人。
(그는 독일인이 아니라 영국인입니다.)

我不是不想来, 而是不能来。
(나는 오고 싶지 않은 것이 아니고, 올 수 없는 것이다.)

我不是办不了, 而是不好办。
(내가 해낼 수 없는 것이 아니라 하기 어려운 것이다.)

(22) 不是A就是B (A가 아니면 B이다)

她不是韩国人, 就是日本人。
(그녀는 한국인이 아니면 일본인입니다.)

到货不是今天就是明天。
(짐 도착은 오늘 아니면 내일입니다.)

(23) **不但A而且B (A뿐만은 아니라 B이기도 하다)**

她不但长得漂亮, 而且说话说得温柔。
(그녀는 외모가 아름다울 뿐만 아니라 말씨도 상냥하다.)

超速不但被罚款, 而且被扣分。
(속도 위반은 벌금뿐만이 아니라 점수도 깎인다.)

(24) **A还是B / A或者B (A인가 그렇지 않으면 B)**

你喜欢喝咖啡还是红茶?
(당신은 커피를 좋아합니까? 그렇지 않으면 홍차?)

我下个星期或者下下个星期回老家。
(나는 다음 주나 다다음 주에 고향집으로 돌아갑니다.)

我不知道走这条路对还是不对。
(이 길이 맞는지 어떤지 나는 모른다.)

(25) **要么A, 要么B / 或者A, 或者B (A하든가, 아니면 B하든지 / 혹은 A, 혹은 B)**

要么他去, 要么我去。
(그가 가든지, 아니면 내가 가든지.)

或者吃饭, 或者吃面, 你想吃哪个?
(밥, 혹은 면 어느 쪽을 먹고 싶습니까?)

(26) (의문사), 就(의문사) (~하면, ~대로)

你想吃什么就吃什么。(먹고 싶은 것을 먹으세요.)

什么时候有空就什么时候来吧。
(시간 있을 때는 언제든지 와 주세요.)

你想买多少就买多少。(사고 싶은 만큼 사세요.)

不可能会他想怎样就怎样的。
(뭐든지 그가 생각한 대로 되는 것은 있을 수 없다.)

(27) 不管 (~이든 / ~이어도)

不管你去哪里, 我跟着你走。
(당신이 어디에 가든 나는 따라간다.)

不管比赛的结果怎么样, 我要坚持下去。
(시합의 결과가 어떻든, 나는 열심히 계속해 나간다.)

(28) 无论 (~을 막론하고, ~에 관계없이)

无论如何, 前进而已。
(어떻든 전진만이 있을 뿐.)

无论影响大小, 我们非要实行不可。
(영향이 크든 작든 우리는 실행하지 않으면 안 된다.)

(29) 即使A也B (설령 A라 할지라도 B하다)

即使再便宜, 我也不想买。
(설령 더 쌀지라도 나는 사고 싶지 않다.)

即使处理速度快, 缺少正确性也不行。
(설령 처리 속도가 빠를지라도 정확성이 결여되어선 안 된다.)

(30) 尽管A还是B (비록 A에도 불구하고, 여전히 B하다)

尽管罚款的额度增加了, 违反者还是不能减少。
(비록 벌금 액수를 올렸지만 여전히 위반자들이 감소하지 않는다.)

尽管公司改善财务情况, 经营体制还是存在问题。
(비록 회사 재무 상황이 개선되었지만 경영체제는 여전히 문제점이 있다.)

제7장 중국어 듣기 교육

1. 듣기 교육의 목적

양혜원(杨惠元)은 그의 저서『课堂教育理论与实践』(北京语言大学出版社 2008)에서 듣기에 영향을 주는 요소로 다음 4가지를 꼽았다.

(1) 언어의 명확도

이는 정확한 발음과 일정한 속도와 음량으로 말하는 것을 이른다. 말을 할 때 명확한 발음이 듣기에 영향을 준다는 것은 당연한 말일 것이다.

(2) 청각기관의 민감도

이는 듣는 사람의 청각기관이 얼마나 예민한 지를 가리키는 것으로 생리적인 요소에 속한다. 선천적인 요소라고 볼 수도 있지만 후천적인 훈련을 통하여 제고될 수 있다.

(3) 대뇌에 축적된 경험

지식이나 경험이 듣기에 영향을 미친다는 사실은 매우 중요하다. 예를 들어, 모르는 단어는 아무리 정확한 발음으로 여러 번 들려주어도 듣고 이해할 수 없다. 이러한 요소에는 어휘, 문법, 문화적 배경 등이 있으며 이러한 지식들은 훈련을 통해 습득될 수 있는 후천적인 요소이다.

(4) 이해력

이해력이란 대뇌에서 이루어지는 고도의 신경 계통 활동을 말한다. 청각을 통하여 들은 정보를 대뇌에서는 이전에 축적된 경험에 비추어 비교 분석하게 된다. 이같은 변별 과정을 거친 후에야 비로소 이해하게 된다.

듣기에 있어 위의 4가지 요소가 매우 중요한 영향과 작용을 한다는 사실을 알고 나면 교사가 수업을 진행하면서 학생들에게 어떤 훈련을 통하여 듣기 능력을 향상시켜야 할 지 알 수 있다.

교실 수업을 통하여 듣기 능력을 향상시키는 목적은 다음과 같다.

① 청각기관의 민감도를 향상시킨다.
② 학생들에게 많은 언어요소를 대뇌에 축적시킬 수 있도록 돕는다.
③ 많은 반복 학습을 통하여 듣고 이해하는 능력을 키우도록 돕는다.

2. 듣기 교육의 중점과 난점

(1) 듣기 교육의 중점

듣기 능력을 향상시키기 위해 유념해야 할 점은 듣고 이해하기 위해서는 대뇌에 경험이 쌓여야 한다는 것이다. 따라서 학생들이 듣기에 필요한 경험을 쌓을 수 있도록 훈련시키는 것이 중요하다. 또한 듣기

능력을 향상시키기 위해서는 다음 8가지 능력을 키워야 한다. (1)변별분석능력 (2)기억저장능력 (3)연상추측능력 (4)모방능력 (5)빠른 반응능력 (6)들으면서 기억하는 능력 (7)검색감청능력 (8)종합분석능력

(2) 듣기 교육의 난점

학생들이 듣기에서 가장 어려워하는 부분은 다음 6가지로 나눌 수 있다.

① 동음이의어(同音异义词)를 비롯하여 비슷한 발음의 글자
② 다의어(多义词) 및 새로 나온 단어
③ 긴 문장
④ 관용어
⑤ 배경 지식이 필요한 말
⑥ 속도가 빠른 말

3. 듣기 교육 방법

듣기 교육은 대부분 듣는 훈련이 주가 되는 것이 당연하다. 그러나 단순하게 음성자료를 반복하여 듣는 방법은 학생들에게 큰 효과가 없다. 쉽게 지루해지고 집중력이 떨어지기 때문이다. 따라서 음성자료를 한 번 듣고 나면 교사가 다시 반복하여 말하고 필요한 지식을 설명해 준 후 학생들에게 말할 기회를 주어야 한다. 학생들이 들은 내용을 다시 소리 내어 말로 할 때 비로소 학습효과가 나타나고 수업에 쉽게 집중할 수 있다. 따라서 듣기 교육은 말하기와 가장 밀접한 관계가 있다

고 할 수 있겠다.

듣기 교육에는 여러 가지 방법이 있는데 상황에 따라 혹은 필요에 따라 적당한 방법을 선택하여 수업을 설계하면 된다.[11]

(1) 정확한 발음을 변별하는 연습 방법

현재 대부분의 교재에서 단원의 앞이나 뒤에 발음을 변별하는 연습 문제를 두고 있다. 또한 이는 비교적 학습 초기에 많이 나타나는 듣기 연습 방법이다.

- 성모 변별, 운모 변별, 성조 변별

(2) 단어의 의미를 변별하는 연습 방법

발음 변별 학습이 어느 정도 진행되고 학습한 어휘량이 늘어난 후에 이들 어휘를 성질별로 묶어서 듣기 연습을 시행한다. 이때 다음과 같은 형식으로 진행한다.

大 小 长 短 快 慢 不 好 (不)
学习 练习 休息 消息 复习 预习 (消息)
眼睛 头发 眉毛 鼻子 手 嘴 耳朵 (手)
苹果 梨子 桃子 西红柿 香蕉 橘子 葡萄 (西红柿)
看电影 看电视 听音乐 听京剧 听通知 (听通知)

먼저 교사가 읽어 준 후 학생들에게 다른 종류의 단어를 찾게 하고 그 이유를 말하게 한다.

11) 아래 내용은 李珠, 姜丽萍『怎样教外国人汉语』(北京语言大学出版社 2008)를 참고함.

(3) 문장의 의미를 파악하는 듣기연습

기본적의 발음변별과 단어 듣기 학습이 끝나면 바로 문장 듣기를 시작해야 한다. 그러나 배우지 않은 단어가 들어있는 문장은 아무리 많이 들어도 의미를 파악하기 어려운 경우가 많다. 물론 대화문이나 설명문에서 앞 뒤 문맥에 따라 모르는 단어도 유추할 수는 있지만 이는 좀 더 고급으로 단계가 높아졌을 때 학습할 내용이다. 따라서 처음 문장 듣기를 시작하는 단계에서는 모든 단어학습이 진행된 후에 아는 단어로만 이루어진 단순한 문장부터 듣기 연습을 해야 한다. 따라서 이 단계에서 듣기는 읽기를 먼저 한 다음 아는 문장을 들을 수 있는지 먼저 연습한 후에 처음 듣는 문장의 의미를 파악하는 듣기연습을 하는 것이 좋다.

일반적으로는 다음과 같은 연습을 할 수 있다.

这件衣服颜色、肥胖都很合适、要是再长一点就好了。
这件衣服哪儿不合适?

“要是再长一点就好了。”라는 표현을 이해해야 정확한 답을 할 수 있다. 학생들의 대답을 듣고 이 표현에 대해 설명하고 연습하는 과정이 필요하다.

安娜, 你要是见到大伟的话, 问他收到玛丽的信沒有?
信是谁写的?

등장인물이 많이 나오는 경우 들으면서 서로의 관계를 이해하는 능력이 필요하다. “玛丽的信”에 대해 설명이 필요하다.

(4) 간단한 대화의 의미를 파악하는 연습

단순한 A와 B의 대화를 듣고 의미를 파악하는 듣기 연습이다. 대화의 특성상 생활에 밀접한 회화체가 많고, 문장이 단순하다. 다음 예를 보자.

女 : 哎, 老李, 你在家。今天你怎么回来得比我还早呢?

男 : 早什么啊? 我是去别的公司路过这儿, 顺便拿点儿东西。

위의 대화에서 “你在家”에서 두 남녀 사이의 관계가 부부임을 듣고 이해해야 한다. 또 남자가 집에 일찍 들어 온 것이 아니라 물건을 가지러 잠깐 들린 것임을 알아야 한다.

(5) 핵심 관건이 되는 단어는 찾고 어려운 곳은 지나치는 연습

초급 과정에서 반드시 중요한 관건이 되는 단어를 듣고 이해해야 하는 경우가 있다. 반면에 모르는 단어는 일단 지나치는 연습도 필요하다. 듣기에서 모르는 단어 즉, 안 들리는 단어에 집착하다 보면 중요한 부분을 놓치는 경우가 많다. 다음 대화를 보자.

A : 你爱人出差了吗?

B : 他上个星期到乌鲁木齐参加学术讨论会去了。

위의 대화에서 “出差”는 문맥을 파악하는 데 있어 중요한 관건이 되는 단어이다. 이 단어를 놓치지 않고 들었다면 대답에서 분명 언제, 어디로 출장을 갔는가에 대한 내용이 나온다는 것을 예상할 수 있다. 대답을 들어보면 “乌鲁木齐”라는 다소 생소한 단어가 나온다. 이 단어가 안 들린다고 여기에 집착하면 다음 표현인 “参加学术讨论会”에 영향을 끼친다. 따라서 "乌鲁木齐"는 듣고 빨리 지나치고 다음 표현을 들어내는 것이 중요하다. "去"의 형태에 장소가 나온다는 것을 안다면 아까 못 들었던 "乌鲁木齐"가 장소라는 것을 쉽게 알 수 있다.

제8장 중국어 읽기 교육

1. 읽기 교육의 목적

읽기 교육의 목적을 들자면 아래 3가지가 있다.

(1) 문장의 이해력과 읽는 속도를 높이기 위함
(2) 독해 능력을 키우기 위함
(3) 독해를 통하여 전체적인 언어 능력을 키우기 위함

2. 읽기 교육의 중점[12)]

중국어 읽기 교육 단계에서는 학생들이 기본적으로 발음기호에 의존하지 않고 한자를 보고 정확하게 읽으며 문장의 내용을 이해할 수 있어야 한다. 그러기 위해서는 발음 연습 단계 이후에 어느 정도 읽기 교육에서 중점을 두어야 한다.

12) 杨惠元,『课堂教育理论与实践』(北京语言大学出版社 2008) 참고.

(1) 경험의 축적

1) 경험으로서의 어휘 축적

듣기와 마찬가지로 읽기도 대뇌에 충분한 경험이 축적되어야 문장을 빠르고 정확하게 읽을 수 있다. 이러한 경험을 축적하기 위한 가장 효과적인 방법이 어휘량을 늘리는 것이다. 또한 많은 연습을 통해 어휘의 조합과 문장 속에서의 역할을 이해해야 한다. 단순하게 어휘만 암기한다면 뜻을 전혀 이해할 수 없는 표현들이 많다. 따라서 경험의 축적을 통하여 어휘의 여러 표현 형태를 알고 있어야 한다.

아래는 단순하게 단어의 의미만 조합해서는 본래의 뜻을 알기 어려운 표현들이다.

먼저 아래 예들은 단순하게 "동사 + 목적어" 구조로 해석하면 안 된다.

① 养病, 救火, 晒太阳, 吃食堂, 打扫卫生, 喝西北风

또 아래 예들은 단순하게 해석되지 않고 함축된 또 다른 의미를 가지고 있다.

② 有文章, 手头紧, 成了泡影, 门儿都没有, 心里直打鼓

2) 중국인의 언어습관에 대한 경험

아래는 모두 중국인의 언어습관과 관련이 있다. 이러한 언어습관을 많이 접하고 경험하여 대뇌에 축적된 양이 많을수록 자연스런 독해가 될 것이다.

A：明天我请你吃饭吧。

B：那多不好意思啊。

B가 도대체 식사 대접을 받겠다는 것인지 아닌지 알아야 한다.

A：你跟我走吧, 我会一辈子对你好的。

B：我不能跟你走, 我已经是他的人了。

결국 B의 현재 상황은 어떤지 알 수 있어야 한다.

一个年轻的女护士夜里查病房, 看见一个肝病病人偷着喝酒。走过去对病人小声说："小心肝儿! "那个病人微笑着回答："小宝贝儿! "

여기에는 "小心肝儿! "이 두 가지 의미로 갈라지는데 이를 알아야 "小宝贝儿! "이라고 대답한 저의를 알 수 있다.

(2) 정확한 이해

학습자가 독해를 하면서 정확한 이해 능력을 저해시키는 몇 가지 요인이 있는데 이를 해결하기 위해 노력해야 한다.

1) 의미를 이루고 있는 부분을 구분하기 어렵다.

① 拿出芭蕉扇扇扇。

② 这种事了了就了了。

③ 发展中国家用电量低于发达国家。

①번은 "芭蕉扇"이라는 명사를 알아야 "扇扇"이 동사 중첩으로 쓰였음을 알 수 있다. ②번은 첫 번째 "了"가 "事了"에 쓰인 것이 아니라 단독으로 동사로 쓰였음을 알아야 한다. ③번은 "中"이 "中国家用电量"과 연결되는 것이 아니라 "发展中"으로 연결된다.

띄어쓰기가 없는 중국어에서 위와 같은 예문은 초급자에게 있어서 상당히 난해한 문장이 될 수 있다. 의미를 이루고 있는 부분이 어디까지인지 구분할 수 있어야 문장을 이해할 수 있다.

2) 긴 문장

긴 문장은 자칫 읽으면서 스스로 자신감을 잃고 포기하려는 경향이 있다. 특히 중간에 모르는 단어가 한 개라도 나타나면 더욱 자신감을 잃어버린다. 모르는 단어는 과감하게 지나치고 수식성분을 표시하여 제외시키고 문장의 주요 성분만 우선 이해한 후 수식성분의 의미를 덧붙이는 방법으로 읽어 보자.

我的一位在上海工作的姐姐前几天给我的孩子寄来了一件她亲手打的浅蓝色的毛衣。

위의 문장은 길어 보이지만 주요성분만 뽑아보면 결국 "姐姐寄来了毛衣."라는 단순한 문장이다. 여기에 몇 가지 중요한 수식성분만 덧붙이면 된다.

3) 난해한 문장

아래 예문은 단순하지만 초급자 입장에서 글쓴이의 의도를 알아내기 힘든 난해한 문장들이다.

① 他去我不去。
② 下雨我不去。
③ 今天太累了我不去。
④ 我想起来了。
⑤ 我们年级就去了２５个人。

⑥ 参加会议的有3个医院的领导。

⑦ 湖北和湖南的部分地区遭的水灾。

⑧ 这个人谁都不认识。

(3) 속독 능력

속독 능력을 키우기 위해서는 처음 보는 글을 빠르게 읽고 전체 글의 개요를 파악하는 연습을 해야 한다. 처음부터 모르는 단어를 찾고 한 문장 한 문장 정독을 해서는 속독 능력을 키우기 어렵다.

속독을 위해서는 아래 몇 가지 연습이 필요하다.

① 처음 보는 단어도 문맥에 맞추어 뜻을 유추해 보는 연습이 필요하다.

② 의미의 유추가 안 되는 단어는 지나치고 재빨리 다음 문장으로 넘어가야 한다.

③ 글의 문체에 따라 흐름을 알고 있어야 한다. 일반적으로 어떤 사건을 이야기한다면 글의 구조는 아래와 같다.

이야기							
배경			주제	사건			결말
인물	시간	장소	목표	사건1	사건2	~	결말

또한 논설체의 글의 구조는 아래와 같다.

논설문				
문제 제기	해결			
	실험			결론
	실험방법	실험과정	결론도출	

글의 문체에 따라 흐름을 이해하면서 중요한 포인트를 찾아내는 것이 중요하다.

3. 읽기 교육의 방법

읽기 교육 방법은 크게 두 가지로 나눌 수 있다. 하나는 문장을 읽기 전에 문장에 쓰인 어휘를 미리 학습하고 구문을 학습한 후에 독해를 하고 연습문제를 푸는 것이다. 다른 하나는 연습문제를 먼저 풀고 문장을 속독 – 통독 – 정독의 순서대로 읽은 후에 어휘와 구문을 설명하고 본문을 낭독하는 방법이다.

다음은 "三分钟的爱情"이란 글을 예로 두 번째 방법을 사용한 읽기 교육 방안이다.

三分钟的爱情

从车站到公司的办公楼有二百多米, 以小林的步子要走274步, 用时整三分钟。

每天早晨小林在这个车站等张雪下车, 然后一起去公司。在小林眼里张雪简直是个女神, 她的声音那么悦耳动听, 举止又是那么优雅。小林和她在一起走总是说些笑话逗她开心, 张雪也常常被他逗得笑起来, 露出一口洁白的牙齿。那时小林就觉得自己十分幸福, 自然地挺直了腰, 和张雪一起笑, 并不介意行人的目光。

可惜小林每天和张雪在一起的时间只能有这三分钟, 这样一来小林就更加珍惜这三分钟，他总是提前一个小时出家门，以便比张雪更早地赶到车站。

小林从来没试过约张雪出去，他不知张雪对自己是怎么想的，他担心如果说了，说不定会失去每天这美好的三分钟。

其实三个月前小林已经被公司辞退了，可第二天还是早早起床去车站等张雪，一起走到公司楼下，装作去上班的样子，等张雪一上楼，就转身出来。 但今天是最后的一次了，因为小林找到了另外一份工作。

张雪知道小林喜欢自己，她从一开始就感觉得到，而且她也很喜欢小林。但她对小林的胆怯有些恼火，她一直在等小林约她出去，对她说那句话。可这一等就等到现在，有什么办法呢?这话总不能让一个女孩先开口说出来吧。

张雪今天有一件重要的事要告诉小林，也许以后再也没有机会见到他了。原来，三个月前张雪也被公司辞退了，她每天来公司，只是为了陪小林走这美好的三分钟! 而今天也是她的最后一次。

车门开了，她一眼就看见小林靠着站牌站在那里。

小林知道这是自己最后一次和张雪一起走这三分钟，他有些伤感，看到张雪笑盈盈地站在面前，觉得嗓子一热，他咽了口唾沫，把头转过去，不想让张雪看到他的眼圈有点发红。

张雪和小林并肩走着，这次张雪走得很慢，小林却没有发现。他咳了两声，想说些什么，却又不知从何说起，就叹了口气。原来想好的话一下子都不见了。“也许到公司门口再说比较好，能这样多走一会儿也是好的。”, 他想。

张雪也不知那件事该如何说出口。“也许他只是喜欢和我一起走走呢。”, 张雪想, 有些垂头丧气。

小林到底没敢说出那句话, 他们在电梯口平静地分了手, 小林用连自己也几乎听不到的声音说了声：“再见。”张雪不想让小林看到自己的泪水, 她匆匆地进了电梯。

小林在电梯门口又站了半晌, 该说的话终于没有说出来, 他对自己很恼火, 但他只能在心里安慰自己：也许你会慢慢忘记张雪, 忘记这每天三分钟的爱情, 会结婚……

(选自『中国青年报』, 禹石文, 有改动)

(1) 단어 찾기

먼저 주어진 시간 안에 필요한 단어를 찾는 연습문제를 풀게 한다. 예를 들면 아래 단어들 가운데 감정을 표시하는 단어들을 골라서 본문에서 찾도록 한다. 또는 장소를 표시하는 단어를 찾아서 본문에서 나오는 위치를 찾도록 한다.

办公楼, 悦耳动听, 举止, 优雅, 逗, 洁白, 牙齿, 挺直, 介意, 目光, 可惜, 珍惜, 提前, 以便, 辞退, 装作, 胆怯, 恼火, 站牌, 伤感, 嗓子, 咽, 唾沫, 并肩走着, 眼圈, 咳了两声, 叹了口气, 垂头丧气, 电梯口, 安慰

이때 위에 제시한 단어들의 뜻을 설명하지는 않는다. 연습문제를 다 풀고 나면 그때 문제의 정답만 제시해 준다.

(2) 속독

문제풀이를 위해 주어진 시간 안에 본문을 읽었지만 이는 시간 안에 문제를 풀기 위한 답을 찾은 것이다. 이제 속독 단계에서는 처음부터 끝까지 본문을 읽어보도록 한다. 이때 본문의 글자 수에 따라 시간을 정해 주어야 한다. 일반적으로 초급 단계에서는 분당 200자, 중급 단계에서는 분당 300자, 고급 단계에서는 분당 500자를 읽도록 분배한다. 위 본문은 약 1000자 이내이므로 2분 30초에서 3분 정도 시간을 주고 속독 연습을 하도록 한다.

속독은 한 문장 한 문장 읽는 것이 아니라 한 문단 한 문단의 개요를 파악하는 방식으로 읽어야 한다. 위의 글은 이야기 형식이므로 어떤 인물이 등장하는지 어떤 사건이 발생했는지 그리고 어떤 결과가 나왔는지 대충 사건을 이해하는 정도면 된다. 따라서 단어, 구문, 어법에 관련된 어떤 문제도 미리 알려주지 않고, 학생들도 모르는 많은 것들을 해결하지 않은 상태에서 글의 대의를 파악하도록 노력해야 한다.

(3) 통독

속독이 끝나면 바로 통독을 한다. 통독 단계야말로 비로소 독해가 시작된다고 봐도 된다. 한 문장 한 문장 모두 읽어야 하며 모르는 단어가 나와도 지나치면서 주어진 시간 안에 본문을 다 읽어야 한다. 일반적으로 통독 단계에서 초급은 분당 90글자, 중급은 분당 150자, 고급은 200자를 읽도록 시간을 준다. 읽으면서 모르는 단어와 구문에 표시를 하면서 읽도록 한다.

정해진 시간 안에 본문을 다 읽었으면 아래 문제를 풀도록 한다.

문제 1

小林和张雪是什么关系?

① 夫妻 ② 朋友

③ 同事 ④ 恋人

문제 2

三分钟指的是什么?

① 从车站到公司的办公楼走过去的时间

② 小林和张雪在一起的时间

③ 小林和张雪每天能够在一起的时间

④ 小林失去的美好时间

문제 3

根据本文下面哪一句最正确?

① 小林和张雪三分钟的爱情后终于结婚了。

② 小林只喜欢和张雪走一走。

③ 张雪只喜欢和小林走一走。

④ 小林和张雪分手了。

문제풀이가 끝나고 나면 정확한 답을 알려주고 자신이 맞게 답한 것과 틀리게 답한 것을 표시한다. 여전히 단어, 구문, 어법 등은 설명하지 않고 다시 원래 속도로 통독을 하도록 한다.

(4) 정독

정독 단계의 목적은 문제풀이를 위해서가 아니라 지식과 경험을 쌓기 위해서이다. 따라서 이 단계에서는 모르는 단어는 천천히 사전을 찾아가며 한 문장 한 문장 정확하게 해석하도록 한다. 정확한 단어의 뜻을 찾아보고도 해석이 안 되는 문장은 구문과 어법에 관한 문제이므로 이 부분을 자세하게 학생들에게 설명해 주어야 한다. 모든 설명이 끝나면 마지막으로 전체 글을 낭독하도록 한다. 자신의 목소리를 들어볼 수 있도록 녹음을 하는 것도 좋은 방법이다.

4. 읽기 연습

다음 글을 읽고 애플사 직원이 기차 삯을 아낀 방법에 대해 알아보자.

一次, 苹果公司的3个工程师和微软公司的3个职员乘火车到另一个城市去开会。 在火车站, 微软公司的3个职员每个人个买了一张火车票。 然而, 他们惊奇地看到, 苹果公司的3个工程师一共只买了一张火车票。

“你们3个人怎么可以只用一张火车票乘火车旅行呢?”一个微软公司的职员问。

“你们就等着瞧吧! ”苹果公司的工程师回答。

上了火车后, 微软公司的职员每个人找到自己的座位, 而苹果公司的3个工程师却挤进了一个卫生间, 然后从里面把门关上。

火车开动没有多久, 列车员开始检票。 他走到卫生间的门口, 敲了敲门, 说道:“请拿出车票。”卫生间的门仅仅打开了一道缝, 从里面伸出一只胳膊, 手里拿着一张车票。 列车员检了车票, 就继续到别的地方去了。

微软公司的职员看了以后, 觉得这真是一个绝妙的主意, 所以开完会后, 他们决定也照此办理, 拷贝苹果公司工程师的办法, 在回去的路上也能省一些钱。

他们来到火车站只买了一张回程车票。可是, 令他们惊愕的是, 苹果公司的工程师一张车票也没买!

“你们怎么一张车票也不买就能乘火车呢?”微软公司职员迷惑不解地问道。

“你们就等着瞧吧! ”苹果公司的工程师回答。

当他们上了火车, 微软公司的3个职员挤进了一个卫生间, 而苹果公司的3个工程师也挤进了附近的另一个卫生间。就在火车刚刚开动后不久, 苹果公司工程师迅速离开了他所在的卫生间, 径直来到微软公司职员躲藏的卫生间门外。他敲了敲门, 说道:“请拿出车票……”

(选自『读者』甘肃人民出版社)

제9장 중국어 말하기 교육

1. 말하기 교육의 목표

과거에 외국어를 잘하는 사람의 경험담을 들어 보면 대부분 외국어로 말할 기회를 찾기 위해 노력했다는 것을 알 수 있다. 70년대 80년대 초까지만 해도 우리나라에 외국인을 찾아보기 힘들었다. 88년 서울올림픽을 개최한 후부터 급격한 경제성장을 바탕으로 외국인이 많아졌고 지금은 대학교 캠퍼스나 길거리에서도 쉽게 외국인을 볼 수 있다. 과거 영어를 잘하는 사람의 말을 들어보면 책상을 떠나 외국인이 자주 보이는 길거리로 나갔다고 한다. 한참을 기다렸다가 외국인이 보이면 다가가서 다짜고짜 한마디 던지고 대답도 듣기 전에 도망치고, 이런 경험이 쌓이고 나서 외국인과 말하기에 두려움이 없어지자 점차 대화하는 시간이 길어지고 자연스럽게 회화가 늘었다고 한다. 이는 정말 진부한 옛 이야기지만 말하기의 학습목표가 가장 잘 드러난 사례이며, 아울러 가장 효과적인 학습방법의 사례라 하겠다.

언어의 가장 주된 목표가 사람과 사람간의 의사소통이다. 또 우리들이 외국어를 학습하는 가장 주된 목표가 바로 외국인과 대화하기 위해서이다. 지금은 외국어를 학습할 기회가 예전보다 많아졌지만 여전히 외국인과 말하기를 꺼려하고 있으며, 오히려 외국인이 유창한 한국어로 우리에게 말을 걸어오는 반대의 경험을 하기도 한다.

필자는 필자가 소속된 전공에 신입생이 입학하면 중국에 가 본 경험이 있는지를 꼭 물어본다. 그리고 가 본 경험이 없는 대다수의 신입생들에게 기회가 되면 최대한 일찍 가 볼 것을 권한다. 지금 캠퍼스에 1,000여 명에 가까운 중국학생이 있고, 캠퍼스를 다니다 보면 열에 한 둘은 중국학생이다. 그럼에도 불구하고 본 전공 학생들은 그들과 대화해야 할 필요성을 느끼지 않고 있다. 그러나 중국에 가면 상황이 다르다. 중국 현지에 가 보면 중국의 달라진 모습을 보고 중국을 여행하면서 중국어과 학생이라면 당연히 중국어로 말하고 싶어지고, 또 현지에서는 중국어로 말해야 할 필요성을 느끼게 된다. 이런 경험이 중국어 학습의 원동력이 된다. 그리고 중국인과 한 마디를 하더라도 중국어로 대화를 한 경험이 생기면 이를 통해 기쁨과 희열을 맛볼 수 있다. 작은 일이지만 자신도 할 수 있다는 자신감이 생기고 이런 기쁨을 자꾸만 경험하고 싶은 욕망이 생기면서 본인의 말하기 실력은 향상되는 것이다.

말하기 교육의 목표는 여기에서 찾아야 한다. 첫째, 표현에 필요한 언어적 요소를 최대한 많이 습득하도록 해야 한다. 둘째, 반복연습을 통하여 숙련되도록 해야 한다. 셋째, 학생들이 쉽게 입을 열고 명확하게 말을 할 수 있도록 만들어야 한다.

2. 말하기 교육의 원칙

말하기 교육의 주된 목적은 의사소통에 두어야 한다. 이를 위해서는 말하기 교육을 할 때 한 번에 한 가지 목표를 세우는 것이 효과적이다. 수업을 설계할 때 한 가지 상황을 설정하고, 이와 관련된 표현을 반복하여 연습하도록 준비하는 것이 좋다.

예를 든다면 말하기 교육은 아래와 같은 단계를 거쳐서 설계할 수 있다.

① 본문과 관련된 상황을 구체적으로 설명한다.
② 단어의 뜻과 용법을 설명한 후 따라 읽도록 한다.
③ 본문의 여러 표현을 설명한 후 따라 읽도록 한다.
④ 본문을 충분히 이해시켰다고 판단되면 조를 짜서 읽기 연습을 한다.
⑤ 본문과 비슷한 상황을 주고 조별로 대화 연습을 하도록 한다.

본문에 등장하는 인물의 수에 따라 한 조의 인원을 편성하고, 비슷한 상황을 주어 연습할 때에도 동일한 수의 조원들이 서로 연습이 되도록 한다. 본문에서 배운 표현을 사용하여 거의 단어 한 두 개만 바꾸면 되도록 상황을 부여한다.

말하기 교육에서 중점을 두어야 할 것은 모든 학생들이 실제 입을 열고 말할 수 있는 경험을 가능한 많이 쌓도록 유도해야 한다.

3. 말하기 교육 방법

정해진 교재를 가지고 말하기 교육을 하는 방법에는 여러 가지가 있다. 교사는 교재에 있는 내용을 학생들에게 전달하기 위해 다양한 방법을 동원할 수 있는데, 학생들에게 많은 흥미를 일으키는 방법 가운데 하나가 교재 안에 있는 본문을 미완성 형태로 전달해 주고 학생들 스스로 완성시키게 하는 것이다.

양혜원(杨惠元)은 『课堂教育理论与实践』(2008)에서 위와 같은 방

법을 활용한 말하기 교육방법 5가지를 제시했다. 그 내용을 간략하게 정리해 보면 아래와 같다.

(1) 문장 잇기

본문에 있는 문장을 따로 따로 나누어 짧은 여러 문장으로 만든다. 학생들에게는 여러 짧은 문장으로 나누어진 문장을 보여 주고, 이것을 한 문장으로 이어보게 한다.

예) 아래와 같은 문장을 먼저 보여 준다.

① 李莉最大的爱好是旅游。

② 李莉来北京两个月了。

③ 李莉去过很多地方。

④ 李莉游览过长城和故宫。

⑤ 李莉还游览过颐和园和天坛。

⑥ 可以说, 北京的许多名胜古迹都留下过李莉的足迹。

교사는 몇 가지 요령을 알려주면서 학생들을 이끌어 아래와 같은 문장이 되도록 한다.

李莉最大的爱好是旅游。来北京两个月, 她去过很多地方。她游览过长城和故宫, 还去过颐和园和天坛。可以说, 北京的许多名胜古迹都留下过李莉的足迹。

(2) 본문 완성하기

먼저 상황을 알려 준다.

李莉가 선생님 집에 방문했는데 선생님 집에는 책이 도서관처럼 많았다. 그 책 가운데 李莉는 중국문화에 관한 책을 빌려왔다.

이 상황에 맞추어 아래 불완전한 본문을 완성하도록 한다.

李莉 : 老师, 您家里……真多, 跟……一样。

老师 : 你喜欢……, 随便……。

李莉 : 这本……借给……, 行吗?

老师 : 可以。

李莉 : ……老师。

완성한 후에는 중요한 표현인 "老师, 您家里……真多, 跟……一样."에 대해 "잡지, 옷, 꽃, 그림" 등으로 바꾸어 넣어 교체연습을 한다.

(3) 내용 이어가기

본문의 내용을 학생 수만큼 나누어 카드에 적어둔다. 수업 시간에 본문에 관련된 단어학습이 끝난 후에 이 카드를 학생들에게 나누어 준다. 학생들은 자신이 받은 문장을 외운 후에 카드를 반납한다. 선생님이 첫 문장을 말하고 학생들에게 그 다음 어떤 문장이 오는 것이 좋은지 생각하게 한다. 자신이 외운 문장이 맞다고 생각하는 학생이 손을 들고 외운 문장을 말한다.

잘 대답하지 못하는 학생이 많이 나올 수 있는데 그때마다 그 이유에 대해 자세하게 설명해야 한다.

(4) 문장 덧붙이기

먼저 본문과 관련된 문장 한 마디를 던지고, 그 뒤에 어떤 말을 하면 좋을지 묻는다. 적당한 대답이 나오면 이를 덧붙이고 또 그 다음 덧붙일 수 있는 말을 묻는다.

예) 학생들에게 **明天我们去颐和园**。다음에 올 말을 묻는다.

明天我们去颐和园。我们八点出发。

明天我们去颐和园, 八点出发。我们骑自行车去。

明天我们去颐和园, 八点出发, 骑自行车去。张老师也跟我们一起去。

明天我们去颐和园, 八点出发, 骑自行车去。张老师也跟我们一起去。我们从学校出发。

明天我们去颐和园, 八点出发, 骑自行车去。张老师也跟我们一起去。我们从学校出发。可是张老师从家里出发。

明天我们去颐和园, 八点出发, 骑自行车去。张老师也跟我们一起去。我们从学校出发, 可是张老师从家里出发。

이와 같은 방법으로 학생들과 같이 본문을 만들어 나간다. 만약 전혀 엉뚱한 답이 나오거나 한동안 필요한 답이 나오지 않으면 답이 나올 수 있도록 적당하게 유도한다.

(5) 본문 따라서 문장 만들기

학습한 본문의 내용이 "나의 중국인 친구"라면 본문의 내용에 이 친구에 대한 여러 가지 묘사를 하는 표현이 나온다. 이 과정을 모두 학습한 후에 학생들에게 각자 자신의 친구를 한 명 정하여 본문의 표현을 모방하여 이 친구를 묘사하도록 한다. 학생들이 본문에 없는 표현을 하고 싶어 하는 경우가 많이 나타날 수 있으며, 이럴 경우 학생들의 알고자 하는 욕구를 자극하여 더 쉽게 다른 표현을 학습할 수 있다.

(6) 문체 바꾸기

문체 바꾸기란 쉽게 말해 대화체는 서술체로, 서술체는 대화체로 바꾸는 것이다. 일반적으로 교재에는 한 단원에 대화체도 있고, 짧은 서술체도 같이 있는 경우가 많은데, 이 문체를 학생들이 직접 서로 바꾸어 보도록 하는 것이다.

이 외에도 서술식, 설명식, 토론식, 교류식 등의 방법이 있다.

① 서술식은 어느 주제에 대해 조별 토론을 진행하게 한 후, 조 대표가 토론 내용을 이야기 형태로 서술하는 방식이다.

② 설명식은 어떤 사물이나 이미지를 구체적으로 묘사하게 하는 방식이다.

③ 토론식은 좌담회처럼 어떤 주제에 대해 자신의 의견을 서로 발표하도록 하는 방식이다.

④ 교류식은 서로 맡은 역할을 미리 준비하여 공연 형태로 발표하게 하는 방식이다.

교육방법은 이 외에도 다양한 형태가 있으며 각각 특징이 있으므로 상황에 맞는 방법을 선택하여 수업에 적용해야 한다.

4. 수업설계 방안

아래와 같은 본문으로 회화 수업을 설계해 보자.

Jīntiān xīngqījǐ?

今天星期几?

회화1

Jīntiān xīngqījǐ?

A : 今天星期几?

Jīntiān xīngqīsì

B : 今天星期四。

A : 오늘은 무슨 요일이에요?

B : 오늘은 목요일이에요.

회화2

Nǐxīngqījǐlíkāi Shànghǎi?

A : 你星期几离开上海?

Zhège xīngqīliù.

B : 这个星期六

A : 당신은 무슨 요일에 상해를 떠나시나요?

B : 이번 주 토요일이에요.

일반적으로 아래와 같은 순서로 회화 수업을 진행할 수 있다.

① 배경 지식으로 요일에 대해 학습한다. 일부 새로 나온 단어를 학습한다.

② 선생님을 따라 요일을 모두 같이 반복하여 읽는 연습을 한다.

③ 몇 몇 학생들을 골라 단독으로 읽게 한다.

④ 두 명씩 짝지어 본문을 나누어 묻고 대답하는 연습을 하게 한다.

⑤ 커다란 달력을 보여 주며 요일에 대한 질문에 대답을 하게 한다.

- 이때 "오늘은 몇 월 며칠 인데 무슨 요일일까요? 어제는 무슨 요일일까요? 내일은 무슨 요일일까요?" 등 여러 상황을 주면서 반복하여 대답하도록 한다.

⑥ 몇 가지 상황을 설정하여 주면서 두 명씩 짝지어 회화 연습을 하도록 한다.

예) 오늘은 월요일입니다. A는 일요일에 북경에 갈 예정입니다. B는 오늘이 무슨 요일인지 모릅니다. A가 북경에 간다는 말을 들었는데 무슨 요일인지 궁금합니다.

⑦ 위 설정에 맞추어 회화 연습을 진행한 후 한 두 조를 뽑아 대표로 앞으로 나와 대화를 하도록 합니다.

5. 말하기 평가 방법

말하기 평가 방법에 관한 연구 논문 중 한 편을 소개하고자 한다. 논문의 제목은「중국 유학생 담화 연구를 통한 중국어 말하기 평가 모델 개발 - 교실 교육을 위주로」(『중국문화연구』, 2010.12)이다. 이 논문

을 통하여 말하기 교육에서 평가의 중요성과 평가 모델의 장단점을 파악할 수 있다.[13)]

I. 서론

1-1 연구목적 및 이론적 근거

중국어 말하기 능력에 대한 체계적인 평가는 최근에 이루어졌다고 해도 과언이 아니다. 중국어 능력 평가에서 가장 권위 있는 HSK만 봐도 과거 고급 시험에서만 말하기 평가를 해 왔다가 최근 2010년에 들어서야 시험에 대해 전면적인 개편을 통하여 말하기 평가를 단독으로 6개 등급으로 나누어 시행하게 되었다.[14)] 영어 말하기 평가에서 어떻게 하면 실질적인 학생들의 말하기 능력을 정확하게 평가할 수 있을

---

13) 논문의 편폭이 길어 일부 내용을 생략했다.

14) 2010년 개정된 HSK에서 〈유럽공통언어참조프레임(CEF)〉을 적용하여 6개 등급으로 나누었는데, HSK 사무국 홈페이지에서 제시하는 기준은 다음과 같다. HSK6급에 합격한 응시자는 중국어 정보를 듣거나 읽는 데 있어 쉽게 이해할 수 있으며, 중국어로 구두 상 또는 서면 상의 형식으로 자신의 견해를 유창하고 적절하게 전달할 수 있다. HSK5급에 합격한 응시자는 중국어 신문과 잡지를 읽을 수 있고, 중국어 영화 또는 TV프로그램을 감상할 수 있다. 또한 중국어로 비교적 완전한 연설을 진행할 수 있다. HSK4급에 합격한 응시자는 여러 영역에 관련된 화제에 대해 중국어로 토론을 할 수 있다. 또한 비교적 유창하게 원어민과 대화하고 교류할 수 있다. HSK3급에 합격한 응시자는 중국어로 일상생활, 학습, 업무 등 각 분야의 상황에서 기본적인 회화를 진행할 수 있다. 또한 중국여행 시 겪게 되는 대부분의 상황들을 중국어로 대응할 수 있는 수준에 해당한다. HSK2급에 합격한 응시자는 중국어로 간단하게 일상생활에서 일어나는 화제에 대해 이야기할 수 있으며, 초급중국어의 상위 수준이라 할 수 있다. HSK1급에 합격한 응시자는 간단한 중국어 단어와 문장을 이해하고 사용할 수 있으며, 기초적인 일상회화를 진행할 수 있다. 또한 다음 단계의 중국어 학습능력을 갖추고 있다고 판단할 수 있다.

지 그 방법을 찾기 위해 다각적으로 노력하고 있는 것에 비하면 중국어는 이제 시작 단계에 들어서 있다. 특히 학교 교육 현장에서의 말하기 평가는 더 평범하며 체계를 갖추지 못하고 있는데 단순하게 교수 학생간의 간단한 인터뷰 형식을 벗어나지 못하고 있다.

일대일 면담이나 인터뷰 형식이 현재 국내에서는 가장 보편적으로 사용되는 말하기 능력 평가방법이라고 할 수 있다. 이러한 형태의 말하기 평가는 평가자가 곧 채점자로서 수험자와 직접 만나 상호작용을 가지게 된다. 이를 직접 평가라 하는데 이러한 직접 평가가 준직접 평가보다 실제적인 대화능력을 반영하지 못한다고 주장하는 연구들이 의외로 많았다.

Johnson, Tyler(1998)는 영어평가 관련 연구에서 인터뷰 방식 시험의 타당도 검증을 꾸준히 진행한 결과 당연시 받아들였던 구술시험 양식의 타당성에 대해 문제를 제기했다. van Lier(1989)는 인터뷰 평가에서 담화와 상호작용에 관련된 연구 결과, 인터뷰 구조에서 추출된 대화가 시험장 밖의 실제적인 대화와 차이가 있음을 밝혀냈다. Lazaraton(1992)는 영어를 학습하는 외국인을 대상으로 인터뷰를 한 후 순서교대, 인접쌍, 바로잡기의 관점에서 인터뷰 대화가 자연스러운 대화의 기본 속성인 "상호작용성"을 포함하고 있지 않다고 입증했다. Yong과 Milanovic(1992)은 인터뷰 자료를 대화분석의 기법으로 분석하면서 인터뷰의 특성이 비교적 균형적인 실제 대화와 다른 비대칭적인 특성을 가지고 있음을 밝혀냈다.

한국에서도 신동일·김종국(2005)은 일대일 인터뷰 형식의 말하기 평가에 대한 문제점을 분석하였다. 이 논문에서는 실생활에서 이루어지는 담화 형태가 왜곡되어 평가된다는 점을 밝혀냈다. 또한 면대면 비조직적 인터뷰 평가 방법에서 학습자의 구술영어 능숙도에 상관

없는 거짓 유창성 현상이 발견되었음을 입증했다. 그는 거짓유창성은 수험자와 면접관의 상호작용에 의해서도 발견되지만 타당하지 못한 평가 과업으로부터 시작될 수도 있다는 주장을 제기했다. 따라서 학교 교육 현장에서도 체계적인 말하기 평가 모델이 갖추어져야 한다고 보았는데 이는 일대일 인터뷰가 너무나 타당성과 공정성에 대한 배려 없이 너무나 교실 안팎에서 무차별적으로 사용되고 있기 때문이라고 했다.

본 논문에서는 학교 교육 현장에서 간단하게 시행할 수 있는 말하기 평가 모델을 만들기 위해서 평가 모델의 수준을 초급으로 잡았다. 그리고 초급 수준의 일반적인 말하기 유형을 알아내기 위해 한국에 유학중인 중국인 유학생의 담화를 분석하고, 이 데이터를 활용하여 기초 중국어 말하기 평가 모델을 만들고자 한다.

말하기 평가에서 가장 중요한 요소는 첫째, 학생들이 가지고 있는 외국어 능력을 어떻게 이끌어낼 것인가(method of elicitation), 둘째, 채점에서 어떻게 객관성을 확보할 것인가(method of markong), 셋째, 시간과 비용 면에서 실제 실현 가능한가(expense of testing) 등이 있다. 이러한 요소를 충족시키기 위해 본 논문에서는 먼저 수준을 초급으로 잡았으며, 초급 수준의 말하기 모형을 만들기 위한 데이터로 중국 유학생들의 담화를 분석했으며, 대화분석에서도 평가의 시간을 단축시키기 위하여 화제지정 및 관리(topic management) 모형을 사용하기로 한다. 또한 채점의 객관성을 확보하기 위하여 본 연구를 통해 만들어진 문항을 실제 40명의 학생들을 대상으로 평가를 진행한 후 설문조사를 통하여 합당한 평가요인을 찾아내고자 한다.

1-2 연구의 내용 및 방법

본 논문에서는 한국 대학생들이 쉽게 받아들일 수 있는 대화를 수집하기 위해 한국에 유학중인 중국유학생들의 담화를 주요 자료로 삼았다.

먼저 보편적인 담화를 수집하기 위해 50명의 중국학생들을 선정하여 6개씩 자신이 유학하면서 자주 사용하게 되는 표현을 중국어로 작성하게 하였다. 이렇게 수집된 300개의 담화를 체계적으로 분석하기 위하여 먼저 우리말로 번역을 하여 각 주제와 담화 장소를 표시했다. 이들 담화를 내용별로 분류한 결과 9개의 일반적인 주제가 나타났고, 이들 9개의 주제에 포함되지 않는 데이터는 기타 항목으로 따로 분류를 하여 총 10개의 분류 항목이 나왔다. 본문에서는 이들 각 항목에 대한 특징을 살펴보고, 말하기 평가 문항 개발에 사용하였다. 이 외에도 중국 유학생들의 담화에 나타나는 어휘의 특징에 대해서도 살펴보았다.

중국 유학생들의 담화 내용에서 가장 일반적인 주제를 바탕으로 30개의 평가 문항을 개발하였다. 보편적인 평가가 이루어질 수 있도록 서로 수준이 다른 2학년 학생 40명에게 평가를 진행했다. 평가 방법은 구술 평가로 2인 1조로 각 주제에 대해 2인에게 서로 다른 입장을 설명해주고 대화를 진행하는 임무식 평가를 시행했다. 평가 후 2인의 평가위원을 뽑아 간단하게 평가 척도를 설명한 후 이들 40명의 답안에 대해 어느 정도 평가 결과에 공정성이 있는지 평가를 진행하여 결과를 분석했다. 또한 시험에 임한 40명 가운데 39명의 학생들에게 설문지를 통하여 이러한 회화 평가가 어떤 도움이 되는지, 어떤 평가 척도가 중요하다고 여기는지에 대해 조사했다.

본 논문의 목적은 초급 중국어 학습자를 대상으로 말하기 평가를 위해 중국 유학생들의 담화를 분석한 내용을 근거로 만들어진 2인 1조 임무식 평가 문항을 소개하고, 그 타당성에 대해 연구하고자 한다.

Ⅱ. 담화 분석

2-1 중국 유학생들의 담화 주제

다음은 중국 유학생들에게 나타나는 담화를 유형별로 분류한 도표이다.

분류	담화 수	퍼센트
주말계획	11	3.67
시험	14	4.67
리포트	14	4.67
날씨	16	5.33
방학	21	7
취미	23	7.67
수업	29	9.67
식사	35	11.67
쇼핑	42	14
기타	95	31.67
총계	300	100%

Ⅲ. 평가 문항 개발

아래는 중국 유학생들의 담화 내용을 분석한 후 이를 근거로 작성된 말하기 평가 문항의 예이다.[15)]

(1) 关于这次考试的结果进行对话

a 考砸了

b 还可以

(2) 关于最近的热门事情, 歌曲, 电影进行对话

a 向 b 介绍最近热门的话题(自己选择)

b 对 a 的介绍做出反应

(3) 关于上周末你干了什么进行对话

a 一整天都呆在家里

b 出去和朋友一起爬山

(4) 关于今天的午饭进行对话

a 菜单换了, 觉得不好吃

b 觉得还可以, 就是有点贵

(5) 关于老师的作业进行对话

a 作业很多, 实在没有办法完成

b 不算多, 只要少玩一点就可以完成

(6) 关于放学后的打算进行对话

a 准备去逛街

b 准备去看电影, 劝 a 一起去看电影

---

15) 아래 문항들은 章蓉교수(고려대)의 도움으로 작성하게 되었다.

(7) 对于宿舍的卫生情况进行对话

a 觉得宿舍卫生间需要经常打扫

b 觉得宿舍里太乱

(8) 有朋友要过生日, 要准备礼物, 根据这个进行对话

a 想给朋友买礼物, 但是不知道买什么好, 向b征求意见

b 推荐自己觉得不错的东西给a

(9) 做作业的时候需要查字典, 可是你沒有字典, 要跟同学借, 根据这个进行对话

a 需要借字典

b 有字典, 但是沒有带在身边

(10) 在路上偶尔碰到一位好久沒见的朋友, 根据这个进行对话

(11) 约朋友一起去看电影。根据这个进行对话

a 想去看电影

b 不想看电影, 想去图书馆学习

(12) 你病了, 需要同学帮你(请假, 陪你去医院等等)。根据这个进行对话

a 病了

b 帮a

(13) 关于毕业后的打算进行对话

a 打算去中国找工作

b 打算继续读书

(14) 关于系里来了个新同学进行对话

a 很想知道那个新同学的一些情况

b 知道一些关于新同学的情况

(15) 关于考试的范围进行对话

a 对于老师说的范围不太清楚, 向 b 询问

b 知道考试的范围

(16) 关于最近的天气进行对话

a 天气忽然凉了, 感冒了

b 同感, 所以让 a 注意身体。

(17) 朋友要去中国留学, 根据这个进行对话

a 想去北京

b 觉得还是去其他地方比较好(自己的感觉)

(18) 想去旅游, 所以去旅行社打听, 根据这个进行对话

a 客人

b 旅行社的职员

(19) 想追求自己喜欢的人进行对话

a 追求者

b 被追求者

(20) 关于打工的情况进行对话

a 打工虽然可以赚钱, 但是会影响学习

b 不会影并说出(理由)

(21) 关于在中国旅游的时候利用什么交通工具进行对话

a 觉得飞机比较好

b 觉得火车比较好

(22) 中韩两国的饮食习惯进行对话

a 韩国人

b 中国人

(23) 关于去学院学习汉语进行对话

a 觉得应该利用业余时间去学院学习

b 觉得好好学学校老师教的东西就可以了, 不必去学院

(24) 关于最近在忙什么进行对话

a 最近很少看见b

b 最近忙着谈恋爱

(25) 朋友在中国留学, 跟朋友打电话的时候的对话

a 留学的

b 打听中国的一些情况

(26) 关于韩国和中国天气进行比较对话

a 韩国

b 中国

(27) 关于汉语很难这个话题进行对话

a 觉得声调最难

b 觉得写汉字最难

(28) 关于约会迟到这个话题进行对话

a 埋怨经常迟到的人

b 觉得迟到不好, 不过有时候只要理由正当, 还是可以原谅的

(29) 关于运动进行对话

a 喜欢网球

b 不喜欢运动

(30) 关于上周买的衣服进行对话

a 上周买了一件衣服

b 觉得a买的衣服很好看自己也想买

위에서 볼 수 있듯이 본 논문에서 개발된 문항들은 작위적인 것이 아니라 실제 중국 유학생들의 담화에서 자주 나오는 주제에 근거하여 만들어졌다. 따라서 시험에 임하는 학생들도 익숙한 상황이므로 쉽게 대화가 이루어지도록 만들었음을 알 수 있다.

Ⅳ. 평가 척도 개발

사람의 의사소통능력의 구성요소에 관한 여러 학자들의 견해를 살펴보면, (1)정확성(Accuracy : 문법사용의 정확성), (2)범위(Range : 말할 때에 즉각적이고 창의적으로 사용할 수 있는 문법, 어휘 등의 크기/범위), (3)적절성(Appropriacy : 상황적 맥락과 분위기 등에 맞는 올바른 어휘의 선택이나 어투, 어체의 선택), (4)유창성(Fluency : 유연하고 효과적으로 말을 할 수 있는 자신감과 상황의 변화 등에 효과적으로 대응하여 전체적으로 의사소통을 잘 해나가기), (5)상호 활동성(Interaction : 상대방의 말을 정확히 이해하고 자신의 말을 정확하고 효과적으로 전달하기 위하여 상대방과의 의사교환 활동을 활발하게 하기), (6)조직성(Organization : 자신의 말을 효과적으로 전달하기 위해 적절한 연결어나 말의 내용의 순서 등을 논리적으로 전개하기), 그리고 (7)발음(Pronunciation : 별 어휘의 발음과 말 전체의 억양이나 강약 등을 정확하고 효과적으로 내기) 등 이상과 같은 ARAFIOP 요소 등이 공통적으로 포함된다.[16)]

평가 기준

A B C 3등급의 평가 기준은 다음과 같다.

16) Lee, W. K. A Task-based approach to oral communication testing of English as a foreign language. A doctoral dissertation at the University of Manchester, Britain. Seoul : Hanshin Publishing Co. 1991, pp.284-286.

A : 말하기 과제에서 요구되는 사항을 전체적으로 모두 잘 수행했다.

(1) 정확성(Accuracy) : 모든 문장이 어법에 맞는 문장을 사용했다.

(2) 범위(Range) : 모든 문장에 비교적 넓은 범위의 어휘와 문장의 종류를 사용했다.

(3) 적절성(Appropriacy) : 모든 문장에 적절한 어휘, 어투 어체를 사용했다.

(4) 유창성(Fluency) : 자신감 있게 말하며 상대방의 말에도 적절하게 대응하는 능력이 있어 의사소통에 아무 문제가 없었다.

(5) 상호 활동성(Interaction) : 상대방의 말에 대해 정확하고 효과적인 답변을 했으며 의사교환이 이루어지도록 주도적으로 활발하게 대화했다.

(6) 발음(Pronunciation) : 개별 어휘의 발음이 정확했으며, 문장의 어조와 성조의 연결이 매끄러웠다.

B : 말하기 과제에서 요구되는 사항을 이해하고 있었으며 대체적으로 잘 수행한 편이다.

(1) 정확성(Accuracy) : 문장이 대체로 어법에 맞는 문장을 사용했다.

(2) 범위(Range) : 문장에 대체적으로 넓은 범위의 어휘와 문장의 종류를 사용했다.

(3) 적절성(Appropriacy) : 문장에 대체로 적절한 어휘, 어투 어체를 사용했다.

(4) 유창성(Fluency) : 대체로 자신감 있게 말한 편이며 상대방의

말을 이해하고 대체적으로 적절하게 대응하여 의사소통에 무리가 없었다.

(5) 상호 활동성(Interaction) : 상대방의 말에 대체로 답변을 원활하게 했으며, 의사교환이 이루어지도록 노력하며 대화했다.

(6) 발음(Pronunciation) : 개별 어휘의 발음이 대체로 정확했으며, 문장의 어조와 성조의 연결이 대체적으로 잘 된 편이다.

C : 말하기 과제에서 요구되는 사항을 잘 이해하지 못했으며, 과제를 원활하게 수행하지 못했다.

(1) 정확성(Accuracy) : 대체로 문장이 어법에 잘 맞지 않았다.

(2) 범위(Range) : 문장에 한정된 범위의 어휘와 문장의 종류를 사용했다.

(3) 적절성(Appropriacy) : 적절하지 않은 어휘, 어투, 어체의 문장을 많이 사용했다.

(4) 유창성(Fluency) : 대체로 자신감이 떨어지고 상대방의 말을 잘 이해하지 못하여 적절하게 대응하지 못하는 경우가 많아 의사소통에 무리가 있었다.

(5) 상호 활동성(Interaction) : 상대방의 말에 적절한 답변을 하지 못하며 의사교환에 적극적이지 않았다.

(6) 발음(Pronunciation) : 개별 어휘의 발음이 대체로 부정확했으며, 문장의 어조와 성조의 연결에도 문제가 많았다.

V. 실험 결과 분석

보편적인 평가가 이루어질 수 있도록 서로 수준이 다른 2학년 학생 40명에게 평가를 진행했다. 평가 방법은 구술 평가로 2인 1조로 각 주제에 대해 2인에게 서로 다른 입장을 설명해주고 대화를 진행하는 임무식 평가를 시행했다.

평가 후 2인의 평가위원을 뽑아 간단하게 평가 척도를 설명한 후 40명의 답안에 대한 평가 결과에 공정성이 있는지 평가를 진행하여 결과를 분석했다.

5-1 평가의 공정성 테스트 결과

학생 40명에 대한 평가자 2인의 평가 결과를 보면 평가 점수가 서로 완전히 일치하지 않는 결과를 보였다. 이런 결과를 보이는 요인은 여러 가지가 있다. 먼저 평가표에 평가 항목이 너무 세분화 되어 있다는 점, 평가 대상의 대부분이 평가표의 항목에 있는 내용을 제대로 반영할 만큼 대화가 이루어지지 않아 평가자가 정확한 진단을 내리기 어려웠다는 점, 끝으로 평가 기준에 대한 명확한 훈련이 되어 있지 않다는 점 등이 있다.

평가자1의 평균점수는 34.125, 평가자2의 평균점수는 41.9이다. 이로써 평가자1의 기준은 상당히 엄한 반면 평가자2의 기준은 관대하다는 점을 알 수 있다. 그러나 상위 15위의 학생들을 서로 대조해 본 결과 2명을 제외하고 같은 학생들이 평가되어 있었다. 이렇듯 두 평가자 사이에 기준은 조금 다르지만 평가 결과에는 어느 정도 객관성과 공정성이 들어 있음을 알 수 있다.

평가의 공정성을 테스트한 결과 몇 가지 보완해야 할 점이 나타났다. 먼저 문항의 난이도를 학생의 수준에 맞추어 정확한 평가가 이루어질 수 있도록 많은 대화를 이끌어내야 한다. 그리고 평가표의 항목을 조정하여 평가자의 혼란을 막아야 한다. 끝으로 평가가 이루어지기 전에 평가자와 평가 대상자들은 어느 정도 사전 훈련이 되어 있어야 한다.

5-2 설문지의 내용 분석[17]

(1) 말하기 평가 요인

이 부분에 제시한 평가 요인과 평가 결과는 아래와 같다.

평가요인	유창성	발음, 성조	문형	어휘력	말의 구성	문화, 지식적 내용	%
평가결과	16.4	20.1	15.5	18.3	16.9	12.8	100

(각 항목에 최저 1점에서 최고 6점까지 부여하도록 한 후 통계를 냈다.)

대체적으로 위 6가지의 평가 항목이 모두 10% 이상으로 모두 필요한 요인이라고 인식하고 있다는 것을 알 수 있다. 또한 발음 부분이 최고점수인 20.1%를 받아 학생들은 발음을 중요시하고 있음을 알 수 있었으며, 문화와 지식적 내용이 12.8%로 초급 회화 단계에서는 이러한 내용이 들어가기도 어렵지만 학생들도 이 부분을 중요한 평가요인으로 보고 있지 않았다. 대체로 초급 회화에서는 발음과 단어가 가장 중요하다고 보고 있음을 알 수 있다. 또한 이 외의 평가항목을 묻는 질문에 "임기응변, 자신감"이라는 대답 외에는 다른 대답이 없었다.

17) 김정태(2008)의 설문 내용을 참고하여 설문지를 작성하였다.

(2) 회화 시험을 치는 과정에서 심적 부담을 느끼는 정도와 이유

회화 시험을 치는 과정에서 심적 부담을 느끼는 정도를 1단계 "전혀 느끼지 않는다"에서 4단계 "대단히 많이 느낀다"까지 조사한 결과 1단계는 단 2명뿐이었고, 2단계 "조금 느낀다"가 11명, 3단계 "매우 느낀다"가 17명, 4단계가 9명으로 대부분의 학생들이 심한 심적 부담을 느끼는 것으로 조사되었다. 그 이유의 대부분은 연습이나 준비부족으로 인한 자신감 결여 때문이었다. 그 외 3명 정도는 2인 1조의 임무식 말하기 평가를 처음 접함으로써 상대방에 대한 부담감을 많이 느끼는 것으로 나타났다. 즉, 상대방이 잘하면 내가 못해서 망칠까 봐 부담되고, 상대방이 못하면 알기 쉽게 잘 말해 줘야 한다는 부담을 느끼고 있었다.

(3) 학교 수업에서 말하기 시험에 도움이 되는 부분

이 부분에 제시한 항목과 평가 결과는 아래와 같다.

평가 항목	본문 암기	그림 보고 이야기하기	원어민 선생님과 대화	중국어로 발표	중국어로 설명	작문	리포트	연습문제 풀이	%
평가 결과	17.9	10.3	12.9	12.9	12.2	13.7	9.1	11	100

(각 항목에 최저 1점에서 최고 6점까지 부여하도록 한 후 통계를 냈다.)

통계 결과 본문암기의 효과가 가장 크고 리포트가 가장 낮게 나타났다. 그밖에 그림을 보고 이야기하기가 낮게 나온 이유는 이런 수업을 받은 경험이 적기 때문인 것으로 나타났다. 이 외에 수업 시간에 추가 되어야 할 수업 방식을 묻는 질문에 원어민과의 일대일 말하기 수업이 필요하다는 대답이 많았다.

(4) 평가 진행에 대한 제반 상황

평가 시 영향을 주는 요인에 대해 평가자의 엄숙한 분위기 때문에 더 긴장이 된다는 요인과 자기 짝과의 교류가 어렵다는 요인이 가장 영향이 큰 것으로 나타났다. 따라서 평가 시 서로 편하게 대화할 수 있는 제반 여건을 조성해줄 필요가 있으며 서로 수준이 비슷한 학생들과 짝을 이루거나 서로의 짝끼리 충분한 연습을 한 후에 평가를 하도록 개선해야 할 것으로 보인다.

평가 문항의 수를 묻는 질문에는 1문항에서 5문항까지 대답이 나왔는데 평균을 낸 결과 3개 문항이 적당하다는 결과가 나왔다.

또한 평가 시 충분히 생각하고 여유 있게 대답할 수 있도록 많은 시간을 요구하는 편이었으며, 대답할 여유 시간을 통계 낸 결과 3분 정도가 나왔다.

(5) 2인1조 임무식 평가에 대한 의견

평가 방법을 3가지로 나누었을 때의 선호도를 조사해 봤다. 녹음기, 1 :1 인터뷰, 2인 1조 임무식 평가 이 세 가지 선호도를 조사한 결과는 아래 도표와 같다.

	전혀 마음에 안 든다	마음에 안 든다	괜찮다	마음에 든다	대단히 마음에 든다
녹음기	2	11	18	7	1
1 :1인터뷰	0	0	10	17	12
2인1조	2	10	17	8	2

녹음기 이유 : 실제가 아닌 틀에 박힌 형식 같아서, 더 부담되고 긴장이 될 것 같아서, 시간제한에 대한 부담감과 수정할 기회가 없기 때문에.

2인 1조 임무식 평가 : 짝에 따라 결과가 차이가 난다. 짝에게 피해가 갈까 봐 걱정된다. 서로 생각에 차이가 많이 난다. 대화 진행에 어려움이 있다. 너무 즉흥적이라 긴장이 많다.

이번 평가 방법이 자신의 말하기 능력을 알맞게 평가하고 있다고 생각하는지에 대한 질문에 그렇다고 대답한 학생이 24명으로 전체 설문참가자 39명 가운데 61.5%로 그다지 좋은 반응을 얻지 못했다. 그러나 그 이유에 대해서는 평가 방법의 문제라기보다는 수준에 문제가 있는 것으로 보인다. 이번 평가에 부정적인 답변을 했던 대부분의 학생들이 그 문제점으로 제시한 의견이 거의 모두 자신의 표현 부족이나 실력 부족, 어휘력 부족을 그 이유로 들었다. 이 외에도 2인 1조에 대한 부정적인 의견이 소수 있었다.

VI. 결 론

중국어 말하기 평가가 원활하게 이루어지기 위해서는 평가 대상자가 평가하기에 충분할 양의 말을 중국어로 하도록 유도해야 한다. 가장 이상적인 방법은 평가자가 전문성을 가지고서 인터뷰 형식으로 일일이 평가를 진행하는 것이지만 이는 상황에 따라 질과 양의 차이가 조금씩 다를 수 있어 평가에 객관성이 부족하고 신뢰도가 떨어진다는 단점이 있다.[18] 따라서 평가의 양과 질을 동등하게 적용시킬 수 있는 말하기 평가 문항의 개발이 필요하다.

이를 위해서 본 논문에서는 중국 유학생들의 담화 분석을 통하여 초급중국어 회화 평가를 위한 문항을 개발하고 개발된 문항을 실제로

18) 신동일·김종국 「대학 교양영어 인터뷰 평가에서 담화 연구」 사회언어학 제 13권 2호 2005년 (2005) 참고.

응용하여 결과를 분석해 보았다. 그 결과 아직은 학생들이 기존 방식인 1 : 1 인터뷰 형식을 더 선호하며 편하게 생각하고 있었다. 2인 1조의 평가 방식에 대해서는 대체로 긍정적인 반응이었으나 부정적으로 생각하는 의견들의 대부분이 평가 방식에 대한 부담감과 자신의 수준이 이에 맞지 않다고 생각하고 있었다. 또 평가 공정성에 대한 실험 결과 본 평가 모델에 일부 수정이 필요함을 알 수 있었다.[19] 평가 항목이 너무 세분화되어 있고, 평가 대상의 대부분이 평가표의 항목에 있는 내용을 제대로 반영할 만큼 대화가 이루어지지 않아 평가자가 정확한 진단을 내리기 어려웠으며, 평가 기준에 대한 명확한 훈련이 되어 있지 않다는 결론이 나왔다. 따라서 이러한 부분들을 좀 더 보완한다면 인터뷰 형식과 또 다른 훌륭한 평가 모델이 충분히 될 수 있다고 생각한다.

전체 과정에서 앞으로 더 연구가 진행되어야 할 부분은 중국 유학생들의 담화 자체가 지니고 있는 한계성 때문에 초급 중국어 단계를 넘어서기 힘들다는 문제가 있다. 따라서 중국어 회화 평가의 수준을 향상시키기 위해서는 대규모의 중국어 담화 코퍼스 제작 및 활용 또는 중국어 대화분석을 통한 접근법등 다양한 방법을 모색하는 다방면의 시도가 필요하다고 생각된다.

---

19) 본 논문은 평가에서 중요한 3가지 기준(실용성, 신뢰도, 타당도)에서 실용성에 초점을 두고 작성되었다. 신뢰도에 문제가 된 것은 평가표의 수정과 평가자에 대한 훈련을 강화한다면 해결될 것으로 보인다.

제10장 문화 교육

1. 문화교육의 필요성

문화라는 말은 상당히 포괄적인 개념을 가지고 있어서 정치, 경제, 법, 문학, 예술, 도덕, 풍속 등 인간에 의해 만들어진 모든 것과 관련이 있다. 외국어 학습과 관련 있는 문화를 보통 교제문화(交际文化)라고 하는데, 여기에는 어속문화(语俗文化), 어감문화(语感文化), 언어환경문화(语言环境文化) 3가지가 있다. 교제문화는 외국어 학습에서 회화의 내용을 구성하는데 많은 영향을 끼치고 있다. 그러나 우리들은 외국어를 학습하면서 교제문화뿐 아니라 포괄적인 개념의 문화에 대해 알아두어야 할 필요성이 있다. 문화는 해당 사회의 구성원이 따라야 하는 질서와 규범의 의미가 있기 때문이다. 우리들이 외국인으로서 우리의 문화만을 알고 다른 사회에 무작정 들어갔을 때 문화적 충돌이 일어나기 쉽다. 이를 피하기 위해 문화교육은 외국어 학습에서 꼭 필요하다.

중국문화를 교육하면서 중점을 두어야 할 내용은 다음과 같다.

① 문화의 개념에 대해 이해하도록 한다.

② 중국문화와 자국문화의 공통점과 차이점을 이해하도록 한다.

③ 중국문화에 대한 흥미를 유발하도록 한다.

④ 문화 사이에는 다른 점이 있으므로 문화의 차이점과 특수성을 이해하고 배려하도록 한다.

중국문화에 대한 각 분야별 자료를 수시로 수집하면서 직접적인 경험을 많이 축적해 놓는 것도 교실 수업을 진행하는 데 도움이 된다.

2. 문화교육의 주제

2.1. 현행 고등학교 교과서의 문화교육

최근 고등학교 교과서에 실린 문화 교육에 대해 분석한 논문의 내용을 정리해 보면 아래와 같다(참고 : 김은혜, 〈중국 문화 교육을 통한 중국어 교육연구-고등학교 중국어 교과서를 중심으로〉 2008년 숙명여대 교육대학원 석사학위논문).

(1) 각 교과서의 문화교육 명칭과 비중

교과서마다 문화란을 소개하는 데 사용된 명칭, 문화란이 차지하는 지면, 비중의 퍼센트가 제각각이다.

① 민중서림Ⅰ :〈쉼터〉

② 부민출판사Ⅱ :〈중국 이야기〉 총 12단원의 문화내용

③ 시사에듀케이션Ⅰ :〈재미있는 중국 이야기〉 총 18단원

④ 시사중국어사Ⅱ :〈가보고 싶은 중국〉 총 15단원

⑤ 정진출판사Ⅰ :〈중국 문화 산책〉 총 15단원 가운데서 5, 6, 12과를 제외하고 12회

⑥ 정진출판사Ⅱ :〈중국 문화 산책〉 총 12단원 가운데서 2, 5, 6, 9, 10, 12과의 6단원

⑦ 진명출판사A-Ⅰ :〈중국 엿보기〉 총 12단원

⑧ 진명출판사A-Ⅱ : 〈중국 엿보기〉 총 10단원

⑨ 진명출판사B-Ⅰ : 〈Chinese tips〉 총 12단원

⑩ 진명출판사B-Ⅱ : 〈Chinese tips〉 총 10단원

(2) 내용분류

1) 언어문화

언어문화는 중국인들의 인사, 소개, 호칭, 숫자, 언어 등에 관련된 문화로써 중국어로 표현하는 데 있어서 가장 직접적이고 밀접한 관계를 가지는 문화유형이라고 할 수 있다.

2) 취미 및 여가활동

취미 및 여가활동은 중국인들이 평소 일생생활에서 즐기는 스포츠나 오락 같은 취미들로 구성되어 있는 문화유형이다.

3) 가정 및 학교생활

가정 및 학교생활의 문화유형은 가족과 학교에 관련된 문화내용으로 학습자의 입장에서 볼 때 현재 학습자 자신의 환경과 비교해 볼 수 있는 문화소재라고 생각된다.

4) 의식주

의식주의 문화 형태는 말 그대로 의(衣), 식(食), 주(住) 세 가지로 크게 나누어 질 수 있다 중국인의 전통 옷, 음식, 차(茶), 술, 주거형태 등 다양한 문화들이 이에 포함된다.

5) 사회문화

사회문화유형은 그 범위가 다른 문화유형에 비해 훨씬 크다고 할

수 있다. 사회문화 유형에는 역사, 민족, 인구, 교육, 교통, 화폐, 일상생활 등 다양한 문화들이 포함된다.

6) 문화유산

문화유산 유형은 중국의 과거부터 현재까지 이어져 오는 역사가 깊은 문화를 다룬 내용으로 이 유형에는 명절, 명승지, 문화재 등이 속한다.

7) 예술문화

예술문화 유형에는 음악, 영화, 미술, 경극, 한류 열풍 등 다양한 문화내용들이 포함된다.

(2) 중국에서의 문화교육

중국에서 외국인을 위한 문화교육은 주로 아래와 같은 내용이 주류를 이루고 있다. (참고 : 赵金铭,『汉语作为第二语言教学文化概说』, 北京大学出版社, 2008)

1) 중국의 역사와 지리

① 중국의 역사 – 중국 역사의 연혁, 중국 역사 속의 사건과 인물

② 중국의 지리 – 자연지리, 인문지리

2) 중국의 철학과 종교

① 철학 – 공맹과 유가사상, 노장과 도가사상

② 종교 – 불교, 도교

3) 중국문학

① 시가 – 고대시가, 현·당대시가

② 산문 – 고대산문, 현·당대산문

③ 희곡 – 고대희곡, 현·당대희곡

④ 소설 – 고대소설, 현·당대소설

4) 중국예술

① 서예 – 중국서예의 발전, 명가와 명작

② 그림 – 중국회화의 발전, 명가와 명작

③ 음악 – 중국음악의 발전, 대표적인 민속악기, 명가와 명작

5) 중국공예

① 전통공예 – 도자기, 경태람

② 민속공예 – 전지, 연

6) 중국의 건축과 정원

① 건축 – 전통가옥, 궁정건축

② 정원 – 황가정원, 개인정원

7) 중국의 생활과 풍습

① 생활 – 교제와 호칭

② 풍습 – 신앙과 금기

8) 중국의 풍경과 고적

① 자연풍경 – 오악과 황산, 국가지정명승지

② 문화적 명승지 – 불교와 4대 명산, 도교와 4대 명산

9) 중국의 과학과 교육

① 역법

② 중국 의학

③ 4대 발명 – 제지, 인쇄, 나침반, 화약

④ 교육 – 고대의 교육, 고대의 서원교육, 근현대 교육

⑤ 과거제도

10) 당대의 중국 상황

① 행정구역

② 인구와 민족 – 인구, 민족

③ 정치 – 인민대표대회 제도, 중국 공산당 주체의 다당 협력과 정치협력 제도, 민족자치제도

④ 경제 – 경제체제, 경제발전

⑤ 외교 – 외교정책, 외국과의 교류

⑥ 교육 – 교육체제, 외국인을 위한 중국어 교육

3. 문화 교육의 예[20)]

외국어 학습에 직접적인 영향을 주는 문화적 내용에는 어떤 것이 있을까? 진광뢰(陈光磊)는 이를 아래와 같이 분류했다.

① **생활풍습과 관련된 문화** : 인사, 사과, 전화 등과 같이 일상생활과 교류활동 중에 이루어지는 풍습과 습관을 말한다.

---

20) 样德峰,『汉语与文化交际』(北京大学出版社, 1999)의 일부 내용을 정리함.

② **사고방식과 관련된 문화** : 중국인들이 큰 것에서 작은 것으로 옮겨가는 사고의 틀을 가지고 있는 것처럼 그 민족의 사고방식과 관련된 것이다.

③ **심리상태와 관련된 문화** : 가치관, 도덕관, 윤리관 등과 같은 민족성이나 사회의식과 관련된 문화를 말한다.

④ **역사와 관련된 문화** : 역사의 발전과 유물 등과 관련된 문화를 말한다.

⑤ **한자와 관련된 문화** : 한자의 특징과 관련된 문화를 말한다.

⑥ **동작(제스츄어)과 관련된 문화** : 손짓이나 몸짓 등 동작과 관련된 문화로 예를 들면 손가락으로 태양혈 주변을 가리키면 미국인은 미쳤다는 표시지만 중국인은 머리를 쓰라는 표시이다.

진광뢰(陈光磊)는 또 문화강의 방식으로 다음 네 가지를 제안했다.

① **직접 강의법** : 자신의 경험이나 지식을 직접적으로 전달하는 방식으로 자세한 설명이 필요하다.

② **상호 교류 및 실천법** : 교실 내의 분위기를 교육할 문화와 관련된 내용으로 꾸민 후에 교사와 학생 혹은 학생과 학생들끼리 서로 교류하고 직접 실천하는 방식이다.

③ **상호 비교법** : 중국 문화를 한국 문화와 비교해서 같은 점과 다른 점을 서로 비교하는 방식이다.

④ **직접 경험법** : 중국 문화의 일부 내용을 미리 준비된 도구를 사용하여 직접 경험해 보는 방식이다. 예를 들면 중국 악기 연주, 서예, 전지 공예, 중국 음식, 태극권, 차 시음 등 다양한 문화적 내용을 교실에서도 직접 경험할 수 있도록 설계할 수 있다.

아래에는 문화 수업에서 다룰 수 있는 몇 가지 주제를 골라 정리해 보았다.

3.1. 중국의 성씨(姓氏)와 이름(名字)

(1) 중국의 성은 무려 22,000개

중국에서 진한(秦汉) 이전에 성(姓)과 씨(氏)는 각각 엄격하게 구분했다. "성(姓)"이라는 글자를 나누면 "女(여)", "生(생)"이므로 여자가 나았다는 의미로 모계사회에서 만들어진 글자임을 알 수 있다.

성이 부족의 이름이라면 씨는 그 부족에서 다시 나뉜다. 고대에는 일반적으로는 성으로 여자를 부르고, 씨로 남자를 불렀다. 부계사회로 넘어오면서 인구의 증가로 인해 같은 성을 가진 가족이 씨족으로 나뉘었다. 그러다가 전국(战国)시기 이후부터 성과 씨가 섞이더니 지금은 합쳐져서 성 하나만 쓰게 되었다. 그렇다면 중국의 성은 대략 얼마나 될까? 많은 사람들이 중국에는『백가성(百家姓)』이라는 책이 있으므로 백 개가 될 것이라고 생각하기 쉽다. 그러나 송대(宋代)에 편찬된『백가성(百家姓)』안에 수록된 성은 438개이며, 명대(明代)의 전적만 봐도 모두 3,625개의 성을 수록하고 있다. 그리고 중국에서 지금까지 사용했던 성을 모두 합하면 무려 22,000개나 된다고 한다.

중국의 가장 대표적인 성은 "张, 王, 李, 赵" 4개 성이며, 통계에 의하면 장(张)씨 성을 가진 사람만 해도 1억 정도로 아마 세계에서 가장 많은 인구를 가진 성일 것이다. 이를 포함하여 중국 10대 성을 꼽으라고 하면 "张, 王, 李, 赵, 陈, 杨, 吴, 刘, 黄, 周"를 들 수 있고, 이들이 차지하고 있는 비율은 중국 전체 인구의 약 40% 정도 된다고 한다.

(2) 중국 사람들이 아이 이름 짓는 방법

요즘 신세대 부모들은 남녀평등을 실현하기 위해 아이가 아버지 성을 따르던 기존의 관습 대신에 부모의 성으로 짓는 경우도 생겨났다. 이외에도 중국인들만의 갖가지 작명법이 있는데 몇 가지만 살펴보자.

① 성을 겹쳐서 이름을 짓는 방법 : 예를 들어 성이 "石"씨인데 이름을 "磊"라고 짓는 경우

② 성과 이름이 합쳐서 단어가 되도록 짓는 방법 : 예를 들어 성이 "夏"씨인데 이름을 "天"이라고 짓는 경우

③ 성과 편방이 같은 글자로 이름을 짓는 방법 : 예를 들어 성이 "徐"씨인데 이름을 "行"이라고 짓는 경우

④ 성과 같음 발음의 글자로 이름을 짓는 방법 : 예를 들어 성이 "杨"씨인데 이름을 "阳"이라고 짓는 경우

⑤ 성과 이름이 반대말이 되도록 이름을 짓는 방법 : 예를 들어 성이 "曲"씨인데 이름을 "直"이라고 짓는 경우

⑥ 성과 이름이 서로 비슷한 글자가 되도록 이름을 짓는 방법 : 예를 들어 성이 "李"씨인데 이름을 "季"라고 짓는 경우

⑦ 성을 나누어 이름으로 삼는 방법 : 예를 들어 성이 "舒"씨인데 이름을 "舍予"라고 짓는 경우

⑧ 성과 이름이 어떤 단어와 같거나 비슷한 발음이 되도록 짓는 방법 : 예를 들어 성과 이름이 "任政"이라면 "认真"과 발음이 비슷하다.

⑨ 성과 이름이 어떤 성어에서 따온 방법 : 예를 들어 성과 이름이 "马识途"라면 성어인 "老马识途"에서 따온 이름이다.

⑩ 성에 필획을 더해서 이름을 짓는 방법 : 예를 들어 성이 "魏"씨라면 이름을 "巍"라고 짓는 경우

위와 같은 예들을 잘 살펴보면 중국인들의 이름에도 한자의 특징을 살리는 부분이 많아 우리나라처럼 뜻과 발음을 생각하는 것 외에도 모양을 고려하는 경우도 있음을 알 수 있다.

(3) 중국의 호칭에 관한 문화

중국에서 사람의 이름을 부르는 방식은 아주 다양하다. 서로 친한 사이인지는 호칭을 들어 보면 잘 알 수 있다. 중국에서 사람을 부르는 여러 형태를 나누어 보면 다음과 같다.

① **성 + 이름** : 이런 형식의 호칭은 가장 일반적이면서 나이가 비슷한 사이에서 쓰인다.

② **이름** : 이름만 부르는 경우는 중국 사람들에게 있어서 절친한 사이에서만 쓰인다. 그러므로 서로 그다지 친하지 않은 상태에서 우리 식으로 이름만 부르지 않도록 주의해야 한다.

③ **老/小 + 성** : "老"를 붙이는 경우는 상대방이 부르는 사람보다 나이가 많은 경우이고 小를 붙이는 경우는 그 반대이다. 즉, 나이의 차이는 나지만 서로 친한 경우에 쓰인다.

④ **성 + 老** : 상대를 아주 존중하는 경우에 쓰이는 호칭법이다. 중국에서는 거의 극존칭이라고 할 수 있다.

⑤ **아명(儿名)** : 즉 어린아이에게 애칭으로 부르는 이름이다. 자신의 본래 이름과 상관이 있는 글자를 쓰기도 하고, 태어난 띠와 관계있는 글자를 쓰기도 하며, 전혀 상관없는 글자를 쓰기도 한다.

언어에서 존댓말이 거의 남아 있지 않지만 중국 언어 속에는 고대에 어른을 존경하던 모습의 흔적이 아직도 남아 있다. 그 대표적인 단어가 "老"이다. 우리는 "노인"하면 늙고 힘없는 모습이 떠오르고 그 안에 무슨 경로사상이 들어 있을까라고 의구심을 가질 수 있지만 중국에서는 다르다. 자기보다 나이 많은 사람을 부를 때 "老 + 姓"의 호칭을 쓰고, 아랫사람을 부를 때는 "小 + 姓"을 쓰면서 나이 구분을 하게 해 준다. 또 명망 있는 저명인사를 부르는 극존칭으로 "某老先生"이란 말을 쓰는 것 또한 존칭의 흔적이다.

3.2. 중국인의 음식문화

(1) 차는 반만 그러나 술은 가득

손님이 방문했을 때 중국 사람들은 일반적으로 차를 대접하고, 담배를 권하는 행동과 말을 통해서 주인이 자기를 대하는 태도가 친절한지 냉담한지 알 수 있다. 차를 대접할 때 찻물을 가득 따르면 손님에게 나가라고 하는 것과 같으므로 조심해야 한다. 반면 식사 중 술을 권할 때 술은 반드시 술잔 가득 따라야 한다. 그래서 중국에는 "茶要半, 酒要满(차는 반만 술은 가득)"이라는 표현이 있다.

(2) 밥보다 술이 먼저

중국인이 음식을 먹는 순서는 일반적으로 먼저 술을 마시고 그 다음에 밥을 먹는 것이다. 밥을 다 먹은 후에는 술은 다시 마시지 않고 또 손님에게 술을 권해서도 안 된다. 식후 음주는 "酒后饭上"이라고 꺼리는데 이는 "酒后饭上(식사 먼저 술은 그 다음)"과 "久后犯上(시간이 지난 후에는 윗사람을 범한다)"이 발음이 같기 때문이다. 그래서 사람들은 식후음주를 매우 꺼리고, 특히 윗사람 앞에서는 더욱 그러하다.

3.3. 중국의 혼인문화

혼인은 예로부터 어느 지방이든지 가장 중요한 일의 하나이다. 한 사람의 인생에 있어 혼인은 매우 중요한 이정표이기에 "择亲(택친)", "相亲(상친)"에서 "纳彩(납채)", "成亲(성친)"에 이르기까지 일련의 복잡한 풍속 습관이 있다.

고대에 "择亲"은 "门当戶对"(남녀 두 집안이 엇비슷하다 ; 두 집안의 사회적 지위, 경제적인 형편 따위가 걸맞다)와 "사주팔자"를 중시하였다. 특히 후자는 장래의 행복 여부와 관계가 있고 심지어는 혼인 후의 생존문제와도 관계가 있다고 여겼기 때문에 매우 중요하게 생각했다.

"纳彩"에 관한 예의범절의 수가 제법 많은데 이는 심지어 혼사의 성공여부를 결정하기도 한다. 이는 주로 "纳彩"의 수량과 질에서 나타난다. 결혼에 많은 예물이 필요한 것은 예나 지금이나 똑같은 것 같다.

"成亲"하는 날 격식과 예의범절을 따지는 습관은 더 많다. 어떤 지방에서는 "成亲"하기 전날 밤에 조부모, 부모에게 청하여 건강한 아이로 하여금 신랑이 새 침대에서 자는 것을 시중들게 하는데 이를 "压床(압상)"이라고 하고, 여기에는 아들을 일찍 낳기를 바라는 의미가 있다.

이른 아침에 일어나 "压床"하는 시동아이를 시켜 대추탕을 달여 마시게 하고, 숟가락이 아닌 젓가락을 사용하게 하는데 이는 "枣子"와 "早子" ; "快子"와 "筷子"가 발음이 같아 "早生子(아들을 일찍 낳다)", "快生子(아들을 빨리 낳다)"의 뜻이 있기 때문이다.

3.4. 중국인들의 선물 문화

혼례를 거행할 때 자연히 친한 친구들이 와서 시끌벅적하게 놀면서 선물을 하게 된다. 그러나 선물을 줄 때는 신중해야 한다. (어떤 물건들은 기피의 대상이 되어 선물할 수 없기 때문이다.) 예를 들어 우산이나 손수건, 가위 등과 같은 것들은 신혼의 신부에게 주어서는 안 되는 것들인데, 우산이란 뜻의 "伞"은 "헤어지다"라는 뜻의 "散"과 발음이 같아 헤어진다는 의미로 결혼하는 사람들에게 있어서 최대의 금기사항이기 때문이다. 이외에 "손수건"은 눈물을 닦는 데 사용되므로 "울다"라는 뜻을 가진 "哭"라는 글자를 연상시킨다. 따라서 막 결혼한 신부에게 눈물을 닦는 "손수건"은 부부 간의 불행과 불화를 의미하므로 당연히 금기시하는 선물이다. "가위"라는 뜻의 "剪刀"는 "불화"를 뜻하는데 이 역시 두 사람이 앞으로 다툴 것이라는 뜻이 담겨 있어 피해야 한다.

3.5. 중국의 명절

(1) 독특한 설날(春节)의 유래와 풍속

중국에서는 명절 중에서 설날을 가장 중요하게 여긴다. 설날을 중국에서 "春节"라고 부르는데 음력으로 새로운 한 해의 시작이므로 옛날에는 "新年"이라고도 불렀다. 중국인은 예로부터 시작을 매우 중시했는데 "一年之计在于春, 一日之计在于晨(한 해의 계획은 봄에 하고 하루의 계획은 아침에 한다)", "善始善终(시작이 좋으면 끝도 좋다)", "万事开头难(모든 일은 처음이 어렵다)" 같은 속담들이 바로 이러한 사람들의 심리상태를 반영하고 있다. 중국 설날의 풍속습관으로는 만두를 빚거나 떡(年糕)을 먹고, 용등(龙灯)을 들고 춤을 추거나 사자춤을 추는 것 등이 있다.

(2) 정월대보름

중국에서 설날은 음력 1월 1일에 시작해서 보름 간이나 계속되어 원소절(정월대보름)이 되면 끝이 난다. 음력 1월 15일을 "원소(元宵)"라고 하는데 "灯节"라고도 한다. 이는 민간에서 이 날 등불놀이를 한 것에서 유래된 이름이다. 등불놀이의 유래는 한(汉)나라 때부터 기원한다. 민간에서는 며칠씩 등불놀이를 하며, 궁중에서도 등으로 커다란 탑을 만드는 등 호화스러운 등불놀이를 즐겼다고 전해진다. 등불놀이의 전통과 관련한 중국의 "避讳(피휘)" 문화도 매우 독특하다. "避讳"란 군주나 윗사람의 이름과 글자가 같은 모든 경우에는 다른 글자로 바꾸거나 획을 생략하는 등의 방법으로 이를 피하는 것을 이른다. 송(宋) 나라 때 "田登"이라는 지금의 도지사 정도의 관리가 있었는데 등불놀이의 "灯(등)"과 자신의 이름인 "登(등)"이 발음이 같다고 하여 "放灯"이란 말을 쓰지 못하게 금지시키고 대신 "放火"라고 쓰도록 방을 붙였다. 그러자 사람들이 "只许州官放火, 不许百姓点灯. (도지사는 방화해도 되고, 백성들은 불도 못 켜게 한다)"라고 풍자하여 지금까지 성어로 쓰이고 있다. 이밖에 정월대보름 날에는 "元宵(원소)"라는 독특한 음식을 먹는 습관이 있다. "元宵"는 "汤圆"이라고도 부르는데 이것이 "团圆"과 발음이 비슷해서 한 가족이 모두 모인다는 의미를 갖고 있다. 원소는 속이 있는 것과 없는 것 두 가지가 있고, 주로 죽을 만들어서 같이 먹는다.

(3) 단오(端午)

단오절은 또 전국(战国)시대 유명한 시인이자 정치가인 굴원(屈原)을 추모하는 날로도 유명하다. "端午"를 "重午"혹은 "端阳"이라고도 부르는데 여기에도 물론 나름대로의 이유가 있다. 중국 고대에 12지로 시간을 나타낸다고 앞에서 언급했는데 시간뿐 아니라 월, 일도 12지로 불렀다. 그래서 5월을 "午月"이라고 하고, 5일을 "午日"이라고 불렀는데, 단오 5월 5일이 "午月午日"로 "午"가 두 번 겹치니까 "重午"라고 부르고, 또 "午"가 숫자로 "阳"에 속하니까 "端阳"이라고도 부른다. 단오절 풍습으로는 용주(龙舟)경기가 있고, 단오절에 먹는 음식으로는 "粽子"가 있는데 모두 굴원을 추모하기 위한 풍습이다. 그리고 이 "粽子"를 강에 던지는 모습을 볼 수 있는데 이는 강에 몸을 던져 자살한 굴원의 시신을 물고기들이 먹지 말고 대신 "粽子"를 먹으라는 뜻이 담겨 있다.

(4) 추석(中秋节)

추석은 중국어로 "中秋节"이라고 한다. "中秋"라는 말은『周礼(주례)』에 처음 보이나 당대(唐代) 초에 이르러서야 고유한 명절로 자리 잡았으며, 명청(明清)에 이르러서는 설 다음가는 큰 명절이 되었다. 중국에서는 계절의 중간을 "仲"이라고 하는데 8월은 가을의 중간이므로 "仲秋"라고 부르고, 추석은 8월 15일 즉, 8월의 중간이므로 "中秋节"이라고 한다. 추석은 달이 가장 둥글고 밝기에 사람들이 한자리에 모인다는 "团圆"의 의미가 들어 있어 "团圆节"이라고도 부른다. 또한 달처럼 둥근 모양의 "月饼"을 먹는 풍습이 있다.

이렇듯 과거에는 사람들이 한자리에 모이는 "团圆节"의 의미를 가

졌으나 현대 중국에서 추석은 공식적인 휴일로 지정되어 있지 않다. 따라서 지금은 "团圆节"로서의 의미는 퇴색되었다.

3.6. 중국인의 금기 문화

중국에도 우리나라처럼 써서는 안 되는 말과, 될 수 있으면 직접 말하지 않고 돌려서 말해야 하는 표현들이 있다. 이런 금지된 표현은 나라마다 독특한 문화현상으로 반드시 알아두어야 중국인들과의 교제에서 실수하지 않는다.

(1) 윗사람의 존함

중국 고대에서 신하와 백성들은 군주의 이름을 쓸 수 없었고, 나아가 아랫사람은 윗사람의 이름을 쓸 수 없었다. 그리하여 군주나 윗사람의 이름과 같은 글자를 써야 할 모든 경우에는 이를 다른 글자로 바꾸거나 획을 생략한 글자로 바꾸는 등의 여러 방법으로 이를 피하였다. 이를 "피휘(避讳)"라고 하는데 "避讳"는 서주(西周)시기부터 존재했으며, 전국(战国)시기에 이르러 구체화되었다. 당시는 단지 군주와 계승자의 이름을 피하면 되었지만 유학(儒学)이 지배계층의 주된 통치 이념으로 자리 잡기 시작하면서 "避讳"는 더 복잡하고 다양해졌다. 또 이를 범하게 되면 귀향을 가거나 심지어 멸족을 당하기도 했다. 먼저 휘(讳)는 "国讳", "家讳", "圣贤讳", "宪讳" 등으로 나눌 수 있는데, 가장 중요한 "国讳"와 "家讳"에 대해서 알아 보자.

"国讳"란 당시 황제와 7世 이내 선조의 이름을 말한다. 당대(唐代) 당고조(唐古祖) 이연(李渊)의 조부 이름이 호(虎)였는데 당시 "虎"자는 말하지도 쓰지도 못했다. 예전에는 요강을 "虎子"라고 불렀는데 "马子"로 고쳐 부르게 된 것도 이 때문이다. 지금은 "马桶"이라고 부르게 되었다. 고대 중국인들은 이름, 자, 호가 있고, 게다가 황제는 "谥号", "庙号", "陵号", "年号" 등까지 있어서 더욱 복잡했다. 이러한 글자들을 피해서 쓰는 것만도 어려웠는데 송대(宋代)에 이르러서는 7世 이상의 선조까지 포함되어 피해야 할 글자가 50자에 이르렀다. 그런데 문제는 이 50자뿐 아니라 이런 글자들과 음이 같거나 모양이 비슷한 글자도 써서는 안 된다는 것이다. 그러니 당시 학문이 아무리 높고, 아는 글자가 많아도 글을 쓸 때 자칫 잘못하면 귀향을 가거나 목숨을 잃었다. 그 유명한 시인이자 문장가인 소식(苏轼)도 바로 이 때문에 귀향을 가지 않았는가.

"家讳"란 부모와 조상의 이름자를 말하며, 말할 때나 글을 쓸 때 절대로 피해야 했다. 이 때문에 별의별 일들이 다 생겨났는데 예컨대 남조(南朝) 때 범엽(范晔)은 태자첨사(太子詹事)라는 직책을 마다했는데 바로 부친의 이름이 "泰(태)"여서 "太(태)"와 "泰(태)"가 발음이 같다는 이유에서였다. 또 류온수(刘温叟)는 부친의 이름이 "岳(악)"이어서 평생 음악을 듣지 않았다고 하는데 "乐(악)"과 "岳(악)"의 발음이 같기 때문이었다. 당대(唐代)의 시인 이하(李贺)는 부친의 이름이 "晋肃(진숙)"이어서 평생토록 진사(进士)시험을 치르지 않았다. 이는 "进士"의 "进(진)"과 "晋(진)"이 발음이 같다는 이유에서였다. 이대로라면 만약 부모님의 이름이 "食", "水", "菜" 등과 발음이 같거나 비슷하면 자손들은 밥 먹고 물 마시는 데도 문제가 있지 않을까? 이는 자기 집안 문제이긴 하지만 그와 관계를 맺는 친구들도 이를 피하는 것이 예의였으니 친구를 사귈 때도 조심해야 했다.

(2) "避讳"의 구체적인 방법

이런 글자를 피하기 위해 일반적으로 다음과 같은 방법을 사용했다.

1. 글자를 바꾸는 방법(改字法) : 다른 글자로 대체해서 쓰는 방법. 예를 들면, 24절기 중 하나인 "惊蛰"은 선진(先秦)시기에 "启蛰"이라고 했는데, 한대(汉代) 한경제(汉景帝) 류계(刘启)의 이름을 피하기 위해 "惊蛰"이라고 바꾼 것을 지금까지 쓰고 있다.
2. 자리를 비우는 방법(空字法) : 글자를 쓰지 않고 비워 두는 방법으로 혹은 "某" 혹은 "讳"라고 쓰기도 한다.
3. 필획 생략법(缺笔法) : 그 글자의 필획을 일부러 줄여서 쓰는 방법.

현재는 고대에 그랬던 것처럼 엄격하진 않지만 일상생활 중 부모나 연장자의 이름에 대해서는 여전히 금기가 존재한다. 예를 들어, 집안에서 아이들은 보통 부모나 연장자의 존함을 직접 부를 수 없고, 공공장소에서도 마찬가지이다. 심지어 학생들도 선생님의 이름을 부를 수 없고, 직장에서 웃어른의 이름을 부를 수 없는 것 등이 그 예이다.

(3) 신체적 결함

대머리라는 뜻의 "秃"는 그다지 듣기 좋은 말이 아니라서 사람들은 "谢顶"이라고 하였다. "뚱뚱함 (胖)"은 과거 빈곤한 시대에는 결코 나쁜 것이 아니며, 뚱뚱할 수 있는 것은 "타고난 복 (福分)"이라 하여 행복한 일이라고 하였다. 하지만 요즘에는 사람들의 생활수준이 상당히 높아졌기 때문에 "胖"은 더 이상 바라고 추구하는 일이 아니다. 사람들은 뚱뚱해지는 것을 두려워할 뿐 아니라 다른 사람이 자신을 뚱뚱하다고 하는 것도 싫어해서 "发福(주로 중년 이상의 사람에게 살이 쪘다고 말할 때 쓰는 표현)"라는 말로 대신해서 표현한다.

"절름발이 (破子)"는 별로 듣기가 좋지 않은 말이기 때문에 사람들은 종종 "다리가 좀 불편하다 (腿脚有些不方便)"는 말로 대신한다.

"瞎子"는 장님을 일컫는 말이다. "눈이 멀었다. (眼睛瞎了)"는 종종 "두 눈이 실명했다. (双目失明)"로 대신해서 말하고, "시력이 좋지 않다. (视力不好)"는 종종 "눈에 좀 문제가 있다. (眼睛有点儿问题)"는 말이나 "눈이 사용하기에 불편하다. (眼睛不好使)"는 말로 대신해서 말한다. "眼睛瞎了"는 중국 사람들이 서로 길가다 부딪치면 "너 눈 멀었니!"라며 싸울 때 쓰는 말로도 사용되므로 정말 조심해서 사용해야 한다.

(4) 죽음에 대한 표현

중국에서 사람들은 죽음(死亡)을 기쁜 일(喜事)이라고 생각했으나 사실 죽음에 대해서 공포와 불길한 감정을 가지고 있다. 또 민간에서는 "말이 씨가 된다(说凶即凶, 说祸即祸)"는 심리가 있어서 예로부터 지금까지 죽음에 대해서는 직접적으로 말하지 않고, 다른 표현들을 쓰는데, "亡", "故", "卒", "殁", "物化", "仙逝", "升天", "驾崩", "作古", "归西", "归天", "去世", "逝世", "谢世", "过世", "永诀", "永别", "永眠", "长眠", "牺牲", "就义" 등이 있다.

이러한 말들이 기본적으로 죽음의 대명사들이 되었다. 이렇게 많은 말들이 죽음을 나타낸다고는 하지만 용법이 완전히 달라서 상황에 따라 쓰이는 말도 다르다. 다음 예를 보자.

永诀, 永别 : 사망한 지 얼마 되지 않은 경우에 많이 쓰임

义 : 정의로운 일을 하다가 적에게 죽임을 당한 경우에 많이 쓰임

逝世, 谢世, 过世 : 일반사람들에게 쓰임

牺牲 : 대중의 이익을 위해서 혹은 정의로운 일을 하다가 죽은 경우에 쓰임

사람들은 "死"라는 글자를 숨기고 다른 말로 대신했는데 주된 이유는 죽은 사람을 그리거나 그를 찬미하기 위해서지만 내면에는 죽음이라는 두려운 글자를 꺼내는 것을 피하기 위해서였다.

나이 중에서 45, 73, 84, 100세 등은 말하길 꺼린다. 그래서 45세라면 "작년에 44살이었지."라고 한다든지 "내년이면 46살이야."라고 말한다. 이는 아마도 포청천이 45세에 사건해결을 위해 거짓으로 죽었기 때문이라고도 하고, 혹은 도적을 만나 어려움을 겪었기 때문이라고도 한다. 73세는 孔子가 이 나이에 죽었기 때문이고, 84세는 孟子가 이 나이에 죽었기 때문이다. 즉, 孔子, 孟子와 같은 성현도 그 나이에 죽었는데 일반사람들은 더 넘기기 어려울 것이라는 생각에서 꺼린다. 사람들이 100세를 말하기 꺼리는 이유는 이를 나이의 한계로 보기 때문이다. 그래서 100세라도 일부러 99세라고 말한다. 이러한 모든 것이 죽음을 꺼려서 이를 피하기 위해 나온 것들이다.

(5) 기타 금기

중국에서는 돈이 없으면 남들에게 무시당하기 쉽기 때문에 "돈이 모자라다. (手头缺钱)"는 말을 "缺钱"이라고 하지 않고 "手头紧"이라고 한다.

북경 토박이들은 "蛋"라는 글자를 쓰기 꺼려했기 때문에 많은 말들 중에서 "蛋"자를 사용하지 않았다. "鸡子", "松花", "炒木樨肉" 등은

사실 바로 "鸡蛋", "松花蛋"과 "鸡蛋炒肉"인데 표현을 바꾼 말들이다. "蛋"은 단지 몇 가지 비속어 중에만 나타난다. 예를 들면 "坏蛋", "王八蛋", "滚蛋", "混蛋" 등과 같은 말들이다.

또, 식초를 먹는다는 말인 "吃醋"를 말하길 꺼렸는데 만약 꼭 써야 할 경우에는 앞의 "吃"를 "用"혹은 다른 글자로 바꿔 썼다. 왜냐하면 "吃醋"라는 말은 늘 남녀사이의 질투심을 가리키기 때문이다.

산동(山东) 사람들은 "二哥"라고 부르길 좋아하고, "大哥"라고 부르는 것은 꺼린다. 이는 아마도 『수호지(水湖志)』에 나오는 무송(武松)의 전설 때문인 것 같다. 무송(武松)은 둘째지만 키도 크고, 힘도 세서, 호랑이를 때려잡은 전설상의 영웅이었지만 그의 형 "武老大"는 키도 작고 못생겼으며, 또 『금병매(金瓶梅)』에서 "武老大"의 아내가 서문경(西门庆)과 외도를 하고 "武老大"를 죽이기까지 한다. 그러므로 사람들이 "武老大"처럼 되기는 꺼리는 마음에 "老大", "大哥"라고 불리는 걸 꺼린다.

바닷가 근처 지역에서는 식사를 할 때 생선이 있으면 절대 "翻"라는 말을 하지 않는다. 왜냐하면 그 지역의 어민들은 출항해서 배가 뒤집히는 것 "翻船"을 가장 두려워했기 때문에 자신에게 재앙이 닥칠 것을 염려해서이다. "陈"라는 성도 "陈"이라고 하지 않고 "耳, 东"이라고 했다. 그 이유는 "陈"과 "沈"와 동음이면서 또한 "沈"은 "沈船(배가 침몰하다)"의 뜻이 있기 때문이다.

거북 "龟"도 사람을 욕하는 말로 사람에게 써서는 안 된다. 고대에 거북(龟)은 상서로운 동물로 여겨서 이름에도 자주 쓸 정도로 좋아했지만 원대(元代)부터는 사람을 욕하는 나쁜 뜻으로 쓰이기 시작했다.

물건 "东西"라는 단어는 우리가 초급 중국어를 배우면 많이 접하게 되는 쉬운 단어지만 이 말을 사람에게 쓰면 나쁜 뜻이 된다. 예를 들어 사람을 가리키며 "你是什么东西。"라고 하면, "네가 뭔데!"라는 말이 된다.

우리가 회화시간에 배우는 간단한 단어지만 닭 "鸡"과 오리 "鸭"도 잘못해서 사람에게 쓰지 않도록 조심해야 한다. 왜냐하면 중국어에서 닭 "鸡"과 기녀 "妓女"의 "妓"자가 발음이 같기 때문에 은어적 표현으로 술집 여자를 가리키기 때문이다. 반대로 술집 남자는 "鸭"라고 부른다. 그러니 잘못해서 사람에게 이런 말을 쓴다면 뜻하지 않은 화(?)를 부를지 모르니 조심하기 바란다.

병원이나 친구 집에 갈 때 꽃을 살 경우에도 "剑兰(글라디올러스)", "茉莉(자스민)", "梅花(매화)"같은 꽃은 절대로 선물하지 않는다. 이는 "剑兰"은 "见难(앞으로 보기 힘들겠다.)"라는 말과 발음이 같고, "茉莉"는 "没利(이로울 게 없다)"와 발음이 같으며, "梅花"의 "梅"가 "霉(재수없다)"와 발음이 같아 모두 불길한 의미를 담고 있기 때문이다.

4. 문화와 중국어 학습을 연계시킨 예

영화에는 문화와 관련된 내용이 상당히 많이 담겨 있다. 문화와 중국어 교육을 합쳐서 수업한다면 가장 좋은 교재로 영화를 꼽을 수 있을 것이다. 아래는 영화를 통한 중국어 학습과 관련된 논문의 일부분이다.

공감과 연상을 활용한 영상중국어 교육의 효과[21)]

I. 서론

영상중국어교육에 활용되는 영상 재료에는 여러 가지가 있다. 여기에서 말하는 영상은 짧은 동영상에서 영화나 애니메이션 등에 이르기까지 모두 포함하는 개념이다. 본 연구에서는 이러한 영상 재료 가운데 시청각 중국어 학습에서 주로 사용하는 영화를 대상으로 수업을 진행하여 분석한 결과를 보고하고자 한다.

영화는 외국어 학습에 있어 중요한 학습 재료이다. 영어 교육에서는 일찍이 영화의 중요성을 인식하고 있었다. 1992년 Rings는 영화가 실제 생활의 구두 언어를 사용하기 때문에 상황이나 문화가 잘 배합된 언어 형태를 제공해 주는 좋은 학습자료라고 했다. 또한 Kusumaras-dyati는 영상 매체 가운데 영화는 살아 있는 언어로 만들어진 실제 그대로의 상황을 연출하고 있으며, 문화적인 배경과 문화까지 포괄적으로 포함하고 있어서 의사소통 향상을 위한 실용 영어 학습에 중요한 교수학습 자료로서 손색이 없다고 했다.[22)] 이들은 공통적으로 영화가 생동감 있는 실생활을 반영하고 있다는 점과 그 나라의 문화적인 내용이 담겨져 있음을 강조하고 있다. 따라서 외국어 학습을 위한 자료로서 영화의 장점을 정리해 보면 다음과 같다. 첫째, 실생활에서 자주

---

21) 논문에서 중국어 교육과 관련 없는 분석 부분과 설문 부분은 모두 생략했다.

22) 이연화 〈영화를 활용한 영어 학습 방법 – Forrest Gump를 중심으로〉; 『Linguistic Research』27(2), 2010.8. 292쪽 재인용.

일어나는 회화표현을 제공해 준다. 둘째, 다양한 문화와 사회현상에 대한 실체를 보여 준다. 셋째, 영상이 주는 효과와 스토리가 결합되어 학습자에게 감흥을 일으킬 수 있다. 넷째, 영화의 다양한 요소들이 학습자의 흥미와 호기심을 이끌어 낼 수 있다.

이러한 영화의 장점 때문에 초급과정을 거친 학습자에게 흥미를 높이면서 외국어 학습 효과를 얻기 위한 교육방법으로 영화를 많이 활용하고 있다. 중국어 교육에서도 최근 중국어권 영화의 영상미와 대본의 수준이 높아지면서 영화를 활용한 교육에 많은 관심을 가지고 실제 교육에 적용하고 있다. 또 이에 대한 연구도 많이 진행되어 왔다.

학생들이 영화를 보면서 대본에 대한 설명을 듣고 단순히 대사에 나오는 단어와 표현을 외운다면 기존의 학습과 큰 차이 없이 영화의 장점을 크게 살리지 못하는 교육방법으로 변할 수 있다. 따라서 텍스트에 대한 연구도 중요하지만 교육 방법론에 대한 연구도 반드시 필요하다.

영화를 외국어 학습과 결합시키려면 영화의 장점인 영상과 음향에 주안점을 두어야 한다. 실험심리학자인 Les Giblin은 정보를 받아들이는 감각기관의 비중이 시각은 83%, 청각 11%, 후각 3.5%, 촉각 1.5%, 미각 1%라고 했다. 영상정보가 주는 시각과 청각 효과가 94%나 차지하고 있는 것이다. 이를 최대한 활용하기 위해 필자는 수업을 설계하면서 "공감"과 "연상"의 기법을 사용해 보았다. 이는 영화나 드라마 같은 영상 매체에서 주는 시각적 느낌을 학습자에게 최대한 영향을 주고자 하는 의도였다.

기존의 일반 교재에서 설정하는 언어적 환경은 대체적으로 대화가 이루어지는 장소를 설정해 주고, 등장인물이 대화를 하는 본문이 나오고, 아래에 삽화가 있다. 학습자는 설정된 상황을 정확하게 인지하고 있지만 그다지 큰 감흥이 일어나지 않는다. 그러나 영화는 다르다. 스토리 전개 과정에서 어떤 장면을 가지고 오더라도 그 상황은 학습자에게 상당한 영향을 끼친다. 우리들이 항상 말하는 영화 속의 명장면처럼 학습에 이용할 영화 장면에 특별한 "공감"을 부여하면 학습자에게 감흥을 일으키고 설정된 상황이 기억에 오래 남을 수 있다.

본 논문에서는 실제 영상교육에 활용할 수 있는 "공감"과 "연상"에 대해 소개하고 이를 실제 수업에 적용한 결과를 SPSS 18.0으로 분석하며, 학습 전후 자기진단 설문을 통하여 학습상황의 변화를 살펴보고자 한다.

II. 교육이론 및 수업설계

1. 교육이론

최현석의『인간의 모든 감정』을 보면 사람들의 감정은 우리 생활에서 가장 필요한 부분임을 알 수 있다. 다음은 최현석이 감정에 대해 언급한 내용이다.

"미국의 심리학자 에크만(P. Ekman)은 얼굴 표정을 기준으로 공포, 분노, 행복, 혐오, 슬픔, 놀람 등의 여섯 가지 감정을 "기본 감정"이라고 했다. 보편적인 기본 감정은 다윈의 진화론에서 나왔는데 다윈은 인간을 포함한 동물은 분노, 행복, 슬픔, 혐오감, 공포, 놀람 등 보편적 감정이 있다고 했다."

여기에서 감정은 효율적인 의사전달 체계라고 할 수 있으며, 인간은 그 필요성에 의해 감정을 진화시켜서 더욱 발달한 체계로 만들었음을 알 수 있다. 다음은 공감에 대해 언급한 내용이다.

"공감(共感)"이라는 개념은 19세기 말 독일어 "Einfühlung"에서 처음으로 나왔는데, "ein(안에)"과 "fühlen(느끼다)"이 결합된 말로 미학에서 "들어가서 느끼다"라는 의미로 사용되었다. 즉, 안에서 느끼는 고통이나 감정을 의미한다. 결국 "공감"이란 "아, 그럴 수 있겠다", "이해가 된다", "이심전심(以心传心)" 등의 표현에서 나타나는 바와 같이 상대방의 느낌, 감정, 사고 등을 정확히 이해하고, 이해된 바를 정확하게 상대방과 소통하는 능력을 말한다. 따라서 우리는 자신이 직접적으로 감정 자극을 받지 않더라도 다른 사람이 느끼는 감정을 느낄 수 있다. 물론 공감은 자신에게 유도되는 것이지 상대의 감정과 동일한 것은 아니다."[23)]

이렇듯 우리의 삶과 생활에 깊이 뿌리를 내리고 있는 감정은 외국어 학습에 충분히 활용할 수 있다. 아주 많은 외국어 교수법이 다양한 기능적인 면을 강조하고 있다. 그러나 외국어 교수법 가운데 "정의적-인간적 교수법 (Affective-Humanistic Approach)"은 학생이나 교사의 감정에 관심을 가지면서 의미 있는 의사소통과 수업 분위기를 중요시하고 있다.

영상 중국어와 같이 영화를 학습자료로 수업을 한다면 정의적인 (Affective) 수업이 되어야 한다고 본다. 이를 실현하기 위해서 학생들에게 영화의 장면 속으로 들어가서 각자의 시각에서 바라보도록 "감정이입"을 유도해야 한다.[24)] "감정이입" 후에는 학생마다 느끼는 감정

---

23) 최현석 『인간의 모든 감정』, 서해문집, 2011. 38쪽 인용.

24) 독일의 심리학자 T.립스의 용어이다. 예를 들면 일몰(日沒)을 장엄하다고 느끼는 것은 일몰을 바라보는 자신의 감정을 투입(投入)하는 것이거나 일몰의 장엄함이 자신 속에 들어오는 것이라고 한다. 립스는 이를 일종의 유추작용(类推作用)이라고 생각

이 다르다.[25] 이렇게 학생마다 각기 다른 개인적 감정을 실현시키고자 하는 방법이 바로 이미지 연상법이다. 본 연구에서 말하는 이미지 연상법이란 교육학에서 사용하는 단어 연상법에서[26] 단어 대신 영화의 영상인 이미지로 대체시킨 것이다. 이렇게 각자 느끼는 상황을 떠올리게 한 후 스토리텔링을 사용하여 실제 언어표현으로 실현시키는 것이 본 학습이론의 최종 목표이다.

2. 수업설계

영화를 활용한 수업모형을 살펴보면 Allan(1991)의 소리 끄고 시청하기(Silent View), Kerridge(1983)의 화면 없이 소리만 듣기(Blind View), Bouman(1995)의 다음 장면 예측하기(Predict the action) 등이 있다.[27] 또한 변수경(2003)은 슈만(1972)이 제시한 시청각 교수법의 수업

하였다. 그러나 M. 셸러는 이를 유추와 같은 간접적인 것이 아니라 보다 직접적인 공감(共感 : sympathy)이라고 보고, 어떤 사람의 얼굴빛에서 그 사람의 따뜻함이나 심술궂음을 직접 느끼는 것과 같다고 주장하였다. 또한 H. 베르너는 그와 같은 직접적 지각을 상모적 지각(相貌的知觉 : physiognomische Wahrnehmung)이라고 하였다. 이는 감정과 지각이 분화(分化)되지 않은 현상이다. (두산백과사전)

25) J.P. 슈피겔과 P. 마호토카는 학생에게 고갱의 그림『시장』을 보여 주고, 그림 속에 있는 6명의 여인의 자태에서 무엇을 느끼는가에 대하여 질문하였다. 결국 동일한 자태를 보고도 여러 가지 다른 해석이 나오는 것을 알았다. 즉, 보는 사람의 감정이 이입된 것이다. (두산백과사전)

26) 투사적 검사(投射的检查)의 일종으로 특정의 자극단어(刺戟单语, stimulus word)에 대해 피험자가 자신의 마음에 떠오르는 것을 표현하도록 하여 이 반응을 근거로 하는 심리진단. 융(C.G. Jung)과 빈스방거(Binswanger)에 의해서 보급되었으며 그 뒤에 임상적 평가방법으로 널리 활용되고 있다. (교육학용어사전, 1995.6.29, 하우동설)

27) 이연화「영화를 활용한 영어 학습 방법 – Forrest Gump를 중심으로」;『Linguistic Research』 27(2), 2010.8. 294쪽에서 295쪽 재인용.

전개과정에 비추어 영화를 활용한 수업의 전개과정을 "시청 전 활동 → 시청 → 내용 학습 → 심화학습 → 내용정리"의 5단계로 제시했다.

본 연구를 위해 학습에 사용한 교육 방법은 "공감 활용법, 이미지 연상법, 스토리텔링법"이다. 이들은 독립적으로 적용되지 않고 일련의 흐름을 가지고 있다. 먼저 공감 작용을 일으키고 이미지를 연상시킨 후 스토리텔링으로 마무리된다. 따라서 수업전개과정을 "시청 전 활동 → 단락 시청 → 내용 학습 → 공감 → 이미지 연상 → 스토리텔링 → 결말 시청"의 7단계로 설계했다.

시청 전 활동에는 단어학습 및 대본 읽기를 한다. 단어학습은 미리 예습과제를 주고 수업시간에는 빠른 시간에 단어테스트를 하여 끝낸다. 대본 읽기는 등장인물에 따라 임무식으로 대본을 읽게 한다. 이러한 시청 전 활동은 공감 이후 이미지 연상에서 표현력을 높이기 위해 사용된다. 발단이 되는 단락을 시청한 후 내용 설명을 한다. 내용 설명은 문장의 문법적인 내용과 구문 위주로 진행한다. 공감 부분에서 학생들에게 감정이입을 유도한다. 자신이 이러한 상황에서 어떠한 표현을 할 것인지 상황을 그리며 표현하도록 유도한다. 자신만의 느낌을 스토리텔링으로 발표하도록 한다. 끝으로 영화에서 해당 장면의 결말을 시청하면서 자신의 표현과 비교해 본다. 이러한 일련의 과정을 각 표현의 단락별로 반복하여 수업을 진행한다.

아래 상황을 예로 들어 보자. 다음은 영화 〈人在囧途〉의 일부이다.

비행기 기내에서 牛耿이 스튜어디스를 부른다.

空姐 : 先生, 请问有什么需要吗? (선생님, 무엇을 도와 드릴까요?)

牛耿 : 把窗户打开透透气呗。(창문 열고 환기 좀 시켜 주세요.)

이 단락을 끊어서 학생들에서 스튜어디스의 반응을 자신만의 느낌으로 발표하게 한다. 여기에서 학생들은 저마다의 표현이 나타날 수 있다. 발표가 끝나면 영화 속에서의 표현을 보여 준다.

空姐：很抱歉先生，机舱是全封闭的。不能打开窗戶。
(선생님, 정말 죄송합니다. 기내는 모두 밀폐되어 있어서 창문을 열 수 없습니다.)

학생들의 발표와 영화 속의 표현을 비교하면서 학생들은 영화 속 표현이 자신이 하고 싶은 말을 잘 표현하고 있다고 느끼게 된다. 이러한 과정을 통해서 학생들은 위 단락에 나오는 주요 표현을 실제 감정으로 느끼면서 비슷한 상황에서 자연스럽게 영화의 장면을 떠올리고 영화 속의 표현을 떠올릴 수 있다.

계속하여 다음 표현으로 이어진다.

牛耿：你这儿不通气我憋得难受。(이곳은 환기가 안 되니 정말 갑갑해요.)

空姐：请您再忍耐一会儿，飞机很快就会到的。要不我给您到杯水。
(조금만 더 참으시면 비행기가 곧 도착할 거에요. 아니면 물 한 잔 가져다 드릴게요.)

牛耿：快点，我要憋死了。(빨리 주세요. 갑갑해 죽겠어요.)

空姐：好的，请稍等。(예, 좀 기다리세요.)

牛耿：服务员！ 服务员！ (종업원! 종업원!)

李成功：你有什么事跟我说，好吗?
(무슨 일인지 저한테 얘기하세요. 네?)

牛耿：你让飞机停下来，我不想坐了。
(비행기 좀 멈춰 주세요. 전 못 타겠어요.)

이 단락까지 학습한 후에 학생들에게 상황으로 들어가서 李成功의 입장에서 어떤 기분이 느껴지고 어떻게 대답을 할지 상황을 떠올리면서 스토리텔링으로 표현을 이끌어 낸다. 학생들의 다양한 발표가 끝나면 영화 속의 대화를 보여 준다.

李成功：飞机飞在天上能停吗?

(비행기가 하늘을 날고 있는데 멈출 수 있겠어요?)

마찬가지로 학생들의 표현과 영화 속의 표현을 비교해 본다. 학생들의 느낌이 정리가 되면 바로 다음 단락으로 이어간다.

牛耿：那怎么才能停? (그러면 어떻게 해야 멈출 수 있죠?)

李成功：取消航班就不飞了。(항공편이 취소되면 비행을 못하겠죠.)

牛耿：那你让它取消呗。(그러면 그걸 취소해 주세요.)

李成功：飞机已经飞在天上了, 怎么取消航班呢?

(비행기가 이미 하늘을 날고 있는데 어떻게 항공편을 취소해요.)

牛耿：那别人说飞机怎么就起飞不了。

(그러면 다른 사람들이 비행기가 이륙을 못하게 되었다고 하는 건 뭐죠?)

李成功：那是碰到大雾天气大雪天气啦。

(그건 짙은 안개나 폭설 때문이죠.)

牛耿：咱要能碰到大雾天就好了。(우리 짙은 안개가 나타나면 좋겠네요.)

李成功：碰到大雾天飞机就不飞啦。

(짙은 안개에서는 비행기가 이륙도 못해요.)

机长：各位乘客, 刚刚得到消息。由于长沙机场大雪, 所以机场封闭, 飞机无法降落。现在飞机准备返航, 请各位谅解。

(승객 여러분, 방금 들어온 소식입니다. 창사공항에 폭설로 공항이 폐쇄되어 비행기가 착륙을 못합니다. 지금 본 항공기는 귀항하고자 하니 승객 여러분께서는 양해해 주시기 바랍니다.)

牛耿：这样咱是不是就能回去了。(이제 우리 돌아갈 수 있는 거죠?)

이 단락까지 학습한 후에 학생들에게 다시 상황으로 들어가서 李成功의 입장에서 어떤 기분이 느껴지고 어떤 표현을 할지 상황을 떠올리면서 스토리텔링으로 표현을 이끌어 낸다. 학생들의 다양한 발표가 끝나면 영화 속의 대화를 보여 준다.

李成功 : 乌鸦嘴。(재수 없는 놈)

학생들은 여러 형태의 대답을 다양하게 하게 된다. 그러나 이 상황에서 의외로 위의 표현 한 마디로 모든 것이 정리되는 것을 학생들은 잘 이해하지 못할 수 있다. 이러한 표현은 중국인의 문화와 관련된 표현이므로 세심하게 설명해 줄 필요가 있다.

이상으로 본 연구에서 사용한 수업 모형은 기존의 수업 모형과는 많은 차이가 있다. 단락을 분할하여 "단락 시청 → 내용 학습 → 공감 → 이미지 연상 → 스토리텔링 → 결말 시청"이 반복적으로 이루어지고 있다.

한희창(2012)은 "실생활에서 사용하는 언어를 학습대상으로 삼고 있기에 영화를 활용한 중국어 수업은 실질적인 의사소통을 배양하는 방식으로 운영되었을 때 학생들의 흥미를 더욱 자극하고 효과적인 학습을 이끌어 낼 수 있을 것이다."[28]라며 수업이 독해나 문법규칙에 대한 설명 위주로 흐르는 것을 반대했다. 영상중국어 수업은 마땅히 표현력 위주로 설계하는 것이 올바른 방향이라고 생각한다.

III, IV 생략

28) 한희창 〈영화를 활용한 중국어 교과의 수업 설계〉; 『중어중문학』 제51집, 2012.4. 379쪽.

V. 결론

최근 영상매체를 중국어 학습에 활용하는 예가 점점 늘고 있다. 영화나 드라마 애니메이션에 이르기까지 다양한 영상매체를 통하여 학습자들의 흥미를 이끌어 내려 하고 있다. 중국어를 흥미 있게 배우는 과정에서 영상매체의 최대 장점을 이끌어 내고자 하는 교수법이 바로 공감과 연상법이다.

공감과 연상법을 영화를 활용한 중국어 수업에 적용시킨 결과 실제 학습 성적이 유의미하게 향상되었다는 결과를 얻었다. 또한 학습자들에게 설문지를 통하여 학습요인 및 자기진단을 실시한 결과 학습요인은 큰 변화가 없었으나 자기진단에서 스스로 중국어 능력이 향상되었다고 느끼고 있음을 알 수 있었다.

본 연구에서 한 가지 아쉬운 점은 통제그룹을 두어 공감과 연상법을 활용한 그룹과 그렇지 않은 그룹 사이에 어느 정도 차이를 보이는지에 대해서 연구를 진행하지 못했다는 점이다. 실제 수업을 데이터화하는 과정에서 어느 그룹을 다른 교수법으로 강의한다는 것이 그만큼 쉽지 않은 결정이라는 것을 알게 되었다. 그러나 그 효과의 차이를 수치화하기 위해서는 이와 같은 연구의 필요성을 느끼고 있으며, 이는 차기 연구로 돌리고자 한다.

본 연구를 통하여 영상매체를 활용하는 수업에서 광범위하고 또 다채로운 방향으로 공감과 연상법이 활용되기를 바란다.

제11장 학습지도안과 연구수업

1. 학습지도안

교사는 학습의 질을 높이기 위해 수업 전에 항상 수업준비를 한다. 어떤 교육보조재를 사용하고, 어떤 방식으로 무엇을 가르칠지 구체적으로 준비하는데 이 모든 것이 학습지도안에서 구체화된다.

본 11장에서는 <교과교재연구 및 교수법>을 수강한 한 학생의 학습지도안과 교생실습시 연구수업용 학습지도안, 그리고 수업 시연용 PPT의 일부를 소개하고자 한다.

먼저 아래 처음 보이는 학습지도안은 본 과목의 수업 시연을 위해 작성되어 내용이 간략하게 요점만 되어 있다. 보다 자세한 학습지도안의 예는 연구수업용, 혹은 12장에서 소개하는 "우수교안 소개"를 참고하면 된다.

학습지도안 작성 시 유념해야 할 점은 아래와 같다.

① 학습목표를 너무 무리하게 많이 넣으려 하지 않는다.
학습목표가 많으면 학생들이 시작부터 거부감을 가지게 된다. 될 수 있으면 간략하게 2~3가지 가장 중요한 내용을 뽑아 명확하게 전달해야 한다. 또한 학습목표는 학생들의 입장에서 서술해야 한다. 즉, 본 수업을 듣고 나면 학생들이 무엇을 할 수 있게

되는지 알려주는 것이 학습목표이다.

② 도입 부분은 학생들이 이제 수업에 들어갈 수 있도록 준비를 시키는 과정이다. 어수선한 수업 전의 분위기를 편안하게 집중시킬 수 있도록 준비해야 한다. 날씨에 대한 이야기나 최근 있었던 학내 활동 등에 대한 화제를 꺼내어 학생들이 교사에게 집중하도록 만들어야 한다. 이어서 자연스럽게 지난 시간에 학습했던 내용을 간단하게 복습하고 이번 수업에 학습할 학습목표를 제시하게 된다. 복습은 너무 많은 내용을 다 점검하려 하지 말고 단답식으로 모두 쉽게 답할 수 있는 내용이 좋다.

③ 전개부분은 수업의 가장 주된 부분이며 학습목표를 달성해야 할 부분이다. 본문을 설명하면서 어법과 관련된 내용이나 구문 등을 자세히 설명하고 이를 연습하도록 여러 가지 다양한 교수법을 사용해야 하는 부분이다.

④ 정리부분은 수업의 목표를 달성했는지 확인하는 부분이다.
다시 한 번 수업내용 가운데 가장 중요한 부분을 정리하고, 간단한 형성평가를 통하여 이를 확인해야 한다. 형성평가는 간단한 퀴즈형태의 문제가 좋으며 모든 학생들이 같이 집중하여 대답하도록 하는 것이 효과가 좋다. 끝으로 차시예고를 통하여 다음 학습 내용을 미리 알려 주고 필요한 사항이 있으면 수업 전에 미리 준비하도록 한 후 수업을 마무리한다.

아래는 본 전공을 수강하는 학생이 교생실습 시 연구수업으로 작성한 학습지도안과 이를 시연하기 위해 제작한 PPT의 일부이다.

〈학습지도안〉

<table>
<tr><td>단 원 명</td><td>제2과 你叫什么名字?</td><td>지도교사</td><td>○○○</td></tr>
<tr><td>주 제</td><td>중국어로 국적을 묻고 답하기</td><td>범 위</td><td>p.33, p.36~42</td></tr>
<tr><td>대 상</td><td>중국어 교과교재연구 및 지도법 수업을 듣는 학생들</td><td>차 시</td><td>2 / 2</td></tr>
<tr><td>교 재</td><td>고등학교 중국어 I
〈넥서스 차이니즈〉</td><td>일 시</td><td>2013. 10. 18(금)</td></tr>
<tr><td>학습목표</td><td colspan="3">1. 중국어로 국적을 묻고 답할 수 있다.
2. “的”의 용법을 이해하고 활용할 수 있다.
3. “不”의 성조 변화에 대해 이해할 수 있다.</td></tr>
</table>

<table>
<tr><th rowspan="2">단계</th><th rowspan="2">학습
내용</th><th colspan="2">교수-학습 활동</th><th rowspan="2">자료</th><th rowspan="2">시간</th></tr>
<tr><th>교사</th><th>학생</th></tr>
<tr><td rowspan="4">도입</td><td>인사
및
복습</td><td>· 학생들에게 인사를 한다.
→ 大家好!
· 지난 수업의 주요 내용을 간단한 문제형식으로 풀고, 따라 읽도록 한다.</td><td>· 선생님에게 인사한다.
→ 老师好!
· 지난 수업내용에 대한 문제를 풀고, 따라 읽는다.</td><td rowspan="4">ppt</td><td rowspan="4">3분</td></tr>
<tr><td>학습
목표
제시</td><td>· 학습목표를 제시하고 따라 읽도록 한다.</td><td>· 선생님을 따라서 학습목표를 읽는다.</td></tr>
<tr><td>미리
보기</td><td>· 녹음을 들려 준다.
· 다시 한번 들려 주고 따라 읽도록 한다.</td><td>· 녹음을 듣는다.
· 녹음을 듣고 따라 읽는다.</td></tr>
<tr><td>단어</td><td>· 그림이나 간단한 예문을 통해 설명하고 따라 읽도록 한다.</td><td>· 설명을 듣고 따라 읽는다.</td></tr>
</table>

전개	본문 학습 및 연구	· 본문 전체를 두 번 들려 주고 한 문장씩 들려 주며 따라 읽도록 한다. · 본문을 해석해 주면서 본문연구 부분을 같이 설명한다. · 역할을 나눠 본문을 읽도록 한다.	· 본문 전체를 듣고 난 후 한 문장씩 듣고 따라 읽는다. · 해석과 설명을 듣고 이해한다. · 역할을 나눠 본문을 읽는다.	ppt	30분
	교체 연습	· 본문에서 중요한 문장을 뽑아서 교체연습을 시키고 다시 따라 읽도록 한다.	· 교체연습을 하고 선생님을 따라서 읽는다.		
	연습 문제	· 책에 있는 연습문제 중 몇 개를 뽑아서 풀게 한 후, 한 명을 지목하여 답을 말하도록 한다.	· 연습문제를 풀고 답을 말한다.		
정리	학습 내용 정리	· 주요 표현과 주요 사항에서 중요한 내용을 다시 한 번 설명해 준다.	· 설명을 듣는다.	ppt	7분
	형성 평가	· 한 사람씩 지목하여 형성평가를 풀도록 한다.	· 형성평가 문제를 푼다.		
	차시 예고	· 다음 시간에 학습할 내용을 알려 준다.	· 다음 시간에 학습할 내용에 대해 듣는다.		
	끝마치기	· 학생들에게 인사를 하고 마친다. → 谢谢大家!	· 선생님께 인사를 한다. → 谢谢老师!		

2. 연구수업의 예

결재	지도교사	연구부장	교감	교장

中国语과 연구수업 지도안

일 시	2012년 4월 23일 (월) 3교시
장 소	3학년 4반 교실
대 상	3학년 4, 5반 (31명, 남,여)
지도교사	○○○ 선생님
교육실습생	○○○

○ ○ 고 등 학 교

목 차

Ⅰ. 교과의 특성

1. 중국어과 교육의 성격
2. 중국어과 교육 목표
3. 고등학교 중국어과 영역별 내용 체계
4. 교수·학습 방법
5. 평가

Ⅱ. 단원 연구

1. 교재명
2. 단원명
3. 단원 학습 목표
4. 단원 설정의 취지
5. 지도상의 유의점
6. 학습지도를 위한 학생의 실태 분석

Ⅲ. 단원지도계획

Ⅳ. 본시 학습의 실제

Ⅴ. 참 고 자 료

1. 형성평가자료
2. 설문지

Ⅰ. 교과의 특성

1. 중국어과 교육의 성격

중국어는 세계적으로 사용 인구가 가장 많은 언어이며, UN에서 사용하는 국제 공용어 중의 하나이다. 한중 양국은 1992년 국교 정상화를 계기로 교류의 새로운 장을 열게 되었다.

최근 양국 간의 인적, 물적 교류가 급격히 증가하면서 중국은 우리나라의 대외 관계가 매우 큰 비중을 차지하게 되었다. 이러한 국제 여건의 변화 속에서 우리는 국제화와 정보화의 흐름에 자주적이며 능동적으로 대처하기 위해 더욱 많은 중국어 전문 인력이 필요하게 되었다.

"중국어Ⅱ" 과목은 학생들이 중국어 학습을 통하여 중국어권의 역사, 문화, 일상생활의 관습 등 중국어권 지역의 사정에 대한 관심을 제고시켜 중국어 학습 동기를 유발하고, 흥미를 가지게 함으로써 자발적으로 의사소통 능력을 기를 수 있도록 한다. 아울러, 중국어권 지역에 대한 전반적인 이해를 증진시켜 국제 교류에 긍정적이고 적극적으로 대처할 수 있는 기본 소양을 갖추게 하고, 학생들이 자기 주도적인 학습 능력과 창의력의 신장을 도와주는 과목이다.

2. 중국어과 교육의 목표

일상생활에서 사용하는 쉬운 중국어를 이해하고 표현할 수 있는 기초적인 의사소통 능력을 기르며, 이를 바탕으로 중국인과 적극적으로 의사소통하려는 태도를 기른다. 동시에 중국 문화를 수용하고 우리

문화를 중국인에게 소개할 수 있는 언어적 바탕을 마련한다.

(1) 중국인이 사용하는 간단한 일상생활의 대화를 듣고 이해한다.
(2) 일상생활에서 사용하는 간단한 말을 중국인이 알아들을 수 있도록 말한다.
(3) 일상생활에서 사용하는 쉽고 간단한 글을 읽고 이해한다.
(4) 중국어로 짧고 간단한 내용의 글을 쓴다.
(5) 중국어로 의사소통을 하려는 적극적인 태도를 가진다.
(6) 중국인의 일상생활에 대해 관심을 가지고 그들의 사고방식을 이해하려는 태도를 가지며, 이를 바탕으로 세계에 대한 이해의 폭을 넓힌다.

3. 고등학교 중국어과 내용 체계

(1) 언어 기능

듣기, 말하기, 읽기, 쓰기의 4기능을 통합적으로 사용하는 능력을 점차 갖도록 한다.

- 음성 언어로서 듣기와 말하기 능력을 기른다.
- 문자 언어로서 읽기와 쓰기 능력을 기른다.
- 이해 기능으로서 듣기와 읽기를 할 수 있는 능력을 기른다.
- 표현 기능으로서 말하기와 쓰기를 할 수 있는 능력을 기른다.

(2) 의사 소통 활동

순 서	내 용	학 습 활 동
1	听(듣기)	제시된 학습 목표에 적합한 중국어 예문과 그림을 통하여 듣기, 생각하기 활동을 한다.
2	读(읽기)	학습할 주요 의사소통 예시문을 사전 학습한다. 중국어 독음으로 된 본문을 음성언어로서 듣기와 말하기를 종합한다.
3	课文(본문)	일상생활의 회화를 듣기, 읽기를 종합한다. 학습자 중심의 학습이 가능하도록 핵심 어휘, 주요표현 등 언어 형식을 학습한다.
4	说(말하기)	대화 내용의 대의와 특정 내용을 통한 개별, 모둠 형태의 말하기 활동을 한다.
5	확인학습	읽기, 쓰기 기능의 개별, 모둠 활동으로 한다. 놀이를 통한 중국어 듣기, 말하기를 종합한다. 학습 뒷부분의 간체자 쓰기 부분을 통해 바른 간체자 쓰기를 유도한다.
6	중국문화 산책 학습 도우미	학습의 흥미와 지적 호기심을 이끌어 내기 위해 단원 내용과 관련 있는 중국 문화 및 학생들의 학습에 도움이 되는 내용을 제시한다.

4. 교수 · 학습 방법

학생 중심의 학습이 이루어질 수 있도록 실현 가능하고 다양한 교수법을 사용한다.

(1) 학생의 학습 욕구, 필요, 수준에 맞게 학습 목표와 내용을 설정한다.

(2) 설정한 학습 목표와 내용에 부합되는 놀이나 게임 등 활동을 포함한 다양한 교수 방법을 적용한다.

(3) 학생과 학생, 교사와 학생 간의 협동 학습 활동을 활성화하여 학생들의 의사소통 능력을 기르고 교실 학습과 교실 외 현장 학습을 연계시킨다.

(4) 시청각 자료 및 멀티미디어를 다양하게 활용하여 흥미와 성취감을 가질 수 있도록 기회를 제공한다.

(5) 다양한 보충 학습과 심화 학습을 위한 학습 자료와 수업 방법을 준비해서 사용한다.

(6) 듣기 지도는 반복 듣기 연습을 통하여 문장의 의미를 이해하도록 한다. 특히 중국어의 독음 식별과 끊어 읽기 규칙을 인지시켜 문장 대의를 포착할 수 있도록 도와준다. 듣기와 쓰기의 형식을 이용하여 종합 이해 능력을 기른다.

(7) 말하기는 초기에 의사 전달에 비중을 두고 점진적으로 유창성을 높이게 한다. 말하기 지도는 의사소통에 지장이 안 될 오류에 대해서는 수정을 피한다.

(8) 말하기는 개인별, 모둠별, 분단별 학습과 의사소통 활동, 놀이, 역할극 등을 통하여 적극적으로 표현할 수 있는 기회를 많이 주도록 한다.

(9) 읽기지도는 초기에 성모, 운모, 성조로 구성되어 있는 중국어 독음을 각인시킨다. 음독과 묵독을 통해 모둠 및 개별 읽기 활동을 통하여 유창성을 기르도록 한다.

5. 평 가

(1) 평가지침

• 의사소통 기능을 균형 있게 평가한다.
• 평가는 5단계로 한다.
• 평가의 비중을 듣기와 말하기에서 읽기와 쓰기로 점진적으로

높인다.

• 학습 과정과 단계별 성취 목표를 종합적으로 평가한다.

(2) 평가 내용

听(듣기)	중국어 음성과 한어병음 방안 및 한자와의 관계를 이해하기 간단한 말을 듣고 행동으로 옮기기 간단한 질문이나 대답을 듣고 이해하기 간단한 대화의 내용을 듣고 이해하기 쉬운 내용의 말을 듣고 그 뜻을 이해하기
说(말하기)	각 음절의 성조에 주의하며 자연스러운 억양으로 발음하기 학습한 내용을 간단한 말로 표현하기 실물이나 그림을 보고 간단히 표현하기 간단한 질문이나 대답을 하기 일상생활에 관하여 쉬운 말로 표현하기
读(읽기)	한자의 중국어 독음을 숙지하며, 정확한 중국어 발음을 연습하기 쉬운 내용의 글을 읽고 그 뜻을 이해하기 짧은 글을 읽고 그 뜻을 이해하기 일상생활에 관한 글을 읽고 그 뜻을 이해하기
写(쓰기)	학습한 내용을 간단한 글로 표현하기 일상생활에 관하여 쉬운 글로 표현하기 쉬운 내용의 말을 듣고 받아쓰기 쉬운 내용의 글을 읽고 내용을 요약하기 쉬운 우리말을 중국어로 옮기기 중국의 간체자를 정확하게 쓰기

(3) 평가 방법

평가 목표에 따라 분리 평가와 통합 평가를 적절하게 실시하면서 통합 평가의 비중을 높여 간다.

언어 기능과 의사소통 기능을 효과적으로 평가할 수 있는 방법을 사용한다.

단편적이고 지엽적인 문법 지식의 측정을 피하고, 언어 능력을 종합적으로 측정할 수 있는 방법을 활용하도록 한다.

의사소통 의용과 의사소통 활동의 참여도 및 학습 발달 과정 등을 평가한다.

Ⅱ. 단원연구

1. 교 재 명

고등학교 中国语Ⅱ (정진출판사)

2. 단 원 명

第十二课 今天挺热的。

3. 단원 학습 목표

가. 계절과 날씨를 나타내는 표현을 알 수 있다.

나. 원인과 결과의 표현을 자유롭게 사용할 수 있다.

다. 한국과 중국의 날씨를 비교할 수 있다.

4. 단원 설정의 취지

우리나라와 중국의 관계가 점점 발달함에 따라 중국어에 관한 관심 또한 고조되고 있다. 이러한 시점에서 우리는 중국을 바로 이해하고 교류할 수 있는 토대인 언어 능력을 키워 시대에 부응하는 중국 전문가를 양성할 필요가 있다. 학생들은 장차 중국전문가가 될 수 있는 가능성을 갖고 있으며 그렇지 않더라도 여행을 통해서 중국을 방문할 기회는 늘어날 것이다. 그때를 대비하여 알아둔다면 좋을 일상회화가 몇 가지 있다. 그 중 날씨표현이 있다.

중국은 북방과 남방의 날씨가 대조적이다. 북방의 하얼빈은 북쪽에 있어서 날씨가 춥고, 남방의 광주는 남쪽에 있어서 아주 덥다. 날씨 관련 표현을 익혀서 그때 그때 상황에 맞게 말할 수 있다면 중국에 가서 많은 도움이 될 것이라 생각한다.

5. 지도상의 유의점

① 새로 나온 단어의 발음과 경성에 유의한다.
② 학생들이 배운 생활회화를 활용하여 말할 수 있는 기회를 많이 제공한다.
③ 본문내용을 중심으로 듣기, 말하기, 쓰기 등 다양한 형태의 수업 형식을 진행시켜 암기위주의 수업이 되지 않도록 한다.
④ 실제생활에서 사용할 수 있는 표현을 중심으로 회화를 연습한다.
⑤ 학생들의 흥미를 유발시키기 위해 멀티미디어 학습 자료를 많이 활용한다.
⑥ 가능한 한 많은 학생들에게 발표기회를 제공한다.
⑦ 중국에 대한 배경지식을 많이 제공하여 중국과 보다 가까워질 수 있는 기회를 제공한다.

6. 학습지도를 위한 학생의 실태 분석

가. 설문 실시 시기 : 2012. 4. 16 (월)
나. 설문 대상 : 서일고등학교 3학년 4, 5반 31명

다. 학습자 설문조사 결과 분석 및 지도 계획

1) 수업진행에 따른 이해도

이해도	쉽다	보통이다	조금 어렵다	어렵다
학생수	4	14	11	2

2) 학습 과목에 대한 흥미도

흥미도	매우 흥미롭다	흥미롭다	보통이다	관심 없다
학생수	4	9	15	3

3) 수업 내용의 만족도

만족도	매우 만족하다	만족하다	보통이다	불만족하다
학생수	7	9	15	

4) 중국어 과목의 중요도

중요도	매우 중요하다	중요하다	보통이다	아니다
학생수	2	11	18	

위 설문지 결과를 보면 중국이 성장함에 따라 학생들이 중국어 과목의 중요도를 어느 정도 인식하고 있지만 학습과목에 대한 흥미도는 다소 떨어지는 것을 볼 수 있다. 중국어교과를 처음 접하는 과정에서 한자를 보고 겁을 먹어 더 어려워하는 경향이 있는 것 같다. 하지만 중국어의 중요함을 인식시키고 관심을 가지게 하고, 특히 어렵다고 하는 한자쓰기는 거부감보다는 흥미를 느낄 수 있는 방향으로 전개해 나간다면 좋은 결과가 있으리라 생각한다.

III. 단원지도 계획

차시	지도범위	과정	활동 학습 및 내용		학습자료
1	152-155 (단어)	기본	듣기 읽기	단원 소개 새 단어 소개하기 단어 따라 읽기 단어 해석 및 부가설명하기 단어와 관련된 중국문화 설명하기	mp3파일 PPT
2	156-157 (단어)		듣기 읽기	올바른 성조로 읽어 보기 단어해석 및 부가설명하기 단어에 관련된 중국문화 설명하기 배운 단어 이용해서 간단한 응용 표현해 보기 단어에 관련된 영상 시청하기	mp3파일 PPT
3	148-150		듣기 읽기	녹음을 듣고 그림 추측하기 녹음을 듣고 해당 독음 변별하기 녹음과 그림을 통해 의미를 생각하며 따라 읽기 대화를 읽고 감사와 사양의 표현을 배우기	mp3파일 PPT 교과서
4	151-155 (본문)		듣기 읽기 말하기	녹음 들려주기 병음으로 표기된 본문 내용 미리 읽어 보기 了의 용법에 대해 이해하기 본문 문장 및 읽기 해석하기 본문에 관련된 부가 설명하기 학생들이 역할극으로 대화하기	mp3파일 교과서
5 (본시)	156-157	심화	듣기 읽기 말하기 쓰기	발음을 듣고 따라 읽기 학생들이 그림을 보고 대화 완성하여 말하기 그림을 보고 단어카드를 조합하여 문장 만들기 문장을 보고 해석해 보고 문제의 답을 생각해 보기	mp3파일 PPT 교과서
6	148-159	확인 보충	쓰기 말하기 읽기	배운 단어 따라 읽기 본문의 대화문을 읽고 해석하기 한어병음 보고 한자 쓰고 해석하기 확인학습 문제 풀기 그림을 보고 날씨가 어떤지 대답해 보기	mp3파일 PPT 교과서

Ⅳ. 본시학습의 실제

1. 단원명

: 第十二课 今天挺热的。

2. 학습 목표

1. 오늘 날씨를 묻고 답할 수 있다.
2. 因为 ~所以(~때문에 그래서 ~하다) 복문을 알 수 있다.

3. 본시 학습 교수-학습 지도안

<table>
<tr><th colspan="5">(중국어Ⅱ)과 본시 학습 지도안</th></tr>
<tr><td>대 상</td><td>3학년 4, 5반</td><td>실습장소</td><td colspan="2">3학년 4반 교실</td></tr>
<tr><td>지도일시</td><td colspan="2">2011年 4月 23日 星期一</td><td>실습교사</td><td>○○○</td></tr>
<tr><td rowspan="2">단 원</td><td rowspan="2" colspan="2">第十二课。 今天挺热的。</td><td>차 시</td><td>5 / 6</td></tr>
<tr><td>쪽 수</td><td>156~157</td></tr>
<tr><td>학습목표</td><td colspan="4">1. 오늘 날씨를 묻고 답할 수 있다.
2. 因为 ~所以(- 때문에, 그래서 ~하다) 복문을 알 수 있다.</td></tr>
<tr><td>학습자료</td><td colspan="4">PPT, 단어카드, 노트북, 학습지</td></tr>
</table>

<table>
<tr><th rowspan="2">단계
(분)</th><th rowspan="2">학습
내용</th><th colspan="2">학 습 활 동</th><th rowspan="2">자료(▶) 및
유의점(☞)</th></tr>
<tr><th>교 사</th><th>학 생</th></tr>
<tr><td rowspan="3"></td><td rowspan="3">인사</td><td>- 大家好!
▷ 전시내용 복습
- PPT화면을 통하여 지난 시간에 배운 단어 질문하기</td><td>- 老师好!
▶ 지시에 따라 복습</td><td rowspan="3"></td></tr>
<tr><td>- 본문 따라 읽히기</td><td>- 분문 따라 읽기</td></tr>
<tr><td>- 본문 내용 질문하기</td><td>- 질문에 답하기</td></tr>
</table>

도입 (6`)	전시 학습 확인 (6`)	1. 공기오염 때문에 그래서 날씨가 더 더워요. 2. 그럼 관광객도 반드시 많겠구나! 3. 한국의 기후는 어때요? 4. 4계절이 분명해요. 5. 봄은 따뜻하고, 여름은 너무 덥고, 가을은 서늘하고, 겨울은 비교적 추워요.	1. 因为空气污染，天气更热了。 2. 那游客也一定很多吧。 3. 韩国的气候怎么样? 4. 四季分明。 5. 春天暖和，夏天很热，秋天凉快，冬天比较冷。	▶교과서 PPT
		▷ 학습목표 제시	▶학습목표 인지	
전개 (38`)	说 shuō (15`)	▷156쪽 说shuōA ▷因为 ~所以로 대화하기 - 156쪽에 나와 있는 因为 ~所以 문장을 따라 읽으며 뜻을 생각해 보고, 옆에 그림의 상황 추측해 보기 1. 因为空气污染，所以天气更热了。 [Yīnwèi kōngqìwūrǎn, suǒyǐgèng rèle.] 공기오염 때문에 날씨가 더 덥다.	▶156쪽 说shuōA ▶因为 ~所以가 나와 있던 문장을 상기시켜 본다.	▶노트북 PPT 교과서 ☞부정확한 발음을 교정해 준다.
		- 1번 문장을 따라 읽게 한다. - PPT화면을 활용하여 첫 번째 그림의 내용이 因为 ~所以를 사용하여 어떻게 문장이 이루어지는지를 설명한다. 因为汽车太多，所以空气不好。 - 학생들이 나머지 그림 보고 대답할 수 있도록 유도한다.	- 1번을 따라 읽는다. - PPT화면을 보고 因为 ~所以를 어떻게 활용하면 되는지 확인하고, 그림을 보고 대답하기. - 因为汽车太多，所以空气不好。를 이해하고 따라 읽는다. 그림을 보고 자신 있게 대답한다.	☞ 헷갈려 하는 부분이 있는지 주의한다.
		▷ 怎么样으로 대화하기 - 156쪽에 나와 있는 怎么样 문장을 따라 읽으며 뜻을 생각해 보고, 옆에 그림의 상황 추측해 보기	▶怎么样이 들어있는 문장을 읽으며 뜻을 생각해 본다.	

	2. A : 韩国的气候怎么样? [Hánguóde qìhòu zěnmeyang?] 한국의 기후는 어떠니? B : 四季分明。 [Sìjìfēnmíng.] 4계절이 분명해.		
	- 2번 문장을 따라 읽게 한다. - ppt화면을 활용하여 첫 번째 그림의 내용이 怎么样을 사용하여 어떻게 문장이 이루어지는지를 설명한다. A : 韩国的冬天怎么样? B : 比较冷。 - 학생들이 나머지 그림 보고 대답할 수 있도록 유도한다.	- 2번을 따라 읽는다. - ppt화면을 보고 怎么样을 어떻게 활용하면 되는지 확인하고, 그림을 보고 대답하기. - A : 韩国的冬天怎么样? B : 比较冷。를 이해하고 따라 읽는다. - 그림을 보고 자신 있게 대답한다.	
	-3번 문장을 따라 읽게 한다. - ppt화면을 활용하여 첫 번째 그림의 내용이 怎么过를 사용하여 어떻게 문장이 이루어지는지를 설명한다. A : 你们春节怎么过? B : 我们回老家休息。 - 학생들이 나머지 그림 보고 대답할 수 있도록 유도한다.	-3번을 따라 읽는다. - ppt화면을 보고 怎么过를 어떻게 활용하면 되는지 확인하고, 그림을 보고 대답하기. - A : 你们春节怎么过? B : 我们回老家休息。를 해하고 따라 읽는다. - 그림을 보고 자신 있게 대답한다.	
	▹ 그림 보고 단어로 문장 만들기 - 학생들이 그림 보고 대답하기. (단어조합하기 놀이에 필요한 소품 - 단어카드, 도화지) - 간단한 설명하기 - 그림을 보여주고 그 상황을 같이 생각해 본다. 그 뒤 조원들끼리 상의하여 단어를 조합하여 문장을 만든다.	▸ 교사가 제시하는 그림 보고 단어로 문장 만들기 교사의 말을 경청하고 단어조합하기 놀이를 이해한다.	

		▷ 상황 제시하기 1. 날씨가 너무 더워 피서를 가는 사진을 보여준다. 2. A : 한국의 봄은 어떠니? B : 따뜻해. 3. A : 너희 주말 어떻게 보내니? B : 우리는 집에서 열심히 공부해.	▸ 교사가 제시하는 상황에 맞게 문장 만들어 대답하기 1. 因为天气很热, 所以我想去避暑。 [Yīnwèi tiānqìhěn rè, suǒyǐwǒxiǎng qùbìshǔ.] 2. A : 韩国的春天怎么样? [Hánguóde chūntiān zěnmeyàng?] B : 暖和。 [nuǎnhuo.] 3. A :你们周末怎么过? [Nǐmen zhōumò zěnmeguò?] B : 我们在家里努力学习。 [wǒmen zài jiāli nǔlìxuéxí.]	
		▷ 157쪽 说 shuōB - 문장을 따라 읽고 해석하기. - 문장에 대한 질문을 학생들과 풀어보기.	▸ 157쪽 说 shuōB - 교사가 읽는 문장을 따라 읽으며 뜻을 생각해 본다. - 질문에 대한 대답을 생각해 보고, 자신 있게 대답한다.	
정리 (6`)	형성 평가 (5`)	▷ PPT 이용해서 이번 과에서 배운 내용과 관련된 질문하기	▸ PPT 보면서 교사의 질문에 답하기	PPT 형성평가 문제지
		▷ 형성평가 문제 풀기 - 문제를 나눠 주고 학생들에게 푸는 시간을 주고 답을 맞춰 본다.	▸ 형성평가 문제 풀기 - 교사가 나눠 준 문제를 풀고, 교사와 함께 답을 맞춰 본다.	
	차시 예고	▷ 차시예고 -다음 시간에 158~159쪽 수업할 것을 예고하기.	▸ 경청하기	
	인사 (1`)	- 下课!	- 谢谢老师!	

형성평가

학년 반 번호 이름:

1. 해석을 보고 밑에 있는 단어를 조합하여 문장을 만들어 보시오.

因为 所以 下 学校 不 我 大 想 雨 去 。,

비가 너무 많이 오기 때문에 나는 학교에 가고 싶지 않다.

2. 다음 문장 중 밑줄 친 부분이 올바르게 해석된 것을 고르십시오.

보기	北京的秋天最好，很凉快，<u>不冷也不热，游客特别多</u>。

① 춥진 않지만 덥고, 관광객이 특별히 많다.

② 춥지도 않고 덥지도 않아서 특별한 관광객이 많다.

③ 춥지도 않고 덥지도 않아서 관광객이 특히 많다.

④ 춥고, 더워서 특별한 관광객이 많다.

3. '**韩国的夏天怎么样?**'에 대한 대답으로 바른 것을 고르십시오.

① 常常下雪。

② 比较冷。

③ 凉快。

④ 春暖花开的季节。

⑤ 很热。

〈별첨 1〉

설 문 지

※ 다음 내용은 중국어 교과에 대한 설문 조사입니다.
아래 내용을 잘 읽어 보고 해당하는 부분에 ○표 하십시오.

1. 수업진행에 따른 이해도

쉽다	보통이다	조금 어렵다	어렵다

2. 학습 과목에 대한 흥미도

매우 흥미롭다	흥미롭다	보통이다	관심 없다

3. 수업 내용의 만족도

매우 만족하다	만족하다	보통이다	불만족하다

4. 중국어과목의 중요도

매우 중요하다	중요하다	보통이다	아니다

第12课 今天挺热的。

Jīntiān tǐng rè de.

단어 생각해 보기

春天 chūntiān 봄

暖和 nuǎnhuo 따뜻하다

夏天 xiàtiān 여름

热 rè 덥다

秋天 qiūtiān 가을

凉快 liángkuai 서늘하다

冬天 dōngtiān 겨울

冷 lěng 춥다

下雨 xiàyǔ 비가 내리다

下雪 xiàxuě 눈이 내리다

문장 생각하기

- 공기 오염 때문에 그래서 날씨가 더 더워요.

  因为空气污染，天气更热了。

  Yīnwèi kōngqì wūrǎn, tiānqì gèng rè le。

- 그럼 관광객도 반드시 많겠구나!

  那游客也一定很多吧。

  Nà yóukè yě yídìng hěn duō ba。

- 한국의 기후는 어때요?

  韩国的气候怎么样?

  Hánguó de qìhòu zěnmeyàng?

- 4계절이 분명해요.

  四季分明。

  Sìjì fēnmíng。

- 봄은 따뜻하고, 여름은 너무 덥고,
  가을은 서늘하고, 겨울은 비교적 추워요.

  春天暖和，夏天很热，
  Chūntiān nuǎnhuo, xiàtiān hěn rè,

  秋天凉快，冬天比较冷。
  qiūtiān liángkuai, dōngtiān bǐjiào lěng。

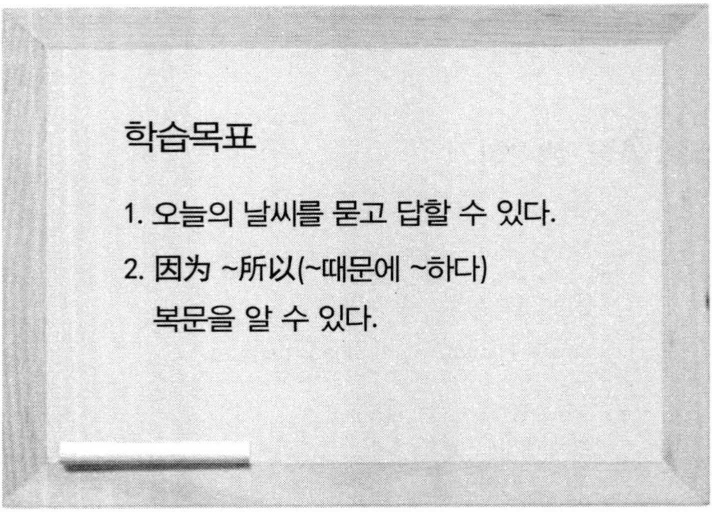

说 shuō 말하기

因为空气污染,

Yīnwèi kōngqì wūrǎn,

所以 不想吃。

suǒyǐ bù xiǎng chī.

A : 韩国的 秋天 怎么样?

Hánguó de qiūtiān zěnmeyàng?

B : 凉快。

Liángkuai.

A : 你们 寒假 怎么过?

Nǐmen hánjià zěnme guò?

B : 我们在家里念书。

wǒmen zài jiāli niànshū.

단어를 조합하여 문장 만들기

• 因为 ~所以를 사용하여 문장 만들기

因为天气很热, 所以我想去避暑。

Yīnwèi tiānqì hěn rè, suǒyǐ wǒ xiǎng qù bìshǔ.

• 怎么样을 사용하여 문장 만들기

A : 韩国的春天怎么样?

Hánguó de chūntiān zěnmeyàng?

B : 暖和。

nuǎnhuo.

A : 你们周末怎么过?

Nǐmen zhōumò zěnmeguò?

B : 我们在家里努力学习。

wǒmen zāi jiāli nǔlì xuéxí.

단어찾기

특명! 우리가 배운 단어를 찾아라

• 숨어 있는 단어 찾기!

车	泳	书	汽	天	节
chē	yǒng	shū	qì	tiān	jié

汽车 qìchē 자동차

去	日	热	开	和	生
qù	rì	rè	kāi	hé	shēng

生日 shēngrì 생일

- 开kāi와 함께 쓸 수 있는 단어

暖	介	身	花	念	最
nuǎn	jiè	shēn	huā	niàn	zuì

花 huā 꽃

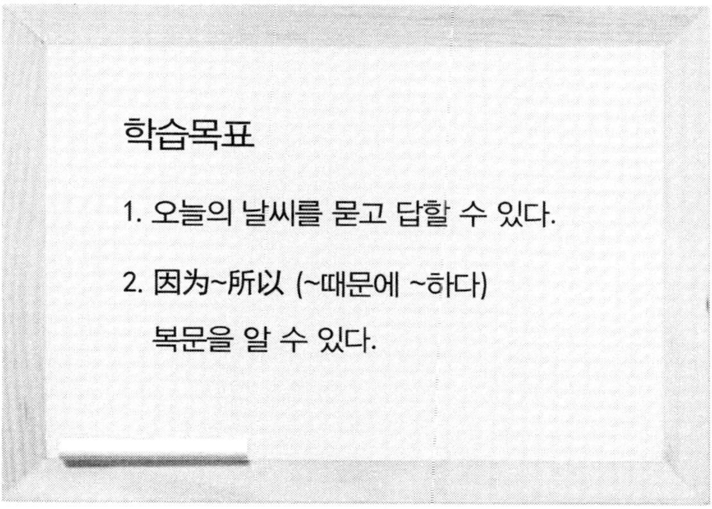
학습목표
1. 오늘의 날씨를 묻고 답할 수 있다.
2. 因为~所以 (~때문에 ~하다)
복문을 알 수 있다.

제12장 우수교안 소개

최희량(崔希亮)의 『대외한어 통합교육 우수 교안집(对外汉语综合课优秀教案集)』(2010)을 보면 외국인에게 중국어를 가르치는 중국인 선생님의 여러 수업 교안 가운데 우수한 교안을 소개하고 있다. 이 가운데 교안 하나를 소개하고자 한다. 본 교안 안에는 많은 그림과 판서 내용이 포함되어 있는데 이는 생략하기로 한다.

Ⅰ. 과목 유형

초급 종합 중국어

Ⅱ. 교재

『成功之路 · 顺利篇』(邱军, 北京语言大学出版社, 2008) 第2册 第16课

Ⅲ. 수업 대상

600단어 정도 배운 중국어 단기 학습반. 총 21명 16개 국가

Ⅳ. 수업 내용

새로 나온 단어 : 14개(명사 7, 동사 4, 부사 2, 감탄사 1)

어법 : 존현문 "장소 + 동사 + 着 + 사람/사물"

본문 : 〈手里拿着红色的手机〉

Ⅴ. 학습 목표

1. 인지 영역

(1) 어휘 학습으로 새로 나온 단어 가운데 명사, 동사, 부사의 뜻과 사용법을 익힌다. 이미 학습한 어휘 가운데 90% 이상 관련된 단어를 기억해 낼 수 있다.

(2) 어법 학습으로 동태조사 "着"와 존현문 가운데 "장소 + 동사 + 着 + 사람/사물"형태를 이해하고 정확한 사용법을 익힌다. 어법과 관련된 괄호 넣기 문제를 90% 이상 맞출 수 있다.

(3) 본문 학습으로 본문의 내용을 이해하고 기억하며 본문에서 배운 내용을 90% 이상 정확하게 다시 말할 수 있다.

2. 교수법 영역

(1) 듣기 : 분당 160 음절 이상의 속도로 대화체 본문을 들을 수 있다.

(2) 말하기 : 자연스러운 어투로 본문의 내용을 다시 말할 수 있다.

(3) 읽기 : 분당 180자의 속도로 본문을 정확하게 낭독할 수 있다.

(4) 쓰기 : 분당 12~15자의 속도로 본문의 새로 나온 단어를 쓸 수 있다.

3. 감성 영역

(1) 학생들이 방 안이나 어떤 곳에 있는 사물을 묻거나 말하고 싶어 한다.
(2) 학생들이 자신이나 다른 사람 외모의 특징을 말하고 싶어 한다.

Ⅵ. 학습 중점과 난점

1. 어휘

(1) 동사 "戴, 举, 推, 装"의 뜻과 자주 쓰이는 조합을 익히고 "戴"와 "穿"을 정확하게 구별할 수 있다.
(2) 부사 "差点儿, 正"의 뜻을 정확하게 이해하고 사용할 수 있다.

2. 어법

(1) 동사 뒤에 나오는 "着"의 사용 상황을 이해하고 여러 구문에서 정확하게 사용할 수 있다.
(2) "주어(在哪儿) + 동사 + 着"와 "장소 + 동사 + 着 + 사람/사물"을 구분하여 사용할 수 있으며 여러 상황을 연습하여 정확하게 사용할 수 있다.

Ⅶ. 교수법

1. 교실 수업은 "어법 – 새로 나온 단어 – 본문 – 바꿔 넣기 연습"의 순서로 진행한다.
2. 지난 수업을 복습하면서 자연스럽게 새로운 본문의 내용을 이끌어 낸다.
3. 서로 대화하는 형태의 그룹 활동으로 학생들이 주동적으로 수업하도록 이끈다.
4. 강의와 연습을 결합, 강의는 중요한 내용 위주로 줄이고, 연습을 많이 시키며 듣고 말하기는 따라하게 하고 동시에 한자를 읽고 쓰는 훈련을 강조한다.

Ⅷ. 학습 시간

전체 수업을 1강과 2강 총 4시간으로 나눈다.

1강(100분)		2강(100분)	
50분	50분	50분	50분
어법 :동태조사 着	어법, 어휘	본문 : 서술체	듣기 연습
새로 나온 단어 :14	본문 : 대화체	읽고 쓰기 연습	말하기 연습
	바꿔 넣기 연습	수업 활동	수업 활동

Ⅸ. 교육보조자료

1. 준비물

물건 : 모자, 백지, 빈 책가방, 잡지와 셔츠 및 공예품을 넣은 가방, 공예품, 펜, 사전, 지도

도안 : 데이빗과 안니의 애니메이션 인물 이미지 카드, 공항에서 사람을 맞이하는 그림

멀티미디어 : 이미지, 애니메이션, 동영상

2. 교보재 배치

(1) 교실 벽에 지도와 시계를 걸어둔다.
(2) 교실 앞 탁자에 사전, 펜, 책을 놓는다.
(3) 교실 앞문에 책가방을 걸어둔다.
(4) 나머지 교보재는 책가방에 넣어둔다.

X. 학습과정

1강 (1교시, 2교시 총 100분)

교육과정

수업준비 → 복습 → 교육목표 → 본문 학습 → 마무리 정리 → 숙제

1. 수업준비

시간	교육 내용	학습 활동	활동 목표
1분	학생들의 건강 상태와 학업 상황을 알아보고 수업 시작을 알림	교사의 행동 : 웃으며 학생들을 바라보고 부드럽고 편하게 학생들과 교류한다. 교사의 표현 : 今天身体怎么样? 昨天预习了吗? 难不难? 准备好了吗? 现在开始上课。	학생들의 주의를 끌고 학생들의 기분을 풀어주어 수업에 들어가기 쉽게 한다.

2. 복습

시간	교육 내용	학습 활동	활동 목표
5분	제 16과(본문1) 단어의 용법과 본문의 내용을 복습.	교사의 행동 : 교사는 PPT를 열고 빠른 문답 형태로 질문함. (괄호 안은 예상되는 대답임) PPT에는 방안에 安妮가 침대에 누워 있고 大卫가 병문안을 와 있다. 교사의 표현 : 1. 본문과 관련된 질문 图片中的人是谁? 安妮怎么了? 她能动吗? 谁来看她了? 安妮有事情大卫帮忙吗? 什么事? 大卫同意了沒有? 安妮的朋友长什么样? 2. 어법과 관련된 질문 安妮现在站着还是躺着。 在哪儿躺着。 大卫呢? 她房间的门开着还是关着? 3. 확장 질문 复习得非常好。 下面看看王老师在做什么?	복습 과정은 이해력과 기억력을 높인다. 먼저 본문을 복습한 후에 어법을 복습한다. 확장 질문을 통하여 자연스럽게 새로운 어법과 학습 내용을 이끌어 낸다. 전신 반응법으로 새로 배울 본문 학습으로 확장한다.

3. 새로운 본문 학습

(1) 어법

어법 강의는 어법 도입 및 해설, 어법 연습, 부정형태 소개, 팀 활동의 4단계로 나눈다.

① 어법 도입 및 해설

시간	교육 내용	학습 활동	활동 목표
10분	존현문 "장소 + 동사 + 着 + 사람/사물"을 사용하는 상황과 용법	교사의 행동 : 책 한 권을 들고 천천히 탁자 위에 놓으며 학생들에게 묻는다. 교사의 표현 : 这是什么? (一本书) 王老师现在做什么。 (放书) 现在书在哪儿。 (书在桌子上) 桌子上是不是放着一本书? (桌子上放着一本书) 첫 번째 주요 표현을 이끌어 낸다. 학생들과 같이 예문을 읽는다. 门上呢? (门上挂着一个书包) 今天教室后边有很多老师，老师们站着还是坐着? (教室后边坐着很多老师) 구문 장소 동사着 사람/사물 桌子上 放着 一 本书。 门上 挂着 一个包。 教室里 坐着 很多老师。 교사의 말 "桌子, 门, 室"는 무슨 단어일까요? (명사) 명사 뒤에 무슨 단어가 있죠? (上, 里) "放, 挂, 坐"는 무슨 단어인가요? (동사) 동사 뒤에 무슨 단어가 있죠?(着) 목적어 앞에 무슨 단어가 있죠? (一本,一个, 很多)	이 부분은 학습의 중점으로 여러 교수법을 활용하여 어법 구문의 구조와 활용법을 보여 줄 것. 주요 표현이 나오면 항상 학생들과 함께 읽은 후 개별적으로 읽게 한다. 주요 표현을 모두 연습한 후에 학생들이 모두 PPT를 보고 낭독하며 한자를 복습한다.

② 어법 연습

어법 연습은 실제 사물과 멀티미디어를 사용한다. 아래는 실제 연습 방법을 소개한다.

시간	교육 내용	학습 활동	활동 목표
5분		1. 교실 내 사물을 사용 교사의 행동 : 교사는 실제 동작으로 학생들이 교실 안의 실제 상황을 관찰하고 묘사할 수 있도록 이끈다. 교사의 표현 : 王老师的桌子上放着什么东西? 你的桌子呢? 这边墙上贴着什么? 后边的墙上呢? 王老师手里拿着什么东西? 你的手里呢? 2. 멀티미디어를 사용 교사의 행동 : PPT로 학생들에게 아래와 같은 사진을 보여준다. - 山本이 손에 카메라를 들고 있다. -도서관에 많은 사람들이 앉아 있다. -침대에 한 사람이 누워 있다. -책상에 꽃이 있는 꽃병이 놓여 있다. -길 옆에 차량 두 대가 주차되어 있다. 교사의 표현 : 山本的手里拿着什么东西? 这是什么地方? 人多吗? 床上躺着什么人? 这是什么? 桌子上放着什么东西? 这是什么地方? 这里能停车吗?	예문을 모두 읽은 후에 질문을 통하여 학생 자신이 존현문의 구문을 정리할 수 있도록 이끈다. 어법 교육은 어휘 교육 전에 실시한다. 어법 내용을 이끌고 연습할 때 사용하는 어휘는 이미 학습한 어휘를 사용한다. 교실 내의 실제 상황에서 시작한다. 학생들이 이해하고 받아들이기 쉽도록 가까운 곳에서부터 먼 곳으로, 이미 아는 내용에서부터 모르는 내용으로 이끈다.

③ 부정형태 소개

시간	교육 내용	학습 활동	활동 목표
		교사의 행동 : 학생의 주의를 교실 안으로 돌려 교실 안을 돌며 학생들에게 질문한다. 교사의 표현 : 山本的手里拿着一个照相机, 王老师的手里也拿着照相机吗? (王老师手里沒拿着照相机)	

5분	존현문의 부정 형식 : "장소 + 沒동사 + 着 + 사람/사물"	구문 장소 + 沒동사 + 着 + 사람/사물 老师手里 沒拿 着 照相机。 첫 번째 주요 표현을 이끌어 낸 후 PPT로 구문의 특징을 분석하며 목적어 부분에 수량사를 사용하지 않는다는 점을 강조한다. 你的手里呢? (我的手里也沒拿着照相机) 我的桌子上放着一本词典, 你的桌子上呢? (我的桌子上沒放着词典。) 前边的门上挂着一个包, 后边的门上呢? (后边的门上沒挂着包。) 这边的墙上贴着一张地图, 那边的墙上呢? (那边的墙上沒贴着地图。)	주요 표현이 나올 때마다 학생들 모두 같이 읽은 후 두 학생을 선택하여 읽게 한다. 존현문의 부정형식이 나타나는 상황이 비교적 특수하므로 부정형식이 나타날 수 있도록 학생들을 이끈다.

④ 소그룹 활동

시간	교육 내용	학습 활동	활동 목표
5분		교사의 행동 : PPT로 공부방의 모습을 보여 주고 배운 표현으로 소그룹 활동을 하도록 한다. 주요 표현 : 房间里放着一张床、一张桌子、一把椅子、一个书架和一个衣柜。 床上放着一个包。 书架上放着一个花瓶和很多书。 桌子上放着一本书、一支笔和一本词典。 墙上挂着一张地图, 贴着几张照片。 衣柜里挂着几件衣服。	수업에서는 항상 소그룹 활동을 강조한다. 소그룹 활동을 통하여 서로 교류하며 학습한 내용을 복습하고 표현할 수 있도록 한다.

소그룹 활동 과정에서 교사는 반드시 그룹별로 돌아가며 학생들이 말하는 상황을 체크하며 필요한 경우에는 교정을 해 주고 적극적으로 말하도록 도와줘야 한다. 이 과정에서 전형적인 오류가 나타나면 전체 학생들을 주목시켜 알려 주도록 한다.

(2) 단어 학습

단어 학습은 단어 받아쓰기, 단어 읽기, 단어 설명, 단어-구-본문으로 연결하기의 4단계로 나눈다. 모든 단계에서 실제 사물, 그림, 동작뿐 아니라 PPT, 멀티미디어, 동영상, 이미지 등을 활용하여 생동감 있게 단어를 설명하여 학생들의 관심을 끌도록 한다.[29)]

① 단어 받아쓰기

시간	교육 내용	학습 활동	활동 목표
3분	새로 나온 단어 14개와 보충 단어 3개	교사의 행동 : 새로 나온 단어를 본문 수업의 순서에 따라 다시 배열한다. 학생 가운데 한 명을 뽑아 칠판에 받아쓰기를 하게 하고, 나머지 학생들은 노트에 쓰게 한다. 받아쓰기가 끝나면 칠판에 쓴 단어 가운데 잘못된 부분을 고쳐 주고 다 같이 한 번씩 읽는다.	단어 학습에서 단어 사이의 관계에 대해 유념해야 한다.

② 단어 읽기

시간	교육 내용	학습 활동	활동 목표
5분	단어 읽기	교사의 행동 : 1. 교사가 읽고 학생은 따라 읽는다. 2. 학생들이 같이 읽는다. 3. 한 학생당 5~6개 단어씩 돌아가면서 읽는다. 4. 순서를 섞어서 교사가 가리키는 단어를 읽는다. 5. 학생들이 같이 읽는다.	새로 나온 단어를 읽을 때에는 속도에 유념하고 잘못된 발음을 고쳐주며 정확하게 발음하도록 한다.

29) 단어 학습 부분에 판서와 관련된 부분 및 이미지를 활용한 설명 등은 생략하기로 한다.

③ 단어 설명

단어의 성격에 따라 연결시켜 판서된 단어를 실제 사물 활용, 동작으로 설명, 이미지로 설명 등의 방법으로 설명한다.

시간	교육 내용	학습 활동	활동 목표
15분	성격에 따라 연결된 단어를 설명한다.	교사의 설명 : 1. 出口 (공항의 이미지를 보여 준다.) 这是什么地方? (这是机场出口。) 还有什么地方有出口? (超市，地铁) 2. 正 (출구로 걸어가는 동작을 보여 준다.) 他正往哪儿走呢? 他正往出口走呢。 你们正做什么呢? 我们正上课呢。 3. 推 (책상을 미는 동작을 보여 준다.) 王老师正做什么呢? (王老师正推桌子呢。) ~이하 생략	보충단어는 너무 많으면 안 된다. 본문의 의미 위주로 단어의 의미를 설명한다.

④ 단어-구-본문으로 연결하기

단어에 대한 설명이 끝나면 판서로 본문 가운데 어법과 관련 있는 6개의 주요 구문을 제시한다. 이 예문을 미리 연습하여야 본문 전체의 내용을 이해하기 쉬워진다.

시간	교육 내용	학습 활동	활동 목표
		교사의 활동 : 교사는 두 장의 그림을 보여주며 학생들에게 본문의 어법적 내용이 들어 있는 단어를 사용하여 묘사하도록 한다. 이 과정에서 교사는 학생들의 표현을 돕기 위해 여러 가지 행동으로 암시해 준다.	학생들이 주요표현들을 찾아낼수록 판서한 단어가 구로 변하고 다시 완전한

5분		교사의 표현 : 지금 보고 있는 그림에서 여학생과 남학생의 모습을 새로 배운 단어를 사용하여 표현해 봅시다. 학생들이 찾아내야 할 주요표현은 아래와 같다. 她上身穿着一件T恤。下身穿着一条牛仔裤。头上戴着一个帽子。手里拿着一个手机。他上身穿着一件毛衣。下身穿着一条牛仔裤。左手拿着一个手机。右手举着一张纸。 교사의 행동 : 상자를 열고 안에 들어 있는 공예품을 보여 준다. 교사의 표현 : 箱子里装着什么东西? 예상되는 대답 : 箱子里装着很多工艺品。 지금까지의 활동을 통하여 총 6개의 주요표현을 이끌어냈으며 이를 판서하여 학생들과 같이 읽는다.	한 문장으로 변해 가게 된다. 이때 각기 다른 색 분필로 구분을 해 주어야 한다.

(3) 본문학습

본문 학습은 총 3단계로 본문 미리 이해하기, 본문 읽고 학습하기, 본문 연출하기로 되어 있다.

① 본문 미리 이해하기

시간	교육 내용	학습 활동	활동 목표
		교사의 행동 : 교사는 본문의 내용이 담긴 이미지를 보여주며 간단한 질문을 한다. 이 질문을 통하여 학생들이 본문에서 학습할 내용에 대한 바탕이 되는 인상을 남길 수 있도록 한다.	이미지가 전달하는 내용을 통하여 학생들은 앞으로 학습할 본문의 내용에 대해 기초적인 상황을 인지하게 된다.

5분	손에 빨간색 핸드폰을 들고 있다. (본문 2)	他们在哪儿? (机场。) 大卫去机场做什么? (接瑞贝卡。) 瑞贝卡什么样? 大卫什么样? (瑞贝卡上身穿着一件白色T恤，下身穿着一条蓝色牛仔裤，头上戴着一个白色的帽子，手里拿着一个红色的手机。大卫上身穿着一件黄色的毛衣，左手拿着一个黑色的手机，右手举着一张纸。纸上写着瑞贝卡的名字。) 심화질문 : 你们觉得大卫接到瑞贝卡了吗? 瑞贝卡的行李重不重? 你猜瑞贝卡的箱子超重了吗? 箱子里装着什么东西? 이하 생략	앞의 단어 학습에서 배운 6개의 주요 구문에 나오는 목적어에 해당하는 사물에 대한 구체적인 이미지를 보여 주게 된다. 교사는 심화질문을 통하여 학생들의 호기심을 유발하게 하여 여러 가지 문제의식을 가지고 이미지를 관찰하도록 이끈다.

② 본문 읽고 학습하기

본문을 모두 5번 읽게 되는데 아래 순서대로 읽는다.

1. 교사가 먼저 읽고 학생은 따라 읽는다.
2. 학생들이 모두 함께 읽는다.
3. 전체 학생을 남녀로 나누어 읽는다.
4. 두 명씩 짝을 지어 두 번 읽는다.

시간	교육 내용	학습 활동	활동 목표
10분		교사의 행동 : 읽기부분이 끝나면 본문을 재구성한 PPT를 보여 주고 함께 본문학습을 진행한다. PPT의 일부 내용을 아래와 같다. A : 喂，请问是……吗? B : 是，您是哪位? A : 我是……，…让我来接你，你出来了吗? B : ……。我推着……，正……呢。	재구성한 본문을 교사와 학생이 함께 완성하면서 같이 읽거나 단독으로 한 학생을 지목하여 말하도록 한다.

		A : 你穿着什么颜色的衣服? B : ……蓝色……和……白色……。 A : ……看见了, 上身……, 头上……, 手里……, 是不是? B : 我也看见你了, 手里……, 上面……。	

③ 본문 연출하기

본문 연습은 두 단계로 이루어져 있다.

- **복습단계** : 학생들은 2인 1조로 간단한 제시어를 가지고 연습한 후에 대표로 몇 조를 뽑아 앞에서 연출해 본 후 제시어도 없고 각본도 하나도 없는 상황에서 본문의 내용에 맞추어 연출하게 한다.
- **수준 향상 단계** : 본문의 내용을 확대하여 교사가 몇 가지 적당한 상황을 덧붙여 주고 학생들은 스스로 각본을 만들어 연출한다.

시간	교육 내용	학습 활동	활동 목표
15분		**교사의 행동 :** 복습단계에서 3개 조를 뽑아 본문을 연출하게 한다. 수준 향상 단계를 시작하기 전에 상황이 적힌 카드를 조별로 나누어 준다. **상황 카드 예시 :** **상황1** 보충학습 교사를 처음 만나다. 장소 : 식당입구 학생A : 잡지책 한 권을 들고 있다. 학생B : 책가방을 메고 있다. **상황2** 룸메이트 대신 공항으로 룸메이트의 친척을 마중가다. 장소 : 공항입구 학생A, B : 현재 복장 상태를 기준으로 함. 이하 생략.	복습단계에서는 학생들에게 본문의 내용과 표현에 충실하게 연출하도록 한다. 수준향상단계에서는 본문 외에도 이미 학습한 모든 표현을 적당하게 활용할 수 있도록 한다.

(4) 응용하기

응용하기 과정은 쉽게 말하면 배운 내용을 바로 활용하는 그룹 활동이다. 본 그룹 활동을 하면서 학생들이 서로 대화하는 시간을 가지면서 표현에 자신감을 높일 수 있다. 이러한 그룹 활동을 하기 위해서 교사는 세심하게 준비해야 한다.

시간	교육 내용	학습 활동	활동 목표
12분	16과에서 배운 어법과 주요 표현을 써서 교사가 제시한 두 장의 그림 사이에 다른 점을 묘사한다.	교사의 행동 : 1. 임무 : 학생들에게 두 장의 그림을 보여주고, 두 그림 사이에 다른 점을 모두 찾아서 묘사하라고 한다. 2. 주요 표현 : (1) S + (在哪儿) + V (2) 地方 + V着 + 东西/人 3. 그룹 : 그룹 안에 한 명을 정하여 찾아낸 내용을 모두 기록하도록 한다. 발표할 학생도 미리 정하도록 한다. 4. 진행방식 : 각 조별로 돌아가면서 한 가지씩 발표하며 가장 많은 내용을 찾은 조가 승리하는 게임 방식. 5. 예시 : (1) 左边的窗戶关着，右边的窗戶开着。 (2) 左边的墙上挂着一个钟，右边的墙上贴着一张地图。 6. 조별 활동 시간은 5분임. 7. 발표 후 교사는 승리한 팀을 칭찬하고 총평하며 마무리한다.	동태조사 "着"를 사용하여 묘사해야 하는 상황은 다음과 같다. 1. 방 안의 배치에 대해 묘사. 2. 등장인물의 복장과 상태에 대해 묘사. 교사는 학생들의 그룹 활동을 감독하면서 잘못된 표현은 교정해 준다. 학생들이 적극적으로 발표하도록 이끈다. 총평을 할 때 각 조별 활동 중 교정한 오류에 대해 설명해 준다.

(5) 정리하기

교사는 학생들에게 간단한 질문을 하면서 제 16과의 본문 내용을 복습한다.

시간	교육 내용	학습 활동	활동 목표
2분	제 16과의 본문의 어법과 본문을 정리한다.	교사의 행동 : 질문을 하면서 제 16과의 주요 표현과 본문 내용을 정리한 PPT를 보여 준다. 교사의 표현 : 1. 课文中安妮怎么了? (安妮的腿受伤了，他不能动，只能坐着或者躺着。) 2. 课文中瑞贝卡什么样子? 大为什么样子? (瑞贝卡上身穿着一件白色T恤，下身穿着一条蓝色牛仔裤，头上戴着一个白色的帽子，手里拿着一个红色的手机。大卫上身穿着一件黄色的毛衣，左手拿着一个黑色的手机，右手举着一张纸。纸上写着瑞贝卡的名字。)	본문 안에 두 내용이 서로 연관이 있으므로 정리할 때 연관성이 있는 표현을 강조한다.

(6) 숙제와 차시예고

시간	교육 내용	학습 활동	활동 목표
2분	숙제를 내고 다음 수업 내용을 미리 알려준다.	교사의 행동 : 숙제를 내면서 숙제에 대해 PPT로 보충 설명한다. 교사의 표현 : 1. 어법 연습 7~8쪽에 있는 어법 연습문제를 풀 것. 2. 말하기와 쓰기 연습 말하기 문제는 둘 중 하나를 선택 (1) 친구들과 같이 찍은 사진을 보여 주며 모든 친구들의 모습을 묘사할 것. (2) 집이나 기숙사의 방을 찍은 사진을 보여 주며 가구와 장식들의 배치에 대해 묘사할 것. 쓰기부분은 위에 묘사할 내용을 노트에 적을 것. 3. 다음 과 예습 제 17과의 단어와 본문을 예습할 것.	말하기와 쓰기 숙제로 학생들이 학습한 어법, 어휘, 본문의 내용을 더 확실히 한다. 예습의 중요성을 강조한다.

위의 교안 마지막 부분에는 수업의 각 부분에 대한 여러 생각과 수업 후에 터득한 내용이 추가되어 있다. 이는 수업을 진행하면서 지속적으로 추가하게 된다.

백종인

울산대학교 중어중문학과 졸업
남경대학교 박사(음운학 전공)
현재 배재대학교 중국학과 조교수

장윤선

이화여자대학교 중어중문학과 졸업
남경대학교 박사(중국현당대문학 전공)
현재 배재대학교 중국학과 부교수

중국어 교육의 이해

1판 1쇄 펴냄 _ 2014년 2월 25일
1판 2쇄 펴냄 _ 2017년 8월 30일

저　　자 • 백종인 · 장윤선
발 행 인 • 정 현 걸
발　　행 • 신 아 사
인　　쇄 • 예지인쇄
출판등록 • 1956년 1월 5일 (제9-52호)
주　　소 • 서울특별시 은평구 통일로 59길4 (2F)
전　　화 • 02) 382-6411 · 팩스 02) 382-6401
홈페이지 • www.shinasa.co.kr
E - MAIL • shinasa@daum.net

ISBN 978-89-8396-842-5 (93720)

정가 ***14,000*원**